社区教育创新研究

中国社区教育30年 名家访谈

汪国新　主编

浙江出版联合集团
浙江科学技术出版社

图书在版编目(CIP)数据

中国社区教育30年 名家访谈/汪国新主编. —杭州：浙江科学技术出版社，2010.8
（社区教育创新研究）
ISBN 978-7-5341-3861-4

Ⅰ. ①中… Ⅱ. ①汪… Ⅲ. ①社区—社会教育—教育史—中国 Ⅳ. ①G779.2

中国版本图书馆CIP数据核字(2010)第147450号

丛 书 名 社区教育创新研究
书　　名 中国社区教育30年 名家访谈
主　　编 汪国新

出版发行 浙江科学技术出版社
杭州市体育场路347号 邮政编码:310006
联系电话:0571-85164982
E-mail:MSM@zkpress.com
排　　版 杭州兴邦电子印务有限公司
印　　刷 浙江新华数码印务有限公司
经　　销 全国各地新华书店

开　　本 710×1000 1/16　　印 张 19.25
字　　数 297 000
版　　次 2010年8月第1版　　2010年8月第1次印刷
书　　号 ISBN 978-7-5341-3861-4　　定 价 40.00元

责任编辑 莫沈茗 沈秋强　　责任校对 赵 艳
责任美编 孙 菁　　责任印务 田 文

序

“形成全民学习、终身学习的学习型社会，促进人的全面发展”是党的十六大提出的宏伟目标，社区教育作为终身学习体系的重要组成部分，是满足社区居民终身发展需求、提升城市竞争力和建设学习型社会的重要途径。在当今世界科技迅猛发展，我国社会主义现代化建设沿着科学发展的轨道日益加快的背景下，越来越多的人认识到社区教育的重要意义，并且开始关注社区教育的发展走向。为所有成年人提供继续教育的机会，增强他们适应科技发展、产业升级和社会文明进步的能力，让学习更便捷、更愉快、更有意义，是历史赋予社区教育的光荣使命。

中国社区教育起步于20世纪80年代，历经30年风雨磨砺，如今已显示出勃勃生机。目前，全国已初步建立“两级统筹、三级管理”的组织体系，形成了“政府统筹、教育主管、部门协作、社会支持、社区运作”的管理体制，创建了一大批学习型家庭、学习型社区等学习型组织。至2008年2月，教育部审定确立了34个全国社区教育示范区，98个全国社区教育实验区，社区教育各类培训活动广泛深入开展，社区居民参与学习的比率有了很大提高，社区教育在满足社区居民不断增长的多样化学习需求、提高市民思想科技文化素养、建设和谐社区、提升城乡生活品质等方面作出了重要贡献。

30年来，中国社区教育取得的每一项成果的背后，无不倾注着先行者的心血和汗水。在社区教育大发展的重要时刻，浙江省杭州市成人教育研究室的同志们站在中国社区教育发展的前沿，以教育创新为已任，以研究者敏锐、独特的视角，采访了我国社区教育界十九位杰出代表。这其中有几十年如一日潜心研究社区教育理论的学者，有脚踏实地开展社区教育实践的基层工作者，也有为社区教育出谋献策的行政领导。了解过去、理解现在、构筑未来，对十九位杰出人物的深度访谈，不仅充分展现了社区教育先行者上下求索、执著奉献、率先垂范的开拓创新精神，也通过他们的心路历

程与人生轨迹,让更多的人了解中国社区教育的发展历程,激发社区教育工作者更强烈的创业热情,鼓励更多的有志者参与到社区教育这个伟大的事业中来。

何为社区教育?它的内涵、功能与价值究竟是什么?中国社区教育处在怎样的发展阶段?全国各地有哪些成熟的社区教育发展模式?如何成为一名优秀的社区教育工作者? 从十九位被访者独具个性的回答中都能很好地找到答案。可以说这本《中国社区教育30年　名家访谈》不仅为我国社区教育研究保留了一份重要史料,更为社区教育工作者提供了宝贵的经验秘笈与人生智慧;不仅为读者提供解决有关我国社区教育的困惑的直接答案,更为我国社区教育又好又快发展注入新的力量和精神源泉。

"发展终身教育,迈向学习社会"是21世纪国际社会教育发展的主流。在《国家中长期教育改革和发展规划纲要(2010—2020年)》即将印发的大好形势下,衷心希望全国社区教育工作者们能够抓住机遇,传承社区教育先行者艰苦创业、勇于创新的精神,再接再厉,乐于奉献,敢为人先,争创一流,更好地为我国社区教育发展服务,为居民群众服务,为城乡发展服务,为伟大祖国的复兴服务。也希望广大的居民群众能更多地参与到社区教育学习中来,为提升生活品质和实现人生价值而主动学习。我相信,在我们的共同努力下,到2020年我国一定能实现"人人皆学、处处可学、时时能学、按需选学、终身在学"的学习型社会目标,中国社区教育的明天会更加美好!

是为序。

中国成人教育协会会长 [签名]

2010年6月10日

目　录

区域社区教育模式的拓荒者

访天津市社区教育专业委员会副理事长王国兴

王国兴，1943 年生。1963 年毕业于天津市塘沽师专；1963—1987 年任教研组长、年级组长、德育主任、副校长、副书记、校长、书记等职务；1987—1990 年任天津市讲师团武清分团团长；1990—2004 年任河西区社区教育办公室主任，兼任河西区儿童工作办公室主任、河西区大培训（继续教育）办公室主任、河西区建设学习型城区办公室常务副主任；2004 年至今，任河西区社区教育办公室顾问、河西区建设学习型城区办公室顾问、天津市社区教育专业委员会副理事长、天津市家庭教育研究会副会长。

采访王主任，是我们第一次来到天津这座海港城市。天津的早春，“冰消泉派动，日暖露珠晞”。带着一份期盼、一份敬仰，几番问询，我们终于找到了河西区社区教育中心，校舍有点简陋，但井然有序。早就耳闻王主任的健谈，果真，两个小时的采访时间，王主任侃侃而谈。我们真切地感受到这位社区教育前辈对河西区社区教育发展的自信，对中国社区教育的殷切期望。

访谈实录

“河西模式”是怎样炼成的

天津河西区是全国社区教育实验区的“老八区”之一，它最大的特点就是建立了“一类、三层、六组、两条线”的以政府为主导的区域社区教育体制，从而引导河西区的社区教育实现跨越式发展，成为中国社区教育的一面旗帜。王国兴就是其背后的操盘手和助推者。

笔者：河西的社区教育为什么能成为全国的一面旗帜？

王国兴：河西区社区教育发展23年，凝聚着区领导、各部门、社会、社区以及我们这些专职干部、志愿者们共同努力的结果。这项事业，不是靠一个人能解决的，是靠一批人、靠制度、靠体制、靠实体构建起来的。

河西区的社区教育搞得比较好，最重要的原因有两个：一是领导的认识到位；二是领导在建设社区教育体系上的思路清晰。推进社区教育的体制创新很关键，如果单靠教育部门来“主管”，便不能很好地达到全社会参与社区教育的目的，必须有政府的行政力量，才能够有效协调各部门参与到社区教育中来。

当时，河西区社区教育的体制是独一无二的。

1988年5月，河西区成立了社区教育委员会，下设社区教育办公室，当时还设在教育局的德育科，组织、指导、推动全区的社区教育工作。但随后河西区政府决定由区政府主管、区长直接领导社区教育办公室。1990 年 12 月，中共河西区委员会、河西区人民政府联合发文《关于充实调整河西区社区教育委员会的意见》（津西委〔1990〕43 号），社区教育办公室主任由区政府办公室副主任担任，专职副主任由区街道办副主任、区教育局副局长和我担任。社区教育办公室直接接受区政府的领导。这种体制充分体现了社区教育的政府性。

1991 年 1 月，中共河西区委员会、河西区人民政府召开了河西区社区教育工作会议，区政府转发了《河西区社区教育工作条例（试行）》，该条例第三章明确规定河西区区域型社区教育体制是“一类、三层、六组、两条线”。其中，“一类”指区社区教育委员会；“三层”指区级层面设有社区教育委员会，街道层面设有社区教育工作委员会，学校和居委会层面分别设有社区教育分会和推动组；“六组”指社区教育委员会下设 6 个专门职能组：校外教育组、社会支教组、关心下一代组、家庭教育组、职业技术教育组、成人教育组；“两条线”，一条是区政府—教育局—学校，另一条是区政府—街道办事处—居委会。

1990 年 12 月，河西区少年儿童工作委员会办公室与区社区教育办公室合作办公，为河西区推动“三优工程”（0～18 岁儿童与青少年的“优生、优育、优教”）的实施打下了基础；1995 年，河西区培训工作委员会办公室与区社区教育办公室合作办公，负责推进全区培训工作和实施“610”工程（6 支队伍的培训和每年 10 万人次的培训）；2003 年 4 月，河西区建设学习型城区工作委员会办公室与河西区社区教育办公室合作办公，统筹、组织、协调、推动全区的建设学习城区工作。

正因为政府的推动，20 世纪 90 年代我们提出了社区教育工作的总体思路，即“政府领导、区域协调、社会参与、双向服务、三位一体（学校教育、家庭教育、社会教育）、三教统筹（普通教育、职业教育、成人教育）、全员全程、全方位抓、共育人才、共建文明”的 40 字方针。其中，“全员全程、全方位抓”完全符合中共十六大提出的精神。全员，就是全民学习；全程，就是终身学习；全方位，就是建设学习型城区。这说明我们较早地思考了社区教育的发展方向，并且把握住了社区教育与时代发展的脉搏，这是我们社区教育事业取得成功的主要原因。

笔者：从全国范围看，河西区的社区教育在发展过程中主要有哪些亮点？

王国兴：我们首先解决社区教育的基本建设问题，包括体制建设、机制(制度化)建设、实体建设、队伍建设等。如1991—1993年，建立了全国第一支社区少先队(大、中、小队)；1993年，创建了具有法人资格的社区教育委员会；1995年在全国率先进行了社区教育实体化实验；1997年建立了总占地面积达2400平方米、有独立校舍的社区教育中心；1997—2001年，实施区域推进素质教育实验；2002年，创建了规范化的市民学校；2008年，创建了社区全民终身学习服务中心。

我们从2002年开始建设的市民学校，重点关注下岗失业人员、进城务工人员和残障人员等社会弱势群体的就业谋生需求，通过教育培训使其掌握一技之长，同时在市民生活水平提高、休闲时间增多的情况下，开展多种增长知识、提高文化素养的学习培训活动，满足市民多层次、多样化的学习需求。市民学校着力解决以往各部门、各街道在开展市民教育中存在的场所不固定、形式松散、资金短缺、师资无保证、管理不规范等问题，逐步走上规范化、制度化的轨道。同时，市民学校还引导公众有序参与社区管理和服务，扩大基层民主，从而推进社区建设。

从2002年7月开始启动的“512”市民教育工程也是如此，它创建了“政府统筹、部门配合、街道管理、社会支持、群众参与”的市民教育新模式。其主要形式是以“512”为品牌，即在全区12个街道建设12所市民学校，确定12个职能部门，在每年12个月中开展12个主题教育活动，市民自愿参加、免费入学、不限年龄、课程自选、双休日开课，连续几年从未间断，形成了市民教育的系统工程，成为百姓心目中的文化家园。实施的市民教育工程，一是填补了对市民进行系统化教育、整体性教育的空白；二是以社会建设的模式对市民学校进行社区建设；三是创设了由政府搭设平台，街道社区主管，社会各部门广泛参与的全新的社区教育体制，既关注百姓精神文化需求，又关注社区建设需求；四是市民学校整合

融入学校资源、部门职能、群众社团等，是一种重新组织、整合的崭新的市民教育模式；五是实现了市民学校功能的多样化。

每个阶段都有各自不同的任务。如 1991—1995 年间实施了“三优工程”，曾被国务院妇女儿童工作委员会命名为“全国三优试点工作先进区”；1995—2000 年间实施了在职干部职工的继续教育工程，培训在职职工达 50 万人次；2001 年至今又实施了市民教育工程；2002 年起，区委、区政府开展学习型城区建设项目，确定了工作目标，制定了具体的实施方案和一系列政策。

笔者：作为河西社区教育工作的主要管理者，您有何经验可与大家分享？

王国兴：社区教育必须要体现政府职能，否则就不大可能协调和调动更多的社会力量参与到社区教育中。试想一下，一个教育局成人教育科的科员或者科长到民政局、科委、文化局等部门去协调事务，会不会得到认可和配合？这就需要行政来推动，只有政府职能部门亲自出面才能奏效。

开展社区教育，一是体制，二是队伍，三是实体，四是内容，通过统筹协调共同作用于老百姓，形成社区教育的管理系统。

我对社区教育办公室采用的管理办法是各负其责、一抓到底。有的人形容其为“伞式结构”，因为它符合学习型组织的管理模式，层级少、扁平化、讲求工作效率。我是办公室主任，成为“伞尖”，连线到每个人形成“伞面”，覆盖到工作的各个层面。每个人分工负责一摊工作，既是“头儿”，也是“兵”，从方案到实施，从宏观到具体都要完整思考，然后拿出工作意见直接和我对话，向我负责。我经常对大家讲，从战役的角度看，你既是军分区司令，也是参谋长。不仅要有宏观思考，在关键环节上还要能拿出好的“作战方案”。

创新离不开研究。为加强社区教育的科研力度，1992 年 11 月我们成立了河西区社区教育研究会。这是天津市首个在城区内具备法人资格，在区民政局注册的从事社区教育理论研究的民间组织。由河西区区长任会长，社区教育办公室主任任常务秘书，研究会每 3 年一届，承担了国家级课题终身教育体系的研究。2006 年 2 月，研究会还承担了河西区社区教育创新实验项目工作，召开创新实验项目研讨会，制定创新实验项目实施方案，开展项目的立项会、中期推动会、终期展示会等;2007 年 4 月,承办了创新实验项目成果展示会,教育部职业教育与成人教育司成人继续教育处张志坤处长和中国成人教育协会社区教育专业委员会陈乃林会长到会,并给予肯定。

社区教育是最没有功利性的

这是王国兴在自己的亲身实践中得出的对社区教育的认识,也是他追求探索社区教育这一朝阳事业的不变信念,更是他朴实的社区教育思想的基石。

笔者:作为中国第一批从事社区教育工作的实践者,您对社区教育有怎样的认识?

王国兴:社区教育不仅是一项工作,还是一项事业,是一项有着极大发展前景的“朝阳产业”,我愿意为之奋斗终生。社区教育说到底是一场革命,它使人们的许多观念得到改变。比如:领导和群众的关系,政府和群众的关系,部门和群众的关系,学校和社会、社区的关系,街道和居委会的关系,如何看待群众性的社团组织,等等。开展社区教育,是对人们传统观念的冲击,是一场社会的根本变革。我在多种场合反复强调这个观点。

现在最没有功利色彩的教育在哪里?就是在社区。社区是平等的,社区是民主的,社区是没有功利色彩的,志愿者当老师不收费……所以我认为社区教育是最净化的教育,老百姓在这个组织中既民主又平等,这个组织的人都是真心实意地在相处。社区教育对社会的稳定,对人们心态的改变,对居民个人的展示都有很大的帮助。

社区教育是一项崭新的、宏伟的事业,又是一项十分艰巨的工作。唯其崭新才需要我们开拓创新,唯其艰巨才要求我们锲而不舍,唯其伟大我们才无怨无悔地为之奋斗和付出。开展社区教育的困难和阻力,有来自现实的,也有来自历史的;有来自客观社会的,也有来自主观意识的,所以我们要有艰苦作战、长期作战、持久作战的准备。大家想一想,我们要把老百姓们从他们自己的小天地里吸引、动员起来走进市民学校,参加社区教育;要动员校长们把学校设施和资源向社区居民开放;要让各部门发挥他们的教育职能;要让街道办事处的干部从“官本位”转向“民本位”;要让教育工作者变成社会工作者，这样的工作何其艰辛！

社区教育既是社会事业也是民众事业。社区教育内容必须满足百姓需求，促进社会进步，重要的是要研究在各项群众活动和各部门组织的活动中如何体现教育性。衡量它的标准之一是参与率与知晓率，这是社区教育广泛开展的基础。

笔者：*您能否从一个社区教育基层工作者的角度，谈一谈对社区教育若干热点问题的看法？*

王国兴：首先，对于社区教育的发展方向问题，我认为社区教育应该向构建一个终身教育体系的方向发展。终身教育体系基本框架的构建，不是各个阶段教育的叠加和罗列，而是各类教育的融通和渗透，形成一个有机整体，通过统筹、协调、整合的综合力量共建终身教育体系，突出其社会性、开放性。它应遵循以下原则：

1. 社会性原则。用社会建设的工作思路来构建终身教育体系。

2. 系统性原则。终身教育体系是一个宏大、复杂的系统工程，这个系统应该由更多的子系统来支撑，包括婴幼儿、青少年、在职干部职工（行业系统）、社区居民、弱势群体和特殊人群等。各个子系统内包括体制、机制、队伍、制度建设等诸要素。

3. 专业化原则。社区教育各个系统内都要建立专门的管理机构，负责统筹各个系统的整体运行，包括责任分配、目标管理、制度建设等，并要求培育专业化的师资队伍（社区教育管理者、志愿者等）。

4. 自主建设原则。各企事业单位、社区自主建设属于各子系统终身教育体系的终端系统。

其次，对于社区教育的定位问题，我认为社区教育是促进人的全面发展，促进社区、社会和谐发展，改善民生，凝聚民心，从根本上实现教育公平

的一项伟大的社会工程。它是三大国家战略，即科教兴国战略、人才强国战略、可持续发展战略的基础工程。社区教育与学校教育的本质区别在于非正式性、非正规性。学校教育的特征之一即强制性，无论是课程的设置、学习的内容还是学习的场所、学习的时间等等都具有一定的限制性。而社区教育是根据百姓的需求来设置课程，百姓可以自主选择学习的时间、学习的方式、学习的内容等，具有灵活性、非正式性。在社区教育所倡导的"工作学习化、生活学习化、活动学习化"理念的指导下，由政府搭建教育服务平台，社会机构和组织广泛参与，社会群众积极自主参与的一种终身学习体系——社区教育应运而生。它正是改变现今教育模式的重要途径，从某种角度上说，非正规性的社区教育比正规性的学校教育更为重要。

对于社区教育的资源问题，我认为：一方面，社会的场馆不是大门紧闭，就是设有门票门槛，百姓学习、健身、娱乐等苦于没场地、没教师；另一方面，部分学校的资源(人力、设施)却在闲置，学校总认为是"我"花钱投入的，所有设施都是"我"的，向社会开放不舍得、不情愿。这就形成了现在社区教育资源匮乏和学校教育资源闲置之间的矛盾。其实，我们应该更新观念，不要担心学校一旦向社会开放，就会产生"秩序乱了"、"把设施弄坏了"、"影响教室环境卫生了"等问题。这些问题可能一定程度会存在，但更多的是，他们没有看到敞开校门所能带来的"广告效应"。想让社会、家长和百姓了解学校，就不能只让他们听介绍，要让他们看一看、摸一摸、坐一坐。时间久了，学校必定会受到社区的拥护与群众的支持。作为校长必须懂得这样一个理念：学校是属于社会的，必须服务于社会；教育资源取之于民，理应用之于民。

笔者：作为一名基层工作者，您认为社区教育的研究工作应该如何与实践工作相结合？

王国兴：我是一名实践者，我对社区教育的思考和认识又不同于专家和学者。比如厉以贤教授的理论观点，我们在实践中得到验证后，通过反馈和交流，就可以进一步丰富社区教育理论。这也是我们的工作能在全国社区教育领域产生一定影响的原因之一。

科研的意义就在于成果的转化，经验提升为普遍规律进而形成理论，反过来理论又用于指导实践。社区工作者应当研究教育，逐步成为教育家，

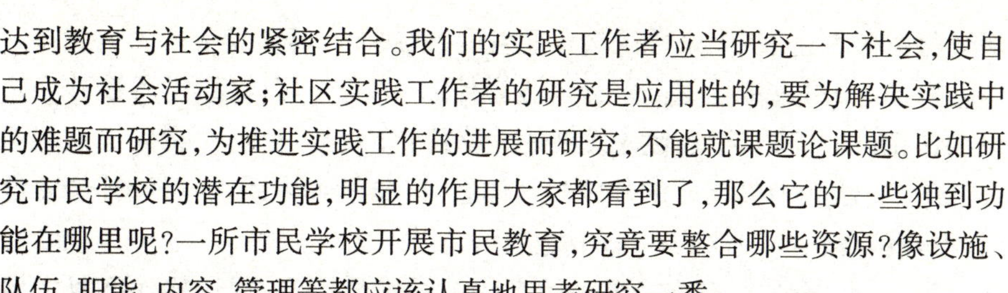

达到教育与社会的紧密结合。我们的实践工作者应当研究一下社会，使自己成为社会活动家；社区实践工作者的研究是应用性的，要为解决实践中的难题而研究，为推进实践工作的进展而研究，不能就课题论课题。比如研究市民学校的潜在功能，明显的作用大家都看到了，那么它的一些独到功能在哪里呢？一所市民学校开展市民教育，究竟要整合哪些资源？像设施、队伍、职能、内容、管理等都应该认真地思考研究一番。

社区教育不应该只有一种模式，和国外相比，中国的社区教育模式应该具有中国特色。社区教育理应靠社区成员的自我管理，但我认为不能简单地提“群众性”和“自主性”，因为中国的许多事情受到传统的“官本位”影响，离开必要的行政力度，就办不成或办不好。目前社会正处于转型期，面向最基层百姓的社区居委会正在逐步走向自治。那么，社区教育的管理体制、活动方式以及模式应如何转变，职能应如何发挥等，也是可以研究的。政府的行政职能仍然存在，社会各个阶层如何发挥各自职能，这些都是很有意义的实践研究课题。

干社区教育的人要有激情

我是一个有激情的人，因此我也欣赏对工作充满激情的人。我们要在同一条船上划桨，向着社区教育的美好明天同舟共进。

笔者：您能给我们描绘一下您心目中的社区教育蓝图是怎样的吗？

王国兴：我心目中的社区教育应该有这样几个特征：(1)社会参与、群众参与达到较高水平；(2)政府和社会搭建的终身学习服务平台达到全覆盖；(3)各类人群的系统化建设达到较高水平，即建设好婴幼儿教育服务系统、青少年社会教育服务系统、在职干部职工教育服务系统、社区居民教育服务系统、社区弱势群体与特殊群体教育服务系统等；(4)社区教育对社会经济发展、政治文化建设、和谐社区构建贡献程度高；(5)社区教育创新性、可持续发展性大大增强。

这几年，我国的社区教育发展迅速，主要体现在：一是实验区迅速扩大；二是区域协作组织不断发展；三是通过项目推进，在社区教育的某些领

域取得突破性进展。未来社区教育要发展，取决于以下几点：

第一，中央决策层提高对社区教育体系、终身学习体系、学习型社会建设的认识，切实将其摆在优先发展的战略位置。

第二，建立中央层面的社区教育体系、终身学习体系、学习型社会建设管理机构，尽快实现社区教育的法制化。

第三，依托强大完善的国民教育体系的优质资源，尽快构建终身学习体系，建设学习型社会的支撑保障系统。如中央教科所下设终身教育研究室，建立学习型社会的研究机构；国家行政学院开设终身学习专业，建立学习型社会的培训机构，对各省市的行政官员和教育主管部门的行政官员进行系统培训，对社区教育主管单位负责人进行资格培训；国家督导机构增加督导职能，对终身学习体系、学习型社会的建设进行督导等等。

第四，建立激励机制。如评选全国建设学习型城市和城区的先进市（区）；评选出为社区教育、终身教育、学习型社会建设作出突出贡献的先进集体和个人，并对其进行表彰等等。

笔者：那您认为我国当前和今后社区教育发展的最大困难是什么？

王国兴：目前我国社区教育面临的最大困难还是体制未取得根本性突破，其他困难还有社区教育的发展与滞后观念、管理体制、政策导向、外部制约、自身能力之间的矛盾等。即便于2000年被纳入教育部职业教育与成人教育司成人继续教育处工作范围之内，通过推进社区教育实验区建设，使社区教育得到了长足的发展，但直到现阶段，社区教育仍没有被摆在优先发展的战略位置。这说明，社区教育在我国仍处于被边缘化的地位，至今没有取得突破性发展。

现实情况是群众的积极性高于政府的积极性，地方政府的积极性高于中央政府的积极性。究其原因，乃是1949年新中国成立后，社会教育被中断，由工农教育取而代之。随后，又由职业教育和成人教育所取代，社会教育长期被忽视。现今教育部职责的落脚点在于学校教育、学历教育，对象局限于接受义务教育、成人教育的人群，在这范围之外的人，则不属于管理对象，而这部分人恰恰是社会稳定和谐的关键因素。如是，便造成我国当前经济高速发展与社会道德缺失的尴尬局面。社会教育缺失正是社会道德缺失的关键原因。道德素质的提升除了要靠先进文化的熏陶、引领、塑造、影响外，更重要的是需要强有力和切实有效的社会教育。社会教育是为了使个人具备社会成员所需资质的有组织的教育活动。部分地区的社区教育发展快速，社会教育实践取得了丰硕成果，但作为国家制度化的社会教育尚属空白。

要让社区教育取得长远发展，应着重加强以下几方面：

第一，我们要特别注意这样几个问题：一是社会参与，这是社区教育的生命力、动力、活力；二是共筑共建；三是社会团体发展及其结构的合理化；四是志愿者和群众领袖的发展。而最核心、最根本的措施在于加强自身能力建设，包括提高自身认识力、创造力、设计能力、协调组织能力等。此外，深度研讨、培训也很重要。

第二，建立国家范围的终身教育体系与机构，可单独设置一个管理、推进社区教育的专门机构，以推进社区教育事业。

第三，保障社区教育的最基础建设，包括体制建设、实体化网络建设、队伍建设等。

第四，广泛宣传社区教育、终身教育、学习型社会的理念与作用。

第五，加快推进社区教育制度化和法制化建设。

笔者：您提到了志愿者的作用，那么请您谈谈社区教育队伍应该如何建设？

王国兴：在队伍建设中，志愿者的作用要重点关注。在市民学校里，那些教师志愿者、学员志愿者、社团领袖志愿者、班级管理志愿者等都发挥了很好的作用，为市民学校的可持续发展作出大量贡献，事迹很感人。关于志愿者队伍建设，应使其向社区教育专业化发展。我们要善于发现在社区活动中的热心人和志愿者。有时候我们物色的“楼长”、“组长”等，其实人家并不想干；而有些社区活动热心人特别想干，我们却偏不让人家干，结果是干的和没干的都不高兴。我们要鼓励社区活动热心人多为社区活动出点子、出主意，这样一定比我们“硬拍”的效果要好。

对于志愿者，首先要尊重。我们的好多做法体现了对人的尊重，为他们提供舞台、帮他们出书、让他们登台演讲、上电视荧幕、在网页上设专栏、参加高层次座谈等。尊重人家，人家就会有更高的积极性投入事业。

社团的管理是队伍建设的重要方面，因为各类社团聚集了很多社会活

动的活跃分子。这些人情愿搭钱、搭工夫，不怕操心受累、不怕麻烦，很执著。社团使他们因共同的爱好和特长聚集在一起，建设好社团也是在促进社会的和谐。在社团管理的过程中，一定要培养本色的群众领袖。这些人做社团的事情功利成分比较少，不会被狭隘的眼前利益束缚头脑。现在有个别“直选”上来的社区主任，只考虑眼前利益，为个别人和少数人说话，这样做其实损害的是大多数群众的长远利益，还会影响党群和干群的关系。所以我说，我们培养出来的群众领袖应该能够将对上级负责和对老百姓负责统一起来，做到平衡，成为社区教育工作的骨干和带头人。

虽然我已退休，但还是特别愿意参加基层活动，不论是在学校还是街道，只要有机会我都会去，而且抓住机会就宣传，算是“唤醒”民众吧。我还打算把20年来在社区教育实践探索中积累的经验与大家共同分享呢！

采访后记 / 林晓

王蒙说过：人老到一定程度，会有一种特殊的美：那是无限好的夕阳，个性已经完成，是非了如指掌，经验与学识博大精深，知止有定，历尽沧桑，个人再无所求，无欲则刚，刀枪不入，超凡脱俗，关注人生，原谅一切可以原谅的人和事，洞悉一切花拳绣腿，既带棱带角，又含蓄和解，一语中的，入木八分，一言一笑都那么有锋芒、有智慧、有分量、有原则、有趣味而又适可而止。他似乎说的就是天津市河西区社区教育委员会办公室主任王国兴，至少在我看来已经无限接近了。

作为我国最早从事社区教育的实践者，王国兴对社区教育的前瞻与把握令人钦佩。他能够与大时代合拍，抒发大情感，唱出主旋律；他对社区教育工作中的任何一个细节都很敏感，能与广大人民群众同悲、同喜、同欢、同乐，进而产生出强烈的共鸣。这种大与小的统一，是他作为一名平凡而又出色的社区教育工作者的社会使命感和自身素质、能力积淀的共生体。

“乐在其中，则心不疲。”王国兴将社区教育作为本职工作，从中得到了成功的喜悦。他说，他投身于社区教育事业，乐趣源于：第一，一些理念能够变成现实；第二，思路经过实践的检验被证明是正确的，因而感受到了前瞻性的快乐；第三，老百姓支持、肯定他们的工作。

王国兴当过工人，到过农村，从事过普通教育，丰富的经历使他对社区教育有了更加全面的认识。他说，社区教育的最大本质是社会性，不能从传统教育的视角来看待社区教育。社区教育也把他培养成为一名社区教育基层的领导者，一名社会活动家，更是一名平民教育家。这可能就是社区教育的魅力所在吧！

相关链接

王国兴参与并组织的课题及成果一览

1. “八五”国家重点课题：上海袁采牵头的“中国社区教育理论与实践研究”
2. “九五”国家重点课题：上海张民生牵头的“社区教育在面向21世纪我国现代教育体系中的地位和作用研究”
3. “九五”国家重点课题：北京厉以贤牵头的“社区教育理论和实践研究”
4. “九五”市级重点课题：天津市王宗敏牵头的“素质教育的运行机制与实践模式的研究”
5. “十五”国家重点课题：上海季国强牵头的“学习型社区建设与社区教育发展研究”
6. “十五”国家重点课题：教育部张志坤牵头的“推进社区教育发展实验研究”
7. 《河西社区教育撷英》（主编）.1991年，内部交流
8. 《社区教育之路》（主编）.1997年，内部交流
9. 《热爱社区教育的人们》（主编）.1997年，内部交流
10. 《区域推进素质教育的奇葩》（主编）.2000年，内部交流
11. 2004年主编“天津市河西区建设学习型城区系列丛书”：《推进社区教育，建设学习型城区》，丛书之一；《“512”市民教育工程实践与探索》，丛书之二；《天津市河西区实施“早期儿童养育和发展”项目成果集萃》，丛书之三

先行者的智慧与风采

访北京师范大学厉以贤教授

厉以贤，北京师范大学教育学院教授，我国教育界著名学者，国务院第一批政府突出贡献特殊津贴专家，社区教育专家。全国教育社会学研究会理事长暨全国社区教育委员会主席，曾任全国马克思主义教育思想研究会理事长。1955—1958 年在苏联列宁格勒赫尔岑师范学院攻读教育学研究生。他与国外学术界有着深入交流，曾在美国、德国、俄国、日本、韩国、泰国等国进行讲学、合作研究与学术考察，与我国台湾地区经常进行互访交流和合作办会。主要研究领域：教育基本理论、教育社会学、学习社会、终身学习、终身教育与社区教育等。

2008 年春节后，在银装素裹的北京，我们见到了厉以贤教授。高高的个子，清瘦的面庞，微微凸起的前额，无处不透着学者的儒雅与智慧；一圈霜雪般的白发，像是北国初春尚未解冻的冰雪；带着微微笑意的神情里，透着邻家大伯般的亲切，只是偶尔闪过的略显严厉的眼神，让人不由心生敬畏。和我们一一握手后，厉教授将我们带进了北师大教育学院一间普通的小会议室里，教授的助手为我们沏上了茶水。于是，对厉教授的采访便在这间略显狭窄却非常温暖的会议室里开始了。

访谈实录

孜孜不倦求学问——他有点特殊

一句笑谈，戏剧性选择教育专业

1950 年，厉以贤被华北的燕京大学教育系录取，就读教育专业。可是，高中时代的厉以贤是一位学习优秀、兴趣广泛、多面发展的学生，在"学好数理化，走遍天下都不怕"的年代里，为什么选择就读教育专业呢？我们按捺不住内心的好奇，问起厉教授当年报考教育系的原因，厉教授听后不禁哈哈大笑。"为什么报教育系？那是因为当年我的一个高中同学说当校长不错，读教育系，以后出来就可以当校长。因此在填写志愿的时候，我填报了文科的教育系。那年高考是分大区、分类考试的，所以我除了考上华北地区的文科，同时也考上了华东地区的工科——东北地区石油类，可是最终还是选择了文科，选择了燕京大学教育系。后来才知道，念教育系不是一定能当校长的。"从厉教授满脸洋溢的笑容中，依稀可以看见当年那个年轻朝气、稚嫩懵懂的青年。

母校燕京大学一直是厉教授心怀感恩和引以为傲的地方。"燕京大学的图书馆和体育馆是我最喜欢和最熟悉的地方"，那里留下了年轻时代的厉以贤孜孜不倦求学和挥汗奋勇对抗的身影。正是在燕京大学图书馆里，他涉猎群书，读了许多经典书籍。

“如饥似渴”是对厉教授学习生涯的最好写照。热爱学习的人必定怀着对真知的景仰与敬畏，这是厉教授一贯以来学习态度的深刻体现。

提前毕业，担任同班同学的班主任

厉以贤在燕京大学教育系就读两年之后，适逢院系调整，燕京大学教育系并入北京师范大学，其他专业则并入北京大学。于是厉以贤进入北师大学习，半年之后，厉以贤以优异的成绩提前毕业，领取毕业证书，留校成为一名助教。特别有意思的是，厉以贤担任了自己原先学习时所在班级的班主任，成为自己同学的老师，负责讨论课。众所周知，讨论课对教师的学术广度、深度、思辨能力以及口头表达能力都有着很高的要求。厉以贤坦言，自己一直是一个非常喜欢迎接挑战的人，讨论课带来的挑战恰恰成为他不断追求更高学术造诣的动力。

一年后，厉以贤参加并通过了留学考试，学习了一年俄语，1955 年开始留学苏联。在苏联列宁格勒赫尔岑师范学院学习教育学，攻读研究生。在苏联的学习对厉以贤的一生影响很大。在苏联，他学习了很多马克思、列宁和其他一些教育家的俄文原著，最大的收获是培养了正确的辩证逻辑思维方法。厉教授体会，思维方式的养成是非常有用的，尤其对于一名学者而言，没有正确的思维方式，很难做出真正的学问。在苏联学习时，厉以贤也去苏联的基层学校听课，了解苏联当地学校的教育和教学。在导师的指导下，在请教其他专家的过程中，他开阔了视野，学习了规范的研究方法和程序。厉教授告诉我们，这段经历对他以后的工作、研究很有帮助。

1958 年刚回国不久，有一次厉以贤正在系资料室伏案研读，这时走过来一位先生（后来得知是教育部的一位官员），看见他在读原著，就问：“你看过《资本论》吗？”

“看过。”

“你全部都读过了吗？”

“是的。”

那位先生一脸的难以置信，很是惊讶。这时先生边上的人赶紧解释说：“他有点特殊！”在那个年代能通读《资本论》的人，的确有点特殊。

厉教授的体会是：读书不能只读那些第二手的东西，必须首先读原著，了解当时写作的背景、原文的意思、为什么要论述这样的观点等等，只有读懂了原著才能正确地理解书籍中阐述的深层道理。只学语录，就难免断章取义。厉教授强调做学问需要严谨的态度，需要有严密的逻辑思维，遵循学术规范。事实上，厉教授也是这样去做的。例如，他编著的《现代教育原理》一书，就是在严密的逻辑思维下，创新地使用一种新的规范、新的逻辑来诠释。这本著作对中国教育界影响很大，是各大院校教育专业的通用教材。

勇于尝试探新知　彰显学者真本色

从与教育结缘的那天起，在半个多世纪的跌宕岁月中，厉以贤教授痴心不改的是对人生价值的矢志追寻、对学术研究的孜孜追求、对新研究领域的不断探索。尤其对于新的、充满挑战的研究领域，厉以贤更是带着强烈的探索精神和学者的责任心，勇于做“第一个吃螃蟹的人”。几十年以来，厉以贤的名字与我国教育事业的发展牢牢地拴在了一起。

厉教授总是谦虚地将自己喜欢探索新的研究领域、喜欢尝试别人没有做过的研究归结为自己的性格使然。然而我们知道，有的时候，探索一个新的领域是需要承受很大的压力、需要很大的勇气的。厉教授告诉我们，求学生涯结束后，一开始他从事的是教育基本理论研究，后来转向教育社会学研究，当时的这一研究转向就经历了一个如履薄冰的过程。厉教授说，由于当时特殊的社会背景，很多学者不敢研究社会学，害怕涉及社会学，害怕被打成右派。在当时，国内对教育社会学的研究非常薄弱。同时，这一研究领域接触的面比较宽，需要关注社会和教育的基本关系和不断产生的新问题，重视理论研究与实际问题的结合。因此，非常喜欢尝试新事物、涉足新领域的厉以贤喜欢上了教育社会学。厉教授与费孝通、雷洁琼、陈友松等人一起积极筹备恢复教育社会学，并通过不断努力，将教育社会学课程引入师范学院的课程设置里。1989 年，厉教授撰写了专著《教育社会学引论》，由黑龙江教育出版社正式出版。

从教育社会学研究转而重点关注、探索社区教育是厉以贤研究生涯的又一次重大尝试。教育必须跟着时代走，必须时刻关注社会的发展和不断出现的新问题，也正是基于对教育与社会的发展和问题的思考，引发了他对社区教育的关注。社区教育也是厉教授走出大学象牙塔，将理论研究融入实践、指导实践并从实践中发展理论的一个切入口。20 世纪 60 年代中期，厉以贤就以学者的敏锐感，最先意识到社区教育的价值和研究的必要性。厉教授转入研究社区教育这样一个新的事物，并不是完全移植国外的理论和照搬国外的经验，而是从中国的实际出发，构建自己的理论框架。由此，以厉以贤为代表的一些学者，开启了国内社区教育学术研究的先河，对推动我国社区教育的发展起到了重要作用。

提及自己研究生涯的这次转向，厉教授强调，社区教育是中国社会和教育改革、教育发展的必然选择。中国的社区教育，完全是我国社会经济、文化和教育发展到一定阶段和水平后必然会出现的事物，无论是上海还是天津，并不是因为把国外理论搬到国内来，才出现社区教育的。各地最初启动社区教育的方式不完全一样，例如辽宁省社区教育从大型工厂的职工教育开始，上海市从真如中学学生校外教育开始，天津市从社区居民教育开始……发展社区教育是时代的要求，是不可抗拒的，教育改革的发展趋势也必将日益重视社区教育。提高全民素质，教育资源逐步实现社会共享的趋势，决定了社区教育的优越性是符合历史发展方向的。已年逾古稀的厉教授，依旧铿锵有力的声音里透露出的是对社区教育发展的坚定信念。厉教授并不认为自己曾经为中国社区教育的发展做出过多大贡献，只是认为自己尽了一点绵薄之力、做了一点自己该做的事情、大胆尝试了一块新的研究领域而已。

厉以贤教授研究生涯的两次重大转向，正是对“学者本色”的最好注解。在众多学者害怕涉足社会学的年代里，他勇敢踏入教育社会学；在国人对“社区教育”一词还相当陌生的时候，他敏锐地意识到社区教育对于社会发展和教育发展的重大价值，并转向研究社区教育，成为国内社区教育研究的第一人。最难能可贵的是，他将自己的满腔热情倾注于不断追求学问的最高境界，做真正的学问。纵观他的学术人生，最让人印象深刻的是，厉教授对学问的探索和研究始终有着一种“剪不断”的情感，从学生时代的如饥似渴到工作时候的孜孜以求，再到古稀之年的拳拳之心，历尽沧桑中不

变的是对学术更新、更高境界的矢志探求。

导航理论与实践　成就人生之盛宴

真正的学问必然建立在深入了解客观真实的实践基础上，直面现状，实事求是，才能够发现问题，从而做一些能推动实际工作的实实在在的研究。这样的研究才是有价值的，从事这样的研究的学者才是真正的学者。厉以贤一直以来都奉行这样的观点，并身体力行，保持着严谨的治学态度，将研究最终推动实际工作作为自己从事研究的重要目标。也许正因如此，才造就了今天厉教授在我国教育界的名声赫赫。从社区教育基础理论框架的构建、社区教育发展方向的引领、社区教育实践的推进到社区教育理论与实践的结合等层面，厉以贤教授都作出了突出贡献，他用自己扎实的研究和勤奋工作，在我国社区教育的发展轨迹上烙下了自己的生命足迹，成就了自己的人生盛宴。

界定概念，构筑基础理论框架

到底什么是社区教育、如何界定社区教育的内涵与外延，是摆在我国社区教育研究者、管理者、基层工作者面前的一道必须首先要跨过的坎。这一问题直接关系着我国社区教育事业的发展。社区教育的概念在理论研究上的不明晰，也会直接导致社区教育基层管理者、工作者的实际工作处于混沌状态。

关于社区教育的概念问题，起初有各种说法。有人认为社区教育是一种教育体制，有人主张社区教育是一种管理体制，有人说社区教育是一种教育模式、教育网络，也有人把社区教育看做是一种社会组织体制或组织形式……随着越来越多的人开始关注社区教育、参与社区教育，人们对社区教育的理解也就各有侧重，如从事基础教育的人侧重于中小学生的家庭教育、校外教育、家长教育，配合中小学生的素质教育；从事高等教育研究的人侧重于社区学院的建设，强调高等教育大众化；从事成人教育的人则把社区教育看做是成人教育的一部分，等等。

面对纷繁芜杂的社区教育定义，厉以贤指出，学者们根据自己的理解来界定社区教育无可非议，但是，必须要在缜密的逻辑思维下进行科学的

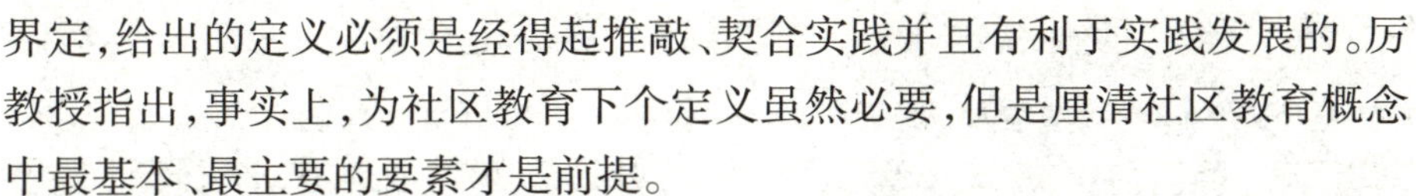

界定，给出的定义必须是经得起推敲、契合实践并且有利于实践发展的。厉教授指出，事实上，为社区教育下个定义虽然必要，但是厘清社区教育概念中最基本、最主要的要素才是前提。

厉教授提及的社区教育的基本要素有：(1)社区教育是一个大教育概念，而不仅仅是成人教育、职业教育、学校教育。(2)社区教育的对象是社区内的全体成员，从出生至老死的各个年龄阶层的人，而不仅仅是青少年或成人。(3)社区教育的目标是满足社区全体成员的各种学习需求，提高社区成员的素质和生活质量，促进社区发展。通过社区参与，培养社区成员的社区意识和社区角色，形成社区归属感和良好的人际关系与社区风尚。(4)社区教育的内容应是多元化、多层次的，根据实际需求而定，不必框定。(5)社区教育的机制是社区与教育的相互参与、相互协调。(6)社区教育的组织机构，并非仅是上课、办班等学校类型，也可以是人际沟通的活动型。社区教育本身就是一种活动，是社区成员之间的互动与交流，活动丰富了，活动主体之间就会相互学习，从而提高个人和群体的素质，改善生活质量。社区教育发展的生命力就在于活动。(7)社区教育的实质是沟通、协调教育发展与社区发展。社区教育是终身教育的组成部分，也是社区发展的组成部分，两个方面都是不可偏废的。(8)社区教育的体制强调社区内各种教育因素的整合、协调和互动，其中包括社区内的人、物、各类机构和组织团体的教育资源。

根据这些要素，厉教授对社区教育做了一个不添任何附加词的定义：社区教育是实现社区全体成员素质和生活质量提高以及社区发展的社区性的教育活动和过程。

厉教授直言，现有的某些概念，有的不科学，有的看似相似，却经不起科学推敲。例如，在 2001 年出现的“社区教育是在一定地域范围内，充分利用各类教育资源，旨在提高社区全体成员整体素质和生活质量，促进区域经济建设和社会发展的教育活动”这一对社区教育的界定。“社区教育是在一定地域范围内”，肯定了社区定位在居民委员会的提法，是科学的。社区教育有助于促进一定范围的经济。但是，区域是个具有特定概念的词，社区不与区域同义，添加“促进区域经济建设”一词，就不太准确与科学。在实际运作中，例如居委会、街道、区县等的社区教育，如何促进更大范围的区域经济建设，恐怕也是个问题。另外，结合我国国情，总是把促进物质文明建设和促进精神文明建设并提，因为两个文明建设是社会发展、社区发展不可或缺的。单一强调物质文明发展，忽视精神文明的发展，就不可能实现社会

的可持续发展,这也背离了社区发展和社区教育的核心内容。

与社区教育的概念在理论研究上并不明晰的情况相对应的是,基层社区教育实际操作也较为混乱。例如,从各地报出的关于社区教育方面的统计数据中,我们不难发现社区教育工作者对社区教育的理解和统计口径截然不同。有人指出我国目前的社区教育似乎是个大箩筐,什么都可以往里装。显然这种情况并不利于我国社区教育的科学可持续发展。至于哪些东西不可以装入社区教育的筐里,则需要从认清社区教育的基本要素入手,需要有一定的理论认识,并加以具体情况具体分析。

2003 年,厉教授承担了一项"九五"规划国家重点课题"中国特色社区教育的理论与实验研究"。课题研究成果之一《社区教育原理》一书由四川教育出版社出版。这本学术著作凝聚了厉教授多年的研究心得,对社区教育基本原理作了全面而系统的阐述,包括社区教育的含义、社区教育的兴起与发展、体制与模式、课程开发与管理评价等,并且深刻论证了社区教育与终身教育、学习社会的关系,以及社区教育与社区发展的关系等,建构了我国社区教育的基础理论框架。《社区教育原理》一经出版,立刻成为全国各地社区教育工作者的培训教材,成为我国教育理论工作者、教育行政部门和实践工作者的参考用书。接着于 2004 年出版了《学习社会的理念与建设》一书,其内容涉及知识经济、知识社会和学习社会,终身学习、终身教育和学习型组织,以及学习型社区、学习型家庭的建设和策略等,从理论和实践上将社区教育引向学习社会的建设。

推行"三结合"新思路,导航发展方向

我国社区教育是从 20 世纪 80 年代中期兴起的,由京、津、沪、辽等省、市先动,以青少年校外教育为主要内容,以为青少年教育发展创造良好的环境为工作目标。1993 年颁发的《中国教育改革和发展纲要》明确提出:"支持和鼓励中小学同附近的企事业单位、街道或村民委员会建立社区教育组织,吸引社会各界支持学校建设、参与学校管理、优化育人环境,探索出符

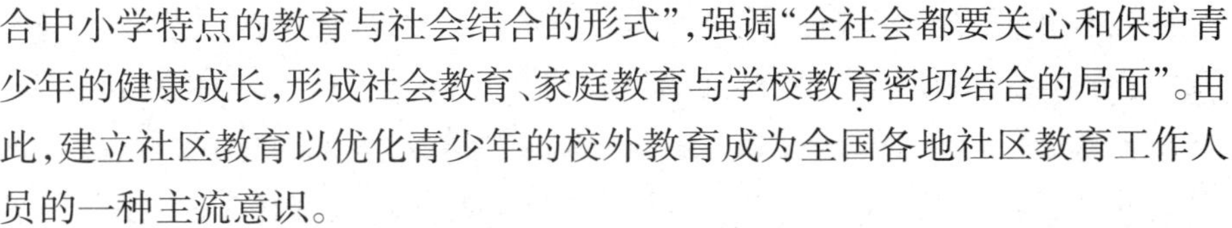

合中小学特点的教育与社会结合的形式”，强调“全社会都要关心和保护青少年的健康成长，形成社会教育、家庭教育与学校教育密切结合的局面”。由此，建立社区教育以优化青少年的校外教育成为全国各地社区教育工作人员的一种主流意识。

然而，厉教授意识到，如果将青少年校外教育作为社区教育的主要内容，继续发展下去，必然会出现方向上的问题，社区教育会走弯路。正是在这样的背景下，于 1993 年在北京召开的全国社区教育研讨会上，厉教授首次提出了要转换视角，探索我国社区教育发展的新思路：(1)社区教育的发展应与社区发展相结合，不能只限于学校；(2)社区教育的发展要与教育体制的改革结合起来。教育部门不应只管学校教育、正规教育，社区教育扩大了教育对象的范围，需要有新的管理体制与之适应；(3)学校应与社区结合起来。学校不能大门紧闭，而应该与社区沟通和互动。当时学校主要是垂直领导，社区与学校没有直接联系，但学校是社区的一部分，社区支持了学校，学校应向社区开放以回报社区，达到双向参与、双向互动。“三结合”观点转变了人们对社区教育工作的认识，很快成为全国各地开展社区教育工作的指导思路。几年之内，各地的社区教育便增添了许多新的内容，拓展成为囊括社区各类人群教育服务的真正意义上的社区教育。“三结合”观点扭转了当时人们的一些认识偏颇，从现实来看，至今仍具有深刻意义。

直击问题，推进实践和改革

直面现状，厉教授总是能够敏锐地意识到实践中存在的问题，并及时发出预警，促进社区教育实践不断改革和深入发展。厉教授认为，当前存在的主要问题有：

第一，一些主管部门领导、社会各界对社区教育的认识有待提高。厉教授说，就当前而言，社区教育是个软任务，可以摆上议事日程，也可以不摆上议事日程，不少地方的领导对社区教育的重视程度有待提高。同时，管理人员队伍的流动性、领导班子的变化性使得社区教育工作的延续性和连续性不够。

厉教授认为，对社区教育的认识也需要与时俱进，适应时代与社会的发展。当前世界是社会和谐与可持续发展的时代，正在逐步迈向知识社会、学习社会。人的素质成为国家综合国力、竞争力的要素。社区教育、社区学习、终身教育、终身学习是提高人的素质的一把金钥匙。

社区教育、社区学习是终身教育、终身学习的组成部分，是实施终身教育、终身学习并迈向学习型社会的重要途径。应该说，社区教育、社区学习、终身教育、终身学习都是提高人的素质、构建学习社会的有力手段。终身教育是涵盖正规教育、非正规教育、非正式教育的一种教育体系，而不是幼儿教育、中小学教育与高等教育、成人教育的简单叠加。建设学习社会是一个漫长的过程，在我国会有比较长的路要走，现在不妨就开始迈步。千万不能认为建设学习社会是一个短期内很容易实现的目标。关于这些论点，厉教授在其一些论文和著作中有过详细的论述。

在厉教授看来，我国当前社区教育与非正规教育的联系，过于侧重于“有多少人参加了培训”，而忽视了“在社区成员之间组织和开展多种类型、多种形式的活动，从而使人们在社区活动中学习并受到教育”。非正式教育一直未被纳入社区教育的范畴，是因为在认识上还未将非正式教育看做是教育的一种类型。至于社区教育与正规教育的联系、学校与社区的互动，1993 年前仅局限于学校青少年校外教育，而如今学校青少年学生通过参与社区、社会的活动而提高素质的社区教育被忽视了。以上种种误区，都是由于没有真正科学地理解终身教育、终身学习和学习社会，从而也就不能科学理解与全面实施社区教育。

提高认识，首先是要提高各级社区教育负责人、管理者的认识，使他们都成为社区教育的明白人。

第二，社区教育管理体制尚不完善，社区教育委员会的组织功能没有有效发挥。当前我国社区教育尚需政府整合统筹，由教育部门的一个司去主管难以协调和推动。厉教授指出，从基层的情况来看，单靠教育部门指挥和推动社区教育的话，难度太大。基层的社区教育工作者开展工作，主要还是凭借与社区的个人关系，靠人情面来推动工作。社区教育管理体制建设需要一个能够协调方方面面力量的机构，很多地方社区教育委员会没有真正发挥作用。厉教授在北京市实验时曾创立了区的社区教育委员会体制，可以借鉴。他们是由区长、分管社区的副区长、分管教育的副区长，后又加上分管财务的副区长组成社区教育委员会主要领导班子，教育局长任委员会办公室主任，以社区教育委员会的名义去推动社区教育工作，从而真正解决一些实际问题。

第三，缺乏一支专业化、高素质的社区教育专兼职工作者和志愿者队伍。从各地的情况来看，很多地方的社区教育专职干部是从教师队伍中

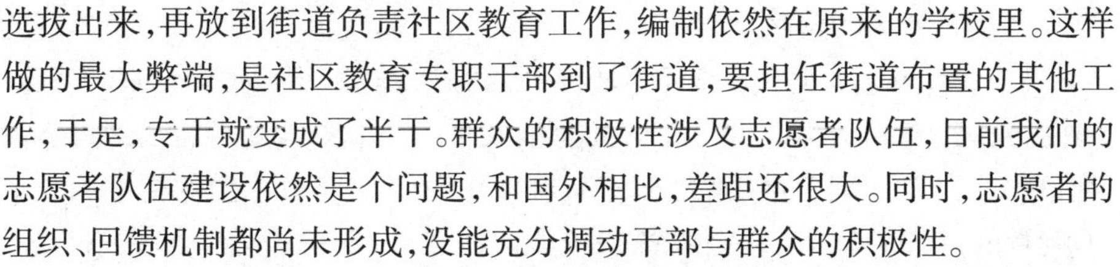

选拔出来，再放到街道负责社区教育工作，编制依然在原来的学校里。这样做的最大弊端，是社区教育专职干部到了街道，要担任街道布置的其他工作，于是，专干就变成了半干。群众的积极性涉及志愿者队伍，目前我们的志愿者队伍建设依然是个问题，和国外相比，差距还很大。同时，志愿者的组织、回馈机制都尚未形成，没能充分调动干部与群众的积极性。

第四，学习成果认证制度尚未建立。教育改革发展的态势，是以教育的开放性、多样性代替传统教育的封闭性、单一性。教育要向社会的每一个人开放，任何人，不分民族、年龄、性别、出身、地位等等，只要他们有学习意愿，都可以通过各种方式、各种途径接受教育、开展学习。无论通过什么样的方式和途径去学习，只要结果相同，社会就要承认其学习的成效。因此，需要建立学习成果认证制度。这虽然是从理论上来论述，但确实有现实意义和前瞻意义。教育要向社会所有人开放，就不可能完全由学校来承担，社区教育和社区学习就应该发挥作用。不论通过什么样的学习方式和途径，只要达到了要求，就应承认其学习效果，就是承认其得到了教育，就意味着其积累的经验应该被认可。厉教授强调，当前我们通过许多活动开展社区教育，学习者得到了许多东西，但是这些东西目前尚不能被认可，因为没有学习的认证制度。许多先进的国家，已经对这种通过经验、各种活动和各种方式进行的学习建立成果认证机制，通过认证制度转换为上正规学校的学分，转化为能力评价等。因此，我们的社区教育必须站在这样的高度上去思考未来的发展问题。如何使教育改革朝着这种方向走去，也是值得思考的问题之一。

第五，社区内的各种教育资源与相应机构的整合、协调和互动问题。早在十几年前，厉教授就已提出并强调这是我国发展社区教育的最大瓶颈，是由我国现行体制所决定的，现在仍未得到解决。例如：民政部从社区建设切入社区教育；宣传部从构建学习型城市切入社区教育；文明办从建设文明城市、文明学校切入社区教育；劳动部从劳动技能培训切入社区教育；人事部、组织部从干部培训切入社区教育；司法部从法制教育切入社区教育；妇联从家庭教育、学习型家庭建设切入社区教育；甚至广播电视大学在转型中也把社区教育列为电大的任务，并试验把电大与社区学院当做同一机构，等等。“地位决定思维，屁股决定脑袋”，这样就容易理解为什么我国在推行社区教育中总是把主管部门的任务作为首要的或唯一的任务，而不顾及其他。归根结底就是体制问题，社区教育管理体制建设需要一个能够协

调方方面面力量的机构。

“上面千根线，下面一根针”，针眼就在区县和街道。如果不加以整合、协调、互动，各自为政的话，就不可能形成合力。厉教授说：“我曾到许多街道办事处实地仔细考察（不是那种只用极短时间走马观花似的视察），见到了大量的这样的情景：从上级各条线下达的任务，压得街道干部疲于奔命，只能哪个任务压得重、时间紧，就先做哪项。哪条线要汇报，则把已有工作和现成资料整理一下，冠上那条线的相应名称，就对付了。实际上，街道为应付上级也在整合，只不过是无序的、应付性的、缺乏效率和成就的‘整合’。不进行真正有效的整合，就解放不了街道干部的生产力，既做不好社区教育工作，也做不好其他工作。”

最后，厉教授指出，发展不平衡是一个很大的问题。全国包括省、市和各个实验区之间，发展都很不平衡。发展不平衡是我国的现实国情，与很多因素有关。同时，教育部门推动社区教育发展的力度也还不够。厉教授深切地体会到：“社区教育在其发展过程中，不可避免地会出现各种各样的问题，需要社会各界的有识之士共同努力，共同推进。”

走出象牙塔，升华理论与实践

学术研究必须走出象牙塔，学者的价值在于他的学术研究对实际工作起到的推动作用，这一直是厉教授身体力行的标杆。厉教授强调，做研究必须要有两个基础：一是摸清当地实情，去看、去了解；二是了解该领域的实际情况和研究现状。社区教育的很大一个特点，就是与地方特色结合在一起。所以必须了解当地情况，然后才能知道哪些是应该去做、去实验的，最后才能做出有特色、有亮点、一流的东西。

厉教授在全国先后建立了近 20 个实验点。在实验点建设中，厉教授全心全意地指导，结合当地实际，出谋献策、努力钻研、创造先进。厉教授做实验有两个先行步骤：一是为了摸清当地实情，亲自做实地调研，去看、去听、去开各类座谈会；二是在此基础上，与当地的领导班子和实践工作者共同商讨和制订实验计划，明确实验目的、步骤和方法。在实验过程中不断加以培训和指导，有检查、有总结，最后形成成果，完成实验报告。作为一名拥有纯朴学风的学者，厉教授不耍滑、不偷懒，真心实意地研究和实验，和实验点的同志们一起，创造出特色和亮点，不断向前迈进，提升成一流。

例如，在成都市青羊区的社区教育实验中，人们都知道厉以贤的名字，因为厉教授是和他们在同一个战壕里一起战斗的战友。厉教授和当地的社区教育工作者一起，深入实地做调研、制订工作计划、开展各类实验，共同探索社区教育发展路径。在厉教授的悉心指导下，经过实验，青羊区最终成功建立了两个三级网络，即社区学院实体的三级网络和区街道居委会的社区教育委员会的三级网络，并且形成了关于社区教育工作的一整套制度，有力地推动了青羊区社区教育工作向前迈进。最让青羊区的社区教育工作受益的是，厉教授帮助他们培养出一批本土的专家、管理人员和研究人员。由于在社区教育工作方面的业绩突出，青羊区被教育部认定为首批全国社区教育实验区和全国社区教育示范区，来自全国各地的参观者、学习者络绎不绝。青羊区成为全国各地社区教育工作的榜样。

在厉以贤教授众多的关于社区教育与教育社会学的著作和学术论文中，既系统地进行理论阐述，又积淀了厉教授长期深入开展实践工作和实验的成果，代表了厉教授在理论与实践研究相结合中实现的升华。厉教授曾被邀请到各地做有关社区教育的报告，主办和参加过近百场研讨会和论坛。厉教授的学者本色和个性也使由他主办的研讨会和论坛有着浓厚的学术氛围。不仅如此，厉教授身上还有很多可以载入我国社区教育发展史的事迹：他成立了由学者主持的研究社区教育的学术团体；他是第一个以理论工作者身份承担社区教育国家课题的学者；他建立了我国社区教育与国际组织之间的联系；他沟通了我国海峡两岸社区教育的活动，并且自1999年起与我国台湾社区教育学会分别在两岸举办了10次学术研讨会；他第一个在香港举办社区教育学术研讨会，推动香港的社区教育发展；他第一个以学者身份带领我国社区教育工作者考察美国社区学院和我国台湾社区大学等。

纵观社区教育在我国二三十年的发展历程和发展现状，可以发现，厉以贤教授在我国社区教育发展的几个重要节点上，都留下了自己深刻的足迹，引领了我国社区教育理论研究与实践的推进。几十年的研究和实践，厉教授先后出版了《社区教育的理论与实验》、《社区教育原理》、《学习社会的理念与建设》等多部专著和数十篇学术论文以及多部教材，这些丰硕的研究成果，给他带来了极高的学术声誉。学术丰富了他的人生，他的学术发展历程也成为中国社区教育发展历程的见证。作为“社区教育的先行者”，厉教授为推动我国社区教育的发展作出了重大的贡献。

直面认识误区　恪守学术尊严

不忧名，不患利，唯一担心的就是中国社区教育的发展。厉以贤是一位充满责任感和使命感的学者，他身上有一种儒雅的学者风范。“宁可抱香枝上老，不随黄叶舞秋风”，谈起目前我国社区教育发展中存在的误区和弊端，厉以贤从研究、探讨的立场，率真地谈出了自己的观点和看法。

把社区定位成居民委员会不科学

民政部把社区界定为：“目前城市社区的范围，一般是指经过社区体制改革作了规模调整后的居民委员会辖区。”这个界定由于民政部的行政强力推行，把社区定位成居委会在全国已成现实。厉教授认为，作为一名学者，必须认定从理论上说这一界定是不科学、不全面的，因为居委会属于社区，可是社区不仅仅是居委会。社区可以分为自然社区和行政社区等，街道、乡村、区县都是行政社区，这早已是社会学的常识。居委会属民众自治组织，但目前尚未完全摆脱受街道指挥、是街道的工具的状况。把社区定位成居委会，从实际上说，社区教育不可能只局限于居委会这一层面，民政部推进的社区建设也不可能仅仅是在居委会范围内实施。我国教育部把社区教育实验点设立在区一级，目前在全国已有 114 个。在同一国度里，概念界定混乱必然导致各行其是、无所适从。如果进一步追问，城市中的社区，“目前”、“一般”是指居民委员会，那么以后、将来会是什么呢？“不一般”又是什么呢？难道再作一次调整吗？似乎令人不可捉摸。

从教育理论或国际的普遍公认而论，国民教育体系和终身教育体系不是并列的两个体系

厉教授说，在《2003—2007 年教育振兴行动计划》中所提到的义务教育、高中阶段教育、高等教育、职业教育和成人教育，实质上说的是正规教育体系，也就是国民教育体系。终身教育体系包含正规教育、非正规教育、非正式教育三个组成部分，这是国际的概念。国民教育体系应包含在终身教育体系之中，属终身教育体系的一个组成部分。把国民教育体系与终身教育体系并列，或把国民教育体系排除在终身教育体系之外，应该说是不

科学、不准确的。国民教育体系与终身教育体系两者不能并列。国民教育体系要朝着终身教育体系的方向来运作，只有在这个思路引导下，中小学教育才能成为终身教育的一部分。目前，我国正在起草《终身学习法》。福建省的《福建省终身教育促进条例》于2005年公布并正式实施，在我国内地尚属首例。此条例曾广泛征求意见，经过多次修订，但最后仍是排除了国民教育体系，即正规教育体系。可见上级部门一旦决策失误，其影响将会扩散。

社区教育和建设学习型组织两者之间缺乏直接和必然的联系

关于学习型组织，厉教授谈到，在2001年教育部召开的全国社区教育实验工作经验交流会上，提出社区教育实验的四项任务，其中第二项含有创建学习型组织的任务。厉以贤教授对此有着自己的见解。学习型组织概念的产生始于20世纪80年代后期，它与组织学习概念相关联，并首先在企业界兴起，源于企业界对于应对改变、提高效率、获得生存和发展的关注。彼得·圣吉的《第五项修炼——学习型组织的艺术与实务》一书，对推动学习型组织有很大的影响。圣吉把“学习型组织”表述为：学习型组织指通过培养弥漫于整个组织的学习气氛、充分发挥员工的创造性思维能力而建立起来的一种有机的、高度柔性的、扁平的、符合人性的、能持续发展的组织。这种组织具有持续学习的能力，具有高于个人绩效总和的综合绩效。厉教授把学习型组织以最概括的文字界定为：“学习型组织指团体及其成员，在共同的目标下，进行持续学习并不断转化与创新的组织。”厉教授强调，自己从没见到过中外学者有关创建学习型组织是社区教育任务的理论论点。社区教育归于终身学习、终身教育体系，终身学习、终身教育体系和学习型组织一起同是学习社会的基础。关于学习社会，厉教授认为：“所谓学习社会，是指以学习者为中心，以终身学习、终身教育体系和学习型组织为基础，以保障和实现满足社会全体成员各种学习需求和获得社会自身可持续发展的社会。”社区教育承担不了实现当今在建设学习社会中普遍提到的建设学习型领导班子、学习型单位、学习型企业等学习型组织的目标和任务。学习型组织是一个很大的范畴，社区教育和建设学习型组织两者之间缺乏直接和必然的联系以及理论与实践的依据。

广播电视大学如何参与社区教育需要研究

关于广播电视大学与社区教育的关系，厉教授认为：电大要扩大自己的平台和工作范围是积极的、有意义的，参与社区教育也是电大的一种需要，在推动社区教育过程中增添一份力量是好事情。但是从哪个角度来参与、怎么参与，是需要从全局加以考虑和研究的。

电大有许多优势，电大的改革理念既是超前的，也是在实践中需要一步一步去验证的。电大的机构定位是远程教育机构，这一点恐怕不能改变，不然就不能称其为电大了。远程教育也好，开放教育也好，都是学习和教育的形式和手段，电大教育必须与其他教育的形式和手段相配合。以远程教育为手段的电大可以作为社区教育里的一部分内容，但同时也有其局限性和片面性。网络课程是否符合居民需要，估计还需要很长时间来探索与完善。社区教育的主要载体不能说是电大，电大也不可能等同于或替换社区学院。2008 年 12 月 5 日浙江省电大成立社区教育指导中心，厉教授表示很难理解电大与社区教育指导中心有什么内在的必然联系。电大毕竟只是学校，是办学机构，指导一个省的社区教育的任务目前也只能由省政府或省社区教育委员会担任，很难想象在电大的框架下如何去指导实践中的社区教育。

推动社区教育发展，政府应有所作为

厉教授指出，尽管社区教育的发展趋向和前景是民众参与、政府支持，但在当前，我国社区教育的发展离不开政府作为。作为一名学者，他鲜明地表达了自己对政府作为的期望。

首先，改革现行教育体制，建立能够全面实现终身教育、终身学习和社区教育、社区学习的体制以及相应的配套机制。

推动社区教育、社区学习和终身教育、终身学习，需要政府各部门之间的协调与合作，而目前我国尚无相应机构。目前，由教育部职业教育和成人教育司主管社区教育。在对社区教育的关注程度和推动力度方面，教育部只是在 2001 年召开了“全国社区教育实验工作经验交流会”，如果把 2002 年在南京召开的社区教育工作座谈会也算上，直至目前一直未再次召开由教育部主办的全国性的社区教育大会。而每一个部门介入社区教育都有自身的角度，民政部强调从社区服务去着眼社区教育，劳动部从获取各项资格证书着眼社区教育，教育部职业教育与成人教育司从其管辖范围出发主要立足于成人教育和教育培训活动。从各部门自身而言无可非议，但是应该建立相应的机制，能够全面、科学地推动终身学习、终身教育体系和这一

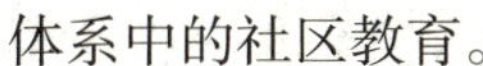

体系中的社区教育。

其次，确立作为社区教育实体机构的社区学院的名分，大力发展社区学院。

社区学院是终身学习、终身教育，也是社区教育的重要载体。我国教育的一个主要弊端是：教育与社会没有紧密结合；国民教育体系只重视正规教育，忽视非正规教育和非正式教育；获得教育机会的渠道狭窄；提高社区民众素质的社区学院发展不够。尽管许多社区学院做了大量的大、中学历教育和非学历教育，面向当地社区开办了多门类、多层次的培训班，普及了科学文化知识，培养了许多人才，提高了居民素质，但至今尚未被教育部正式纳入教育系统之中。

我国社区学院至今没有名分，还不具有独立统一的法人地位和办学资格。在我国教育部各司的职能中，职成司主管社区教育，可是却管不了社区学院。在职能分工中，社区学院由高教司主管，但是我国的社区学院大部分承担的是非正规教育。其实美国社区学院也不仅是两年制大专层次的初级学院，还包含有大量的非学历、非正规教育。

至于如何解决上述问题，厉教授说，问题的解决首先涉及教育部的认识和体制。他认为，区县一级政府是有可能和有能力加以整合的，只要主要负责人是个明白人。社区学院的身份和合法性，市一级是可以做主的，有些城市已有此先例。至于全国层面，厉教授说自己特别期盼教育行政部门能有所作为，期盼中央和国务院在构建和谐社会、学习社会的框架下，从体制上对实施社区教育、终身教育加以理顺和解决。

采访后记 / 余锦霞

记得第一次打电话向厉教授表达采访意图时，我的心情颇为忐忑，而电话那头教授朗朗的笑声和爽快的回答立刻消除了我的紧张情绪。电话里，厉教授仔细地询问了我们整个访谈的具体计划和设想，对我回答得不太清楚的地方，厉教授则再三询问。可以看出，教授对语言和文字的每一个细节都很关注。点滴之间，学者的严谨让我们深感钦佩。厉教授问清我们的具体设想后，告诉我们，他是一个喜欢直率地表达自己思想和观点的人。

采访历经三个多小时。从自己的人生经历和感悟，到自己的学术研究足迹；从社区教育发展的缘起和社区教育的发展历程，到社区教育发展的现状等等，厉教授侃侃而谈，如数家珍。每一个问题，教授都不隐讳自己的观点；每一次评说，教授都将自己对社区教育的情怀深藏其中。三个多小时里，我们时而侧耳倾听，时而向教授表达己见，时而又请教授答疑解惑。我们感受到的是老人言行、学识与生命一起律动的畅快与幸福。

作为一位学者，厉教授尊重自己的学术研究和得出的客观结果，他对自己的学术观点从不讳言；对实际工作中出现的误区，他从不隐讳自己的质疑。原因只有一个，就是怕中国社区教育在发展过程中走不必要的弯路。只有认识到问题，才能有更好的发展。言语之间，浸润着学者的浩然正气；直面现实，显露出一名知识分子的勇气与风骨。面对厉教授对社区教育发展的一片赤子之心，我们感动于心。年事已高的老人，如今依然坚守在自己的研究岗位上，直言他所看到的弊端，大声疾呼他的期望，如此心系社区教育，怎不让人感念至深？

相关链接

厉以贤主要著作与论文一览

1.《社区教育原理》.成都：四川教育出版社，2003
2.《学习社会的理念与建设》.成都：四川教育出版社，2004
3.《现代教育原理》.北京：北京师范大学出版社，1988
4.《教育社会学引论》.哈尔滨：黑龙江教育出版社，1989
5.《马克思恩格斯教育学说探讨》.北京：教育科学出版社，1986
6.《马克思主义教育思想》.北京：北京师范大学出版社，1992
7.《马克思列宁教育论著选讲》.北京：北京师范大学出版社，1992
8.《社区教育的理论与实验》.成都：四川教育出版社，2000
9.《终身学习视野中的社区教育》，载《中国远程教育》，2007 年第 5 期
10.《让教育走入社区》，载《中国远程教育》（资讯），2003 年 12 月（下）
11.《社区教育的理念》，载《教育研究》，1999 年第 3 期
12.《社区教育的推行》，载《教育研究》，1999 年第 11 期
13.《社区发展　社区服务　社区教育》，载《安徽工业大学学报（社会科学版）》，2000 年第 3 期

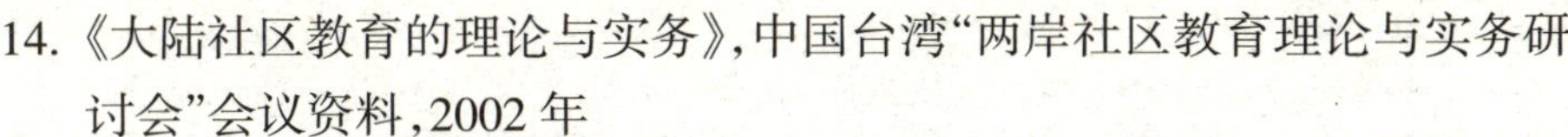

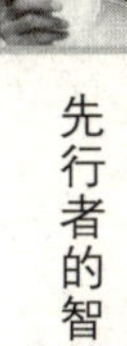

14. 《大陆社区教育的理论与实务》，中国台湾“两岸社区教育理论与实务研讨会”会议资料，2002 年

15. 《学习型社区的建设》，中国台湾“学习型社区学术研讨会”资料，1999 年

16. 《论社区教育的视角与体制》，载《教育研究》，1995 年第 8 期

17. 《学校与社区的沟通和互动》，载《河南教育》，2001 年第 11 期

18. 《社区教育·社区发展·教育体制改革》，载《教育研究》，1994 年第 1 期

19. 《社区教育·终身教育·学习社会》，载《中国成人教育》，2001 年第 11 期

20. 《终身教育、终身学习是社会进步和教育发展的共同要求》，载《教育研究》，1999 年第 7 期

21. 《终身教育的理念及在我国实施的政策措施》，载《北京大学教育评论》，2004 年第 2 期

22. 《终身教育、终身学习的国际发展趋势》，载《中国远程教育》，2007 年 5 月(上)

23. 《学习社会的理念和建设》，载《高等教育研究》，2000 年第 5 期

他在社区教育研究前沿奋力开拓

访华东师范大学叶忠海教授

叶忠海，男，1939年生，浙江镇海人。中国第一位成人教育学专业硕士学位点学科带头人，享受国务院特殊津贴，入选英国剑桥大学《世界名人学者大词典》。

现任中国成人教育学会学术委员会主任，成人高等教育理论研究专业委员会理事长，中国教育发展战略学会终身教育工作委员会副会长，上海市终身教育研究会副会长兼学术委员会主任，为教育部社区教育专家组成员。

叶忠海是我国社区教育基础理论开拓者之一。其作为课题组长承担国家和省、市级成人教育和社区教育课题10余项；独著或主持撰写的成人教育和社区教育学术著作多达20余部；发表论文100余篇、系列短文60余篇。

受浙江省杭州市成人教育研究室汪国新主任之托前去采访中国社区教育专家、华东师范大学叶忠海教授，我既兴奋又忐忑。兴奋是因为有机会一睹大师的风采，聆听大师的教诲；忐忑则在于大师能否接受我的邀请，而后我又能否用有限的笔墨勾画出大师的风采。怀着矛盾的心情，我联系了叶教授，在短促的“嘟”声之后，我听到了叶教授亲切的声音：“你好，请问是哪位？”简短的自我介绍后，我便向叶教授提出了采访请求。叶教授了解到研究室希望通过访谈，向全国的读者朋友们全面展现中国社区教育的发展历程，更好地指引我国社区教育未来发展后，欣然接受了此次采访。

访谈实录

投身社教领域——他有敏锐的视角

笔者：叶教授，您从 1993 年开始投身于社区教育研究，是什么原因促使您致力于这个新领域的研究？

叶忠海：的确如此，我是从 1993 年开始参加社区教育工作的。虽然社区教育与我以往所从事的成人教育不完全相同，但社区成人教育却是社区教育的主体，对于搞成人教育工作的人，关注社区教育是自然的，也是顺理成章的事。不仅如此，1993 年，在这个时间点发生了一件具有历史意义的事情，那就是党的十四大的召开，确立了中国由社会主义计划经济体制向社会主义市场经济体制转变的目标。这一目标的确立，给社会带来了一场深刻变革，使人们的价值观、思维方式、行为方式等受到全面、严峻的挑战。我当时直觉地感到中国的社区教育将大有作为。因为从计划经济向市场经济转变，势必会对民众进行培训，而社区教育最能满足全员、全程、全方位的大教育需求。随着经济体制改革的推进，政治体制也随之改革，政企、政事分开，有相当数量的人要分流、待业，回到社区，社区要对其进行再教育与再培训，于是我开始将一部分精力投身于社区教育研究上。

笔者：叶教授，您从事社区教育研究工作已有十七载，能向我们介绍一下这17年来您的主要研究内容吗？

叶忠海：17年来，在社区教育研究领域，我主要做了以下一些工作：2000年主持国家哲学社会课题"21世纪初中国社区教育发展研究"，为中国社区教育发展勾画蓝图。作为主笔之一，我参与起草了《社区文化、教育、体育服务指南》（中华人民共和国国家标准）的社区教育部分。1995年，由我发起成立了全国第一家省级社区教育研究中心，同时成立了全国第一家推进学习型社区专业委员会群众学习团体。1998年，我作为上海市社区教育研究中心主任组织召开了全国第一届海峡两岸社区教育交流与研讨会。17年来，在社区教育领域，我作为课题组长共完成国家级项目1项，市级重点项目1项，市级项目1项；编著了3本专著，分别是《社区教育学基础》（2000年）、《创建学习型城市理论与实践》（2005年）、《21世纪初中国社区教育发展研究》（2006年）；主编2套丛书，分别是《社区教育理论丛书》和《21世纪初中国社区教育发展研究丛书》；主编了《上海市社区教育研究文选》。

构建社教学科——他是不懈的开拓者

笔者：您是我国社区教育学科开拓者之一，请谈谈您在创建学科方面做了哪些工作？取得了哪些成就？

叶忠海：20世纪80年代后，发展终身教育，迈向学习社会，已成为国际社会教育发展的潮流，也是我国教育改革和发展的方向。终身教育的落实，有赖于社区教育作为其重要组成部分；学习社会的建立，有赖于学习社区作为其坚实的基础；而学习社会的推进，又有赖于社区教育作为基本途径。在这样的背景下，对作为终身教育重要组成部分，形成学习社会的基本途径——社区教育的研究，显得格外必要。更何况，在我国把社区教育作为一门独立的现代学科加以系统地研究才刚起步。我想，作为国家重点师范大学的一名成人教育学教授，有责任为中国特色的社区教育学的创建尽自己的一份力量。

——1996年，我作为上海市社区教育研究中心主任、课题组长，主持了上海市教育科学规划研究课题“社区教育的基本理论研究”，并执笔完成了10万余字的题为《中国特色的现代社区教育若干基本问题的研究》的总报告。

——1999年，在上述基础上，我独著了《社区教育学基础》一书，并于2000年6月由上海大学出版社出版。

——2000年6月，我作为“社区教育理论丛书”编委会主编，组织力量撰写出版了我国首套“社区教育理论丛书”，由上海大学出版社出版。

——2001年后，我对社区教育的本质、基本属性、价值取向等基本理论问题作了进一步研究，连续发表了《社区教育本质的探讨》、《社区教育的生命观》、《特色性——社区教育基本属性》等系列短文；与此同时，特别对“学习型社会”、“学习型社区”等基本问题作了系统研究，连续发表了《学习社会的内涵和基本特征》、《学习社会形成的主要基础》、《学习社会形成的动力因素》、《学习型社会的价值取向》、《社会资本：建设学习型社区的新视角》、《学习型社会成长离不开知识社会的发育》等系列短文。

——2009年1月，我和朱涛教授合作完成了《社区教育学》一书的著述，并于当年8月由高等教育出版社出版，作为社区教育工作者培训用书之一。

笔者：您对我国社区教育学科建设如何评价？今后该从哪些方面入手？

叶忠海：20世纪80年代中期以来，经我国社区教育理论工作者和实践工作者的共同努力，社区教育理论研究取得了明显的成绩。然而，离社区教育学作为一门独立的现代学科的差距仍相当大。我认为，社区教育作为一门独立学科是否成熟，取决于四个方面：一是具有系统的理论体系和专门的研究方法；二是学科人才群体的形成；三是教育研究机构和群众学术团体的建立并能有效地开展活动；四是研究论著的发表和出版。据此，概括地说，我国的社区教育学正在形成之中，学科建设任重而道远。

纵观中国社区教育研究，不难发现，教育行政部门对社区教育基础理论研究的重视不够，对专家的作用发挥不够，整个研究力量非常薄弱。对此，社区教育界乃至整个教育界应予以高度重视。当前，我认为可充分利用贯彻落实《国家中长期教育改革和发展规划纲要》(2010—2020 年)之契机,将社区教育学科建设纳入社区教育发展规划之中。其中,加强社区教育研究机构建设,加强社区教育研究力量是关键所在。

纵横社教研究——他是勤思的学者

笔者:据我们了解,您不仅重视社区教育基础理论研究,而且还相当重视社区教育战略研究,能否介绍一下您在这方面的研究工作?

叶忠海:关于社区教育战略研究工作,近 10 年来,我作为课题组长主要承担了国家课题"21 世纪初中国社区教育发展研究"。其宗旨为试图规划我国社区教育发展蓝图,总结近 10 年来我国社区教育发展的历史经验,力求重点突破我国社区教育发展历程中的若干重大问题。为此,我于 2002 年开始在全国范围内组织力量成立了 34 个分课题,从"专题研究"、"区域研究"、"类型研究"、"国际参照系研究"等视角分专题展开研究,先后由四川出版集团巴蜀书社出版了《21 世纪初中国社区教育发展研究丛书》(1)(2)(3)(4),作为该课题的阶段成果。在此基础上,我紧紧围绕"发展"这个主题,沿着"社区教育发展的背景"—"发展的现实基础"—"发展的国际参照系"—"发展的战略构思"—"发展的途径、思路和模式"—"发展的基本对策"的内在逻辑和技术路线展开课题总体研究,于 2005 年底完成了该课题的研究总报告——《21 世纪初中国社区教育发展研究》一书,并于 2006 年 11 月由中国海洋大学出版社出版。该成果从国家宏观角度系统而全面地研究 21 世纪初我国社区教育的发展,为我国社区教育勾画了蓝图,这在国内实属首例。不仅如此,该成果还开拓并深化

了我国社区教育发展的空间研究，不仅对东、中、西部地区社区教育发展作了差异研究，而且对7种不同类型地区社区教育发展的背景、重点和特色作了分类比较，这在国内社区教育研究中也是前所未有的。

笔者：当前中国城市化进程加快，由此也凸显出城市化进程中农村社区教育的新问题，请谈谈您对当前我国农村社区教育工作的建议。

叶忠海：城市化进程中的农村社区教育，主要指经济发达地区的农村社区教育。经济发达地区农村经济和社会发展表现为经济运行率先市场化，农村产业结构非农化，农户生产兼业化，农村生活接近城市化、小康化，农村产业结构非农化，农村社区走向自治化、民主化。据此，我认为经济发达地区农村社区教育发展具有鲜明的特点。首先，该时期的农村社区教育具有明显的转型期特色。社区教育发展的价值趋向于为"农业现代化、农村城市化、城乡一体化、农民市民化"服务，将该地区农村社区率先建成具有工业化、城市化、生态化、民主化特征的充满生机与活力的初级学习型社区。其次，社区教育发展结构具有复杂性，发展的过程具有中介性。再次，社区教育发展的演化具有动态性。农村社区教育具有不断演化的动态特点，转型期农村社区教育的诸要素，包括社区教育的对象、阶段目标、重点、内容、方式等，比起稳定期农村的社区教育变化大得多。最后，社区教育发展的重点倾向性问题。就培训对象而言，我认为重点应放在对原住地农民的培训上。

笔者：当前对终身教育立法的呼声很高，能否谈谈您对终身教育立法的观点？

叶忠海：鉴于终身教育的内涵、属性和基本特征，以及教育法制建设的现状，我认为终身教育立法应突出下列内容：一是以整体性协调发展内容为立法重点。具体来说，就是要突出构建"纵向衔接、横向沟通、纵横整合"的一体化教育体系，突出终身教育体系与外部经济社会生态环境的协调发展。二是要以终身教育体系的主体——成人教育内容为立法重点。三是以全民参与为立法重点。这不仅是民主立法原则的具体体现，且由终身教育性质与特点所决定，更是创建学习型社会所必须。

终身教育法规的构架可由下列部分组成：一是总则，包括立法目的和依据，立法的指导思想、方针和原则等；二是基本制度，主要反映作为终身教育的主体——各级各类成人教育制度的法律地位的确认；三是公民参与，包括公民参与学习的范围、内容、行使途径，公民参与学习的权利和义务等；四是管理体制；五是经费和其他保障；六是教育组织和活动；七是法律责任；八是附则。

笔者：*您认为创建学习型城市有哪些具体途径？*

叶忠海：我认为科学构建终身教育体系，推进各类学习型组织创建的逐步普及，大力推进社区教育的发展，积极营造终身学习文化等都是创建学习型城市的具体途径。

要创建系统的终身教育体系，就得遵循系统论的基本原理——整体相关性。所谓整体相关性，是指系统的整体与部分、部分与部分、系统与环境之间的关系的统一性。据此，构建终身教育体系，既要考虑系统内部诸要素的整体发展，又要兼顾系统与外部条件的协调发展。就前者来说，就是构建“纵向衔接、横向沟通、纵横整合”的一体化的教育体系；就后者来说，构建一体化教育体系，必须与外部的经济、社会、生态环境的发展相协调。概言之，终身教育体系的构架，应是纵向衔接、横向沟通、纵横整合、内外协调、整体优化的教育系统结构。

要推进各类学习型组织创建的逐步普及。学习型城市就是由一个个学习型组织组成的。创建学习型城市，必须持续而深入地推进各类学习型组织创建的普及。具体来说，有下列的学习型组织：学习型家庭、学习型企业、学习型团体、学习型社区、学习型政府等。为了健康而有效地推进各类学习型组织的创建，首先在对学习型组织的理解上要把

握以下要点:学习型组织是能使组织及成员持续学习的组织;"学习"是学习型组织的核心理念,特别是团体学习、组织学习;学习型组织应有共同愿景,得到组织及成员的认同,并为此而共同努力;学习型组织是组织及成员不断学习、转化和发展的过程;学习型组织还要有学习成效,其成果表现为成员的知识、思维、信念及行为得到提升;组织的创新能力得到开发并不断发展。总之,在推进学习型组织发展过程中,要把握"组织"、"学习"、"目标"、"过程"、"成果"这5个要点。还要强调下列意识:"过程"意识,即学习型组织的创建需要一个从"非学习型组织"到"准学习型组织"、"初级学习型组织"、"高级学习型组织"的转化发展过程;"特色"意识,即学习型家庭、学习型企业、学习型团体、学习型社区、学习型政府等不同类型的学习型组织应各具特色;"滚动"意识,即创建学习型组织,必须坚持边研究、边实验、边总结、边推广的原则,使创建活动能健康而有效地开展。

要大力推进社区教育的发展。(1)拓展社区教育的广度。社区教育的发展要逐步从实验区推广到非实验区,从城市中心区推广到郊区城镇和农村;力求做到实验区与非实验区之间、实验区内部各社区之间、各社区内部各居民小区之间、各居民小区内的不同人群之间的相对均衡发展;提高市民对社区教育的知晓率、认同率、参与率。(2)要不断深化社区教育的深度。充分开发和利用社区教育资源,包括有形的和无形的、显性的和隐性的教育资源;进一步完善社区终身教育网络,特别是要把社区远程教育网络和各类网上学校建设好,以信息化带动社区学习化、学习社区化;建立和完善推进社区教育整体性合力机制,政府推动力、市场运作力、教育支撑力、社会参与力、社区自治力、社区民众主体力得到较为全面的体现,做到"六力合一",整体性推进学习化社区的创建;建立多元化投资体制。(3)提升社区教育的高度。首先,发展目标向学习型社区迈进。从非社区教育实验区向社区教育实验区、社区教育示范区、初级学习型社区、高级学习型社区依次发展。其次,评价标准向高标准发展,提升学习型社区内部各要素评价要求,提升创建各类学习型组织先进单位的评选标准。再次,社区教育工作者专业化水准不断得到提升。

重视社教调研——他是立足现实的研究者

笔者：您作为理论工作者，高度重视社会调查，能否介绍一下您的调研工作？

叶忠海：我认为，调查研究是应用研究成功的基石，更何况社区教育具有很强的社会性和实践性。调查，应面向现实社会调查，也应面向历史文献调查，还应面向国外调查，然而最为重要的是面向社会实际调查，应当从客观存在着的实际出发，从中引出规律，作为我们行动的向导。没有调查，就没有发言权。

近15年来，由我牵头组织开展的社区教育调查研究有10多项，由我撰写或主笔的调研报告有9篇。例如：《构筑面向21世纪公民素质教育工程——上海市民素质调研报告》(1996年)、《江苏省无锡市街道、居委干部素质调研报告》(1997年)、《构筑市民素质教育工程，建设学习化城市——世纪之交厦门市市民素质调研报告》(1999年)、《上海市基层城市社区工作者素质和培训调研报告》(2000年)、《我国经济发达地区农村社区教育调研报告——以浙江省鄞县为例》(2004年)、《21世纪初上海国际大都市的郊区创建学习型社区个案研究报告——以上海市宝山区友谊路街道为例》(2006年)等。

笔者：在社会调查和社区教育实践中，就当前发展社区教育，创建学习型社区而言，您认为重点要研究解决什么问题？

叶忠海：当前，我国社区教育发展、建设学习型社区已进入一个新的阶段。在实践中社区工作者深切体会到，不管社区教育要有新发展，还是建设学习型社区要有新进展，均遇到一个不可回避的基本问题：如何提高社区成员参与率？如何使大多数社区成员由“要我学”转化为“我要学”，由“要我建”转化为“我要建”？这已成为发展社区教育、建设学习型社区的难点、重点和关键点。要解决此问题，必须激发社区成员终身学习的内源性动力。为此，就社区内部而言，要研究和满足社区成员的主体性学习需求，包括现实性学习需求和未来性学习需求。以社区成员主体性学习需求作为设计社区教育活动和学习型社区创建活动的基本依据,以多元化学习内容和多样化学习方式来吸引社区成员,以他们的学习成效和内在体验来激发他们的学习兴趣与动力。成功经验表明,要从上述源头真正激发社区成员的学习动力,一方面,社区教育工作者要了解和掌握各类社区成员在特定的时空条件下不同的学习需求,特别是不同的主导性学习需求,并掌握他们学习需求的变化规律;另一方面,也是最为重要的一点,就是要使社区成员由“活动客体”转化为“活动主体”,让他们作为主体参与到学习活动的设计、组织、实施、评估、监督中来,充分发挥社区民众的自主性、能动性和创造性。

笔者:在社会调查和社区教育实践中,您认为当前发展社区教育和建设学习型社区还要研究解决哪些关键问题?

叶忠海:在我看来,对社区教育工作者职业化、专业化问题的研究解决已是当务之急。社区教育工作者队伍要专业化必须先职业化。建设专业化的队伍需要解决一些现实问题,如社区教育工作者没有专业岗位,社区教育工作者没有专业编制,目前还未建立起社区教育工作的专业职务系列,社区教育工作者的职业生涯尚不畅通,社区教育工作者待遇偏低等。建议政府将这些问题的研究解决放到议事日程上来。还有个问题,即学习型社会建设模式的改革与创新问题。要着力解决社会协同问题、公众参与问题。当前社区教育的推动模式,主要是依靠党政力量。今后,要在党政领导下,发挥各方面的力量,形成“六力合一”,即党政主导力、市场调节力、社会参与力、教育支撑力、社区自治力、社区民众主体力。谈到政府推动和社会推动的结合问题,我认为西方的合作主义理论值得借鉴。

采访后记 / 徐喆

在采访叶先生之前,曾与先生有过一面之缘。2008 年,杭州承办的“全民终身学习周”开幕式上,我有幸聆听先生在专家论坛上作的题为《学习型社区建设需要“内动力”开发》的报告。那天先生着一灰色外套,精神抖擞地站在全国论坛上为社区教育振臂高呼,向全国的代表播撒社区教育的新理念,深深震撼着现场的每一个人。采访先生是一个愉快的过程。先生极其随

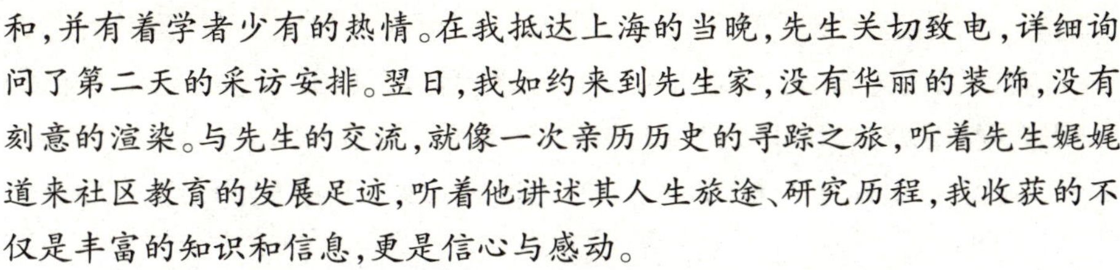

和，并有着学者少有的热情。在我抵达上海的当晚，先生关切致电，详细询问了第二天的采访安排。翌日，我如约来到先生家，没有华丽的装饰，没有刻意的渲染。与先生的交流，就像一次亲历历史的寻踪之旅，听着先生娓娓道来社区教育的发展足迹，听着他讲述其人生旅途、研究历程，我收获的不仅是丰富的知识和信息，更是信心与感动。

诚然，社区教育是大教育中最为薄弱的领域，缺乏研究、缺乏认可。但在这片贫瘠的土壤里，总有一些人在辛勤耕耘、无私奉献。他们不为所得，为的只是心中的信念，因为他们坚信中国社会的发展离不开社区教育，离不开终身学习，未来的中国社会一定会是一个"人人、时时、处处"学习的学习型社会。我汲取着先生传递给我的精神营养，更深切感悟着一名学者对社会的责任感与使命感。

相关链接

叶忠海主要著作与论文一览

社区教育重要学术著作

1. 《社区教育学基础》(专著).上海:上海大学出版社,2000
2. 《创建学习型城市的理论和实践》(专著).上海:三联书店上海分店,2005
3. 《21世纪初中国社区教育发展研究》(专著).青岛:中国海洋大学出版社,2006
4. 《社区教育学》(叶忠海、朱涛著).北京:高等教育出版社,2009

社区教育重要学术论文

1. 《构造21世纪公民素质教育的工程:对"上海市民素质"调研后的启示》,载《上海高教研究》,1997年第1期
2. 《上海社区教育发展的历程和趋势》,载[日]《东亚社会教育研究》,1998年8月
3. 《学校和社区的沟通——上海城市社区教育研究》,载《教育发展研究》,1999年第3期

4.《上海市构建终身教育体系的若干基本问题研究》,收于《终身教育理论与实践》(沈蕙帼,陆养涛主编;上海市终身教育研究会编).上海:中国纺织大学出版社,2000

5.《试论学习化社会的基础——学习化社区》,载《教育发展研究》,2000 年第 5 期

6.《论社区成人教育的教学理论模型及应用研究》,入选中国台湾《海峡两岸社区教育研讨会论文选》,2002 年 1 月

7.《中国推进社区教育的现状和趋势》,入选《第二届亚太地区终身学习和继续教育研讨会论文集》,2002 年 5 月,并刊于[日]《东亚社会教育研究》,2002 年 8 月,以及澳门《终身学习》,2002 年第 2 期

8.《学习型城市若干基本理论问题的研究》,载《湖南师范大学教育科学学报》,2003 年第 2 卷第 5 期,第 14–18 页

9.《论学习化社区创建的若干基本问题》,载《成人教育》,2004 年第 1 期,第 6–10 页

10.《学习型城市形成的动力、基础和标志研究》,载《湖南师范大学教育科学学报》,2004 年第 3 卷第 4 期,第 82–85 页

11.《上海创建学习型城市的目标、特色和重点》,载《教育发展研究》,2005 年第 25 卷第 07 期

12.《21 世纪初中国社区教育发展的目标、重点和特色》,载《中国社区教育》,2006 年第 3 期

13.《强化"以人为本"理念,指导学习型社会建设》,载《成才与就业》,2009 年第 5 期

14.《当前推进学习型城市建设若干基本问题的思考》,载《河北大学成人教育学院学报》,2009 年第 2 期

社区教育重要系列短文①

1.《国际社会提出"学习社会"的历史背景》,2006.1.6

2.《国外创建学习城市的理念和举措》,2006.6.2

3.《社区教育信息化——学习型社区建设的重要条件》,2006.9.27

---

① 注:该系列短文均系《上海科技报》"学习型社会专栏"开设的"叶教授论坛"发表的系列短文。

4.《组织学习——创建学习型组织的关键》,2006.12.8
5.《学习型机关——学习型社会的“首脑”》,2007.3.9
6.《推进“回归教育”的发展》,2007.7.6
7.《积极推进“学社融合”》,2007.7.20
8.《以和谐文化引领社区教育发展》,2007.11.23
9.《学习型社区建设需“内动力开发机制”》,2007.12.21
10.《社区民众——社区教育评价主体》,2008.1.18
11.《学习型城市建设呼唤“多力合一”模式》,2008.2.29
12.《要高度重视新学习文化的培育》,2008.5.9
13.《全球化视野下社区教育的育人目标》,2008.6.13
14.《社区教育的生命观》,2008.7.11
15.《特色性——社区教育基本属性》,2008.8.1
16.《非规范性社区教育课程设计和研发》,2009.1.9
17.《学习型社会的价值取向》,2009.2.6
18.《金融危机是社区教育发展的难得契机》,2009.3.13
19.《弱势人群——社区教育关怀的重点》,2009.4.10
20.《学习型社会建设要抓关键性要素》,2009.5.1
21.《要克服终身教育体系建设的误区》,2009.5.22
22.《学习型社会成长离不开知识社会的发育》,2009.7.24
23.《社区教育本质的探讨》,2009.9.4
24.《社会资本:建设学习型社区的新视角》,2009.10.16
25.《在服务世博中推进学习型社会建设》(上),2010.3.5
26.《在服务世博中推进学习型社会建设》(下),2010.3.19

坐看云起处　笑谈社教事

访上海市教育委员会终身教育处副处长庄俭

庄俭，1957年生。1979—1983年在上海师范大学数学系学习，1983年被分配到原上海市教育局从事成人教育管理工作，1986年调到上海市工农教育委员会办公室。后又学习了法学专业和教育学专业，并获教育学硕士学位。曾从事农村成人教育管理、企业教育管理、社会力量办学管理、社区教育、老年教育等工作。现任上海市教育委员会终身教育处副处长，兼市学习办副主任、市老年教育办公室副主任、市成人教育协会副会长、老年教育协会常务理事、全国社区教育专业委员会副秘书长等职，分管社区教育、农村成人教育和老年教育。

三月的上海，春寒料峭，我们如约来到位于大沽路100号的上海市人民政府办公大楼，采访上海市人民政府教育委员会终身教育处副处长、上海市推进学习型社会建设指导委员会办公室副主任庄俭。当我们踏进办公室时，正在忙碌的庄处长从座位上站了起来，把我们请进了隔壁的办公室。我们曾与庄处长在杭州见过一面，再次相见便少了些许陌生，多了一份亲切自然。我简单道明了此次采访的目的和主题，庄处长认真地听着、思索着，脸上的笑容依然，但眼神里多了一份深邃的追忆，采访就在这样温馨轻松的氛围中展开了。

访谈实录

每一种教育发展都是社会发展的需要

在庄俭看来，每一种教育发展都是社会发展的需要，社区教育也不例外。上海是中国社区教育开展较早的地区，这与上海城市化程度较高、经济发展较快有密切关系。1985 年中共中央《关于教育体制改革的决定》发布以后，“实行基础教育由地方负责，分级办学的原则”使举办、规划和管理基础教育事业成为地方的义务和权利。当时的上海氯碱总厂发起和倡议成立吴泾地区教育基金会，组织开展全地区的捐资助教、改善中小学办学条件、奖励优秀师生等活动。从某种意义上讲，这是社会参与学校教育的一个发端，也是社区教育的启蒙阶段。

1986 年 9 月，普陀区真如中学成立了真如中学社会教育委员会，十多个企事业组织、部队和社区机构成为其理事单位。政府协调、学校为主、社会参与、共同育人，拉开了上海市社区教育的序幕，是社区教育从幕后走向台前的开始。此后闸北区新疆街道和彭浦新村街道也分别成立了街道社区教育委员会，长宁区又在区级层面率先成立区社区教育委员会。几年时间，全市 12 个区、140 多个街道相继成立了社区教育委员会。

上海社区教育“初创”时期面临并试图加以解决的，主要是学校资源的

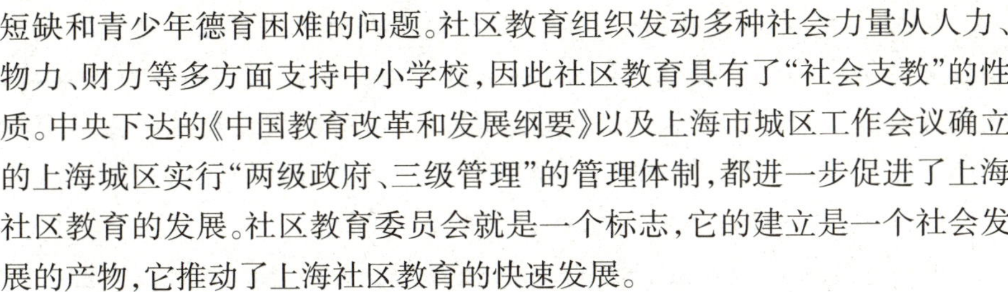

短缺和青少年德育困难的问题。社区教育组织发动多种社会力量从人力、物力、财力等多方面支持中小学校，因此社区教育具有了“社会支教”的性质。中央下达的《中国教育改革和发展纲要》以及上海市城区工作会议确立的上海城区实行“两级政府、三级管理”的管理体制，都进一步促进了上海社区教育的发展。社区教育委员会就是一个标志，它的建立是一个社会发展的产物，它推动了上海社区教育的快速发展。

1992 年 4 月，普陀区真如镇社区教育委员会率先建立了上海市第一所无围墙、以非正规补偿教育为基本特征的“真如镇社区教育学校”，这标志着社区教育实体的建立，是上海社区教育的一大飞跃。1993—1995 年间，上海各区社区教育实体建设如雨后春笋，如普陀区东新街道举办的东新社区学校，长宁区周家桥街道举办的外来人口学校，长宁区筹建的具有普、职、成“三教统筹”特征的长宁区社区学校，等等。各社区学院、社区学校等社区教育实体的建立，使上海社区教育进入了新的历史阶段。

1995 年 4 月，长宁区江苏路街道社区教育委员会发起创建“江苏教育园区”之后，卢湾、虹口等区也开展了创建“教育小区”活动，使社区参与教育的领域进一步拓宽，社区教育内涵又有了新的发展。各社区建立起艺术、体育、劳技等活动中心，让学生享受社区的独有资源。江泽民总书记《关于教育问题的谈话》和上海市市长徐匡迪在市教育工作会议上提出要把上海建设成为“学习型城市”的号召，使上海社区教育迎来新的历史机遇。各社区教育机构都意识到应该在终身教育的舞台上有所作为，这是一种历史的使命，也是一种教育的责任。

1999 年 9 月上海市教育工作会议以后，上海社区教育进入了一个新的发展时期。与前期相比，发生了五个根本性变化。一是教育对象发生了变化，原来以中小学生为主，慢慢发展为以社区全体居民为主；二是工作目标发生了变化，原来社区教育以优化青少年学生校外教育环境为主，后来明确为完善终身教育体系、创建学习型社区为主；三是教育内容发生了变化，原来以青少年学生德育为主，逐步向全方位满足社区居民学习需求、提高社区居民整体素质和生活质量为主；四是运行方式发生了变化，原来是以社区为学校服务为主，逐渐向社区和学校相互支持、相互依靠，教育和社区建设互动发展；五是社区教育的发展把教育延伸、拓展到社会基层，有效填补了大教育体系中的薄弱环节，进一步完善了终身教育体系，满足市民的学习需求。

2000年4月起，上海市闸北区、嘉定区、浦东新区、静安区、徐汇区先后被教育部确定为国家级社区教育实验区。经各实验区的共同努力，上海社区教育实验工作取得了较大的成绩，积累了一些经验，通过社区教育实验工作，促进了上海终身教育体系的建设，推进了上海其他区（县）的社区教育工作，使上海的社区教育工作上了一个新台阶。

纵观上海社区教育发展历程，可以发现每一种教育的发展都是社会发展的需要，是经济发展到一定形态的产物。随着上海经济的快速发展，人们对学习的内在需求不断增强，对教育的要求不断提高，加上社会组织的变化，大量“单位人”转化为“社会人”，人力资源开发和市民的发展越来越依赖于“学习—工作—再学习—再工作”和“边工作、边学习”的开放式、多层次的社会教育服务体系和终身教育体系，加上实行双休日制后，闲暇时间的增加，使人们对教育的需求也大大增加。在就业竞争日趋激烈的状况下，闲暇时间聚焦于学习是一种必然的选择。

市民有旺盛的学习需求，有充足的业余时间，政府就应该关心老百姓各种各样的学习需求，而社区教育正是为老百姓提供基本教育服务的最主要途径。

“专业、敬业、有思想”，这是采访间隙不断浮现在我脑海中的三个词。因为只有专业人士，才能对上海社区教育的发展历程如数家珍，才会如此理性地剖析社区教育的本来面目，而只有敬业，才会在句里行间流露出一种创业者的淡定与幸福。“每一种教育发展都是社会发展的需要”，多么朴素的道理，但也因为朴素，才闪烁着真理的光辉。

社区教育是体现教育公平的一种渠道

社区教育是什么？庄俭说他比较赞同教育部职业教育与成人教育司黄尧司长的说法，“社区教育是一种组织教育的形式，是面向社区进行服务的一种手段”。也就是说，社区教育是在一定地域范围内，充分利用各类教育资源，旨在提高社区全体成员整体素质和生活质量，促进区域经济建设和社会发展的教育活动。社区教育是具有“全员、全程、全面”特点的区域教育活动。社区教育的侧重点应放在社区居民亟需的而正规学校覆盖不到或不能很好解决的教育培训上，是成人教育新的增长点。

上海的基础教育、学前教育、职业教育和高等教育发展迅速，同时追求教育公平的呼声也日益高涨。从某种意义来说，社区教育是体现教育公平的一种渠道。庄俭认为终身教育可以分为以下三大块：学校教育，服务对象是学生，承担的任务是学历教育，具有时限性特质；单位教育，服务对象是单位员工，换句话说是“单位人”，承担的主要任务是提高单位员工的技能水平和整体素质，具有对象的局限性和内容的功利性等特质；而社区教育是对前两者的一个补充，它主要的服务对象是普通的社区居民，特别是没有机构承担教育培训责任的社区居民。政府需要通过社区教育为所有的老百姓提供最基本的教育服务。

从这种意义上说，社区教育不能关门办学，而要因地制宜。社区教育的服务对象也决定了它在办学过程中的公益性质。上海目前很多区的社区教育是政府投入、政府举办的托底工程，坚持“不与民争利”，社会上有利可图的班不办或少办，老百姓确有需要的班贴钱也要办好。比如普陀区长寿街道就提出“不做 $n+1$，要做唯一”。所谓“$n+1$”指的就是社区学校不同于一般的培训机构，建立一所社区学校不是增加一所培训机构；而所谓的“唯一”，就是要保证社区学校的公益性，为社区居民提供最基础的教育服务，他们承诺只要有 3 个学员有学习需求就开班办学，尽最大的可能满足老百姓的学习需求，体现教育的公平性。

在上海整个社区教育发展过程中，始终将社区教育的重心落在最基层——社区，因为他们觉得政府应该关心所有老百姓的学习需求，为每一个老百姓就近、方便地提供最基本的教育服务，这是上海社区教育的根本宗旨。

“为每一个老百姓提供最基本的教育服务，关心所有老百姓的学习需求”，这样的语言在访谈中不断流露，不得不引起我们的思考。在全民关注教育公平的今天，如何关注普通大众的教育公平，特别是弱势群体的教育公平，如何在终身教育的框架下关注教育公平，如何在实践中践行教育公平，上海的社区教育成为了先行者。因为有这样的理念指引，行动才显得那么有方向感，那么务实。

社区教育要有能力为老百姓提供最基本的教育服务

美好的愿望只有在执行者有能力完成时才能成为现实。社区教育也一样，没有能力，任何理想只能是纸上谈兵。要为老百姓服务，就要有服务的场地。上海要求每个街道都建立社区学校或学习中心，每个区都设立社区学院，每个社区设立教学点，全市已经建成了 5 530 个教学点。乡镇成人学校加挂一块或者几块牌子，承担起社区教育的一些功能。尽管现在对社区学院的认识不同、理解不同，但只要有能力为老百姓提供基本的、优质的教育服务的事物，我们都要尝试，都要坚持。上海教育“十一五”规划提出社区学校和成人学校的标准化建设，为上海社区教育的实体建设提供了政策依据。2008 年 2 月，教育部评审的 34 个首批全国社区教育示范区，上海就占了 4 个。

通过体制机制建设，上海已经形成了“区—街镇—社区”和“社区学院—社区学校—教学点”的三级网络，社区教育工作开展比较顺利。以徐汇区社区学院为例，2007 年开设了网络与日常生活、英语生活、投资理财基础知识、数码摄影操作与应用等社区教育课程 20 门，并通过社区教育办公室，将区域内社区学院、社区学校、教学点、有关委办局的 1 400 余门课程编印成课程导学手册，每学期 1 册，至今已有 3 册，共发放到了 30 万户家庭中，得到了中央电视台、《中国教育报》的关注。再比如浦东新区社区学院于 2007 年编写了全国第一本社区教育大纲，指导区域社区教育资源建设，提升社区教育的服务能力。

上海的社区学院还普遍重视网络建设，均开设了专门的社区教育网站，

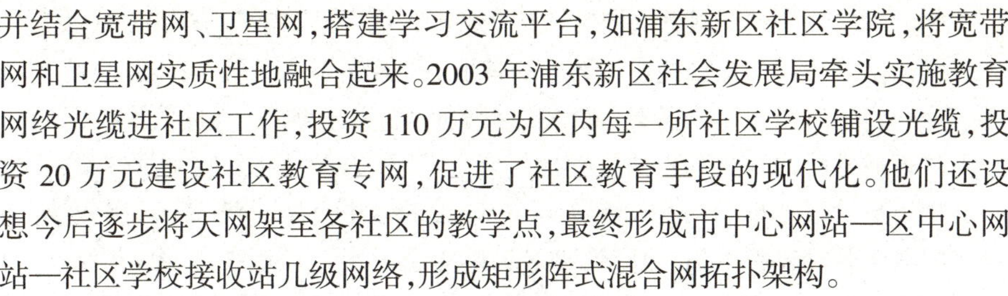

并结合宽带网、卫星网，搭建学习交流平台，如浦东新区社区学院，将宽带网和卫星网实质性地融合起来。2003 年浦东新区社会发展局牵头实施教育网络光缆进社区工作，投资 110 万元为区内每一所社区学校铺设光缆，投资 20 万元建设社区教育专网，促进了社区教育手段的现代化。他们还设想今后逐步将天网架至各社区的教学点，最终形成市中心网站—区中心网站—社区学校接收站几级网络，形成矩形阵式混合网拓扑架构。

建设社区教育资源，让更多的居民在身边享受便捷的学习，是上海社区学院建设的聚焦点和闪光点。尽管社区学院的身份现在看来还很尴尬，但存在的就有其合理性，就有其存在的意义和价值。只要是受老百姓欢迎的、拥护的，就有生命力，就有责任做好它。

如果说学有其所是基本条件，那么学有所教就是根本保障。对社区教育教职人员进行培训，是提升社区教育服务能力的重要途径。除全市进行统一培训外，各区也开展各具区域特色的系列培训。如闸北区社区学院在区教育局的统一安排下，对闸北区社区辅导员进行社区教育理论、社区教育专业知识和辅导员业务能力提升等三个方面的专业培训，并与紧缺办联合进行社区教育岗位培训；徐汇区社区学院通过协商，将社区教育专职人员培训与区教育学院中小学教师“240”和“540”培训相结合，鼓励社区教育工作者参加劳动部举办的“社会工作者”资格证书培训与考试，为社区教育工作者开通了多条成才之路；浦东新区社区学院每年组织社区教育辅导员专项培训，采取“走出去、请进来”相结合的方法，既提高了理论水平，也提高了业务能力；嘉定区社区学院从 2002 年至今，定期对社区干部进行培训，每年分类分批对社区学校校长、社区学校办学点干部进行培训。

如果说今天的上海社区教育有什么值得骄傲的，那就是为老百姓提供教育服务的能力在逐年提高，上海不仅有为百姓学习服务的思想，也有为百姓学习服务的能力，更有为百姓学习服务的实践。只有老百姓支持了，社区教育才有生命力。

当庄处长不断地强调社区教育服务能力的时候，我开始真实地感觉到面前这个温文尔雅的儒者是一位有思想的党的教育方针执行者，也就是我们平常所说的公务员。或许正是因为这样的一种身份，使他在社区教育的实践过程中那样的重视执行能力，那样的在意社会效益，那样的把每一个百姓的学习需求装在心中。在他的心中，每一个普通百姓的学习需求是否得到满足，是对他自己工作的最好检验。“有钱，有物，有人，有场地”，只有这样，社区教育才能为每一位普通百姓提供最优质的基础教育服务。

实验是实现社区教育先进理念的最好途径

为了提高服务能力，上海的做法就是紧紧抓住“实验”两个字，在“实验”上下工夫，多试，多做，少说。1999 年 1 月国务院批转了教育部《面向 21 世纪教育振兴行动计划》，提出“开展社区教育实验工作，逐步建立和完善终身教育体系，努力提高全民素质”。庄俭认为“实验”两个字是其中的精髓所在。社区教育在中国还是新生事物，没有榜样，也没有固定的模式。只有通过摸索和实验，才能找到一条适合上海社区教育发展的道路。

上海希望通过实验，积累有关社区教育的经验，建立健全、科学、高效的社区教育管理体制和运行机制，充分利用、拓展和开发社区内各类教育资源，建立能满足社区全体成员基本学习需求的教育培训网络，建立一大批学习型组织，对其他地区起到示范和带动作用，为构建终身教育体系、逐步形成学习型社会奠定基础。一句话，就是通过实验，将社区教育的先进理念变成现实，找到切实可行的方法和途径，提升为老百姓服务的能力。

上海现阶段的实验分三个层面：社区教育实验区，社区教育实验街镇，社区教育实验项目。自 2001 年闸北、嘉定、浦东新区被教育部确立为社区教育实验区以来，上海的实验区目前已有 14 个。经过 8 年多的努力，实验成效显著，2008 年上海闸北、徐汇、浦东、嘉定被教育部确定为首批社区教育示范区。2006 年，上海确定了 56 个“上海市社区教育实验街道”。2008 年，市教委评出市社区教育示范街镇 24 个。2009 年初，中国成人教育协会

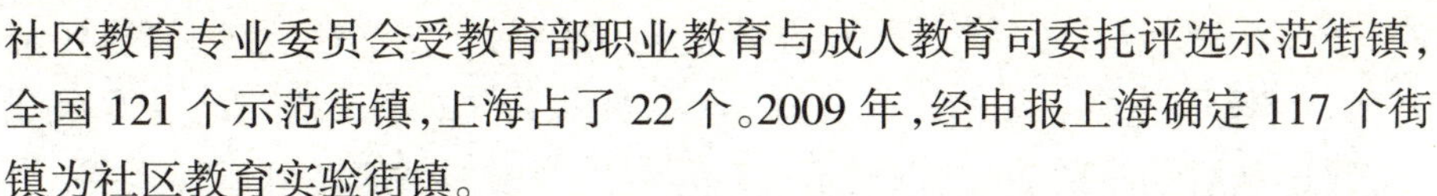

社区教育专业委员会受教育部职业教育与成人教育司委托评选示范街镇，全国 121 个示范街镇，上海占了 22 个。2009 年，经申报上海确定 117 个街镇为社区教育实验街镇。

2005 年，市教委在原有实验项目的基础上，确定社区教育示范项目 7 个；2006 年，市教委确定社区教育实验项目 129 个；2007 年初，确定社区教育实验项目 93 个，12 个被评为示范项目；2007 年，市教委确定社区教育实验项目 127 个；2008 年初，经评审通过 121 个社区教育实验项目，11 个为示范项目；2009 年初，经中国成人教育协会社区教育专业委员会评选，在全国 76 个社区教育示范项目中，上海有 16 个。

在一定程度上说，上海的社区教育走在全国前列，得益于社区教育实验的广泛、全面开展。而把“社区教育实验项目”这八个字结合在一起的就是庄俭。八个字虽少，但却决定了上海社区教育的方向和途径。据庄俭回忆，他把社区教育实验和项目结合在一起是受到了当时政府为民办实事的启发。2005 年闸北区提出了开展社区教育十大实事项目，浦东新区采取了社区教育经费与工作项目挂钩的做法。于是就把社区教育实验和项目结合在一起，提出了社区教育实验项目，其目的不是搞研究，也不是做课题，而是在工作中探索如何为民更好地办实事。社区教育不能凭空想象去做，遇到问题怎么办?那就要实验。实验什么?凡是和社区教育有关的都可以成为实验的内容，凡是可以实验、需要实验的都要开展不同层面的实验。通过实验解决问题，即使失败了，也是一种经验，通过总结经验，可以找到更好的方法和途径。

上海对开展社区实验项目提出了四点要求：突出重点、紧扣主题、有所创新、建立机制。之所以这样要求，是因为社区教育实验是一项工作，一项新的工作，一项可以推广的工作，一项可以建立制度的工作，而不仅仅是研究。现在很多地方的社区教育工作者来上海交流时都会不约而同地提一个问题：社区教育实验与课题研究有什么区别?庄俭认为区别主要在三个方面。第一是方法上的，课题研究是对现有的资料进行研究，重总结和提炼，而社区教育实验项目在研究的基础上重实践、探索。第二是形式上的，课题研究是以报告(想法、看法、观念、概念)的形式呈现，而实验项目以成果(制度、模式、做法、效果)的形式呈现。第三是时间上的，课题研究是事件发生后的研究，而实验项目是立项后的实践。

社区教育实验项目开展的目的主要是为了树立终身学习的理念，营造终身学习的环境，丰富终身学习的资源，建立终身学习的制度。围绕这四个方面，上海开展了一系列社区教育实验，如为了帮助市民树立终身学习观念，通过开展学习活动、成果展示、宣传周、终身学习节来达到宣传效果；为了改善市民学习条件，通过建立社区学校、配备适当人员、整合学习资源、开放中小学校来进行；为了丰富市民的学习资源，通过利用信息技术、组织教材编写来实现；为了促进市民学习制度的建立，通过导学助学体系、学习模式、激励机制、成果认定等来进行。

为了使社区教育实验项目得到更好的开展，2006 年 11 月上海市教委成立了社区教育实验项目指导小组，下设办公室，负责社区教育实验项目的推进与管理，并召开了上海市社区教育实验项目推进会。为确保实验项目的实施，指导小组建立了区县联系人制度和办公室联系人制度。社区教育实验项目确定后，各区县都积极采取措施，推进实验项目的开展：浦东新区社区教育指导中心与 24 所社区学校以签约的形式落实了实验项目的责任和任务；闸北区制定了《闸北区社区教育委员会办公室关于加强本区社区教育实验项目管理的若干规定》；长宁区终身教育推进委员会办公室举办了"长宁区社区教育实验课题研修班"；嘉定区积极落实实验项目的经费投入机制。

通过实验，上海涌现了一大批优秀的示范项目，如闸北区的"辅导员队伍建设的实验"；徐汇区的"社区学院功能定位与能力建设的实验"；嘉定区的"建立多元化经费投入机制的实验"；浦东新区的"村民学校建设的实验"；长宁区的"社区教育教材建设的实验"；宝山区的"文体团队创建学习型组织的实验"；静安区的"建立老年教育服务体系的实验"；普陀区的"社区学校实体化建设的实验"；黄浦区的"利用社区教育资源搭建学生社会实践平台"；闵行区的"学校资源开放模式的实验"。通过这些项目的实验，不仅带动了本区的社区教育实验工作，而且在全市乃至全国产生了较大的影响。

通过 8 年多的社区教育实验，上海的社区教育已经取得了良好的成效。实验工作开展更加全面，实验内容进一步深化，实验方法更加深入，实验参与面逐步扩大，实验成果逐步转化。在社区教育的队伍建设、经费投入、学校建设、学习资源建设、信息技术应用、学习活动开展、学习型组织建设等方面解决了许多实质性问题。同时从点到面、从项目单位到全区、从实验区到非实验区、从普通项目到政府推进项目，形成政府文件，项目实验都起到

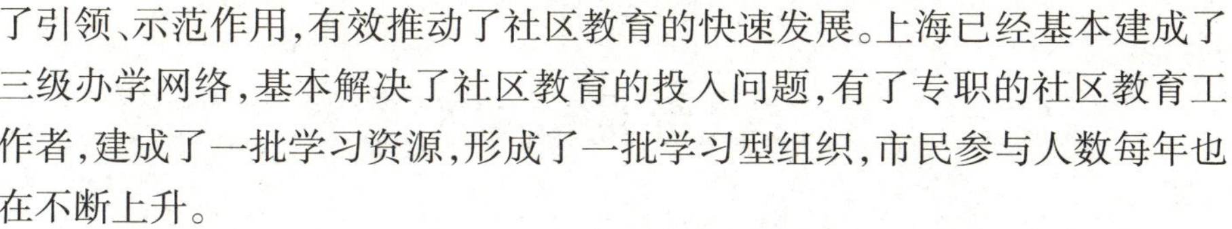

了引领、示范作用，有效推动了社区教育的快速发展。上海已经基本建成了三级办学网络，基本解决了社区教育的投入问题，有了专职的社区教育工作者，建成了一批学习资源，形成了一批学习型组织，市民参与人数每年也在不断上升。

不过，上海在实验项目推进的过程中也出现过一些问题，比如有些地方对实验很重视，但对实验的目标和本质没有弄清楚，以至于认为实验区、实验街镇只是一个荣誉称号，只要评上了、挂牌了，任务也就完成了。再比如说实验项目不聚焦，理论研究太多，实验太少。因此上海对实验项目的管理正在不断改进，从自由申报到申报和招标项目相结合，确定重点项目，扩大招标单位，同时在实验过程中不断调整对实验项目的评判，总结出一套行之有效的评判方法。原则上说，如果一个项目缺乏实验，那就肯定不能通过；如果有实验但效果不明显或缺乏创新只能算通过。一个优秀的实验项目一定是有创新并且建立了长效机制，而示范项目必须是关注社区教育发展的热点、难点的项目。

在项目实施过程中，只有紧紧依靠社区教育实施主体，紧密结合本地区、本单位的实际，工作项目化、项目实验化，不断学习、创新，调动社会各方力量积极参与，才能完成一个优秀的示范项目。上海现在已经启动了第二轮社区教育实验，要在第一轮的基础上有重点地进行突破，特别是要推动示范区的实验工作，解决一系列重点、难点问题。

上海是开展社区教育最早的城市，也是开展社区教育实验最早、最好的城市。作为社区教育实验项目的开创者，庄处长丝毫没有显现出一点自大和满足感，他如数家珍般的叙述中透露着一种对终身教育事业的不懈追求，一种对现状了如指掌的理性分析，一种含蓄内敛的优秀品质。我很希望他能多谈谈自己，但他总是很自然地将话题绕回工作，或许他已经把自己和工作融为一体，工作中的他才是真实的他，才是最富生命力的他。用他自己的话说："理念不落后，理念要落地。"

乡镇成人学校教育是最典型的社区教育

庄俭有一个观点，那就是乡镇的成人学校教育是最典型的社区教育。社区教育不能放弃乡镇成人学校这块主阵地。在面对全面建设小康社会、建设新农村、建设人力资源强国、构建终身教育体系的新形势下，农村社区教育也产生了新需求，那就是生产技能型人才的需求将成倍增长，创业经营型人才将成为新农村建设的主导力量，现代服务型人才队伍将日益壮大，农业从业人员将继续大量向非农产业领域转移，社会管理型人才将成为农村人才队伍建设的重点，社会服务型人才将成为农村社会工作者队伍的主体。这样的学习和培训需求势必对乡镇成人学校提出新要求，它不再是单纯的农村实用技术培训，也不再是单纯地针对农民。所有这一切也对新时期的农村社区教育提出了新要求：终身学习理念的形成、终身学习环境的改善、终身学习资源的丰富、终身学习制度的建立。乡镇成人学校现有的资源对开展农村社区教育非常有利，只要利用得当，就会事半功倍。

党的十七届三中全会提出：发展农村教育，促进教育公平，提高农民科学文化素质，培育有文化、懂技术、会经营的新型农民。乡镇成人学校也有其辉煌的时期。2003 年，国务院发布的《关于进一步加强农村教育工作的决定》提出：农村教育必须坚持为“三农”服务的方向，增强办学的针对性和实用性，满足农民群众多样化的学习需求。每年培训农民超过 1 亿人次，积极实施农村劳动力转移培训，每年培训 2 000 万人次以上。继续发挥乡镇成人教育学校、农业广播电视学校和各种农业技术推广、培训机构的重要作用。2005 年，教育部组织实施了“农村实用技术培训计划”：动员组织农村职业学校和成人学校，对乡镇农村劳动力普遍开展实用技术培训。目标是每年开展农村实用技术培训，培训人数达 1 亿人次。2006 年，国务院批准印发的《国家教育事业发展“十一五”规划纲要》提出：实施国家农村劳动力转移培训工程和农村实用人才培训工程，加强“三教统筹”，促进“农科教”结合，培育有文化、懂技术、会经营的新型农民。健全覆盖城乡的农村成人教育和培训网络，努力使城乡劳动力人人有知识、个个有技能。年培训城乡劳动者达到上亿人次，其中农村劳动力转移培训和农民工培训达到 6 000 万人次。所有这一切可以说是领导重视，目标明确。

但现实是怎样的呢?现实是我国乡镇成人学校数量急剧减少。中部、西部和少数东部省份的乡镇成人学校数量开始逐年下降,截至2007年,全国乡镇成人学校只有2万所,比规模最高时期的2001年减少了2.4万所,6年间减少了近55%。教师队伍严重流失。2001年,乡镇成人学校有教职工30.27万人,而2007年,乡镇成人学校教职工数为15.2万人,教职工总数减半。这样的现状令人痛心,乡镇成人学校在中国教育史上留下过辉煌的成就,今天如果不能在转型时期好好把握、准确定位,任其自然消亡,后果堪忧。

尽管上海城市化程度很高,但始终非常重视乡镇成人学校的内涵建设,并努力提升他们的社区教育服务能力。从历史上看,上海的乡镇成人学校经过了孕育期、启动期、发展期,进入到现在的变革期。为推进社区学校和乡镇成人学校标准化建设,上海拟定了《上海市乡镇成人学校建设标准(讨论稿)》,就乡镇成人学校的校舍、师资队伍、信息化、学校管理制度等进行规范。在南汇区和松江区召开两次本市郊区成人学校标准化建设研讨会,在嘉定区召开"全国部分省市乡镇成人学校标准化建设"研讨会。组织专家对乡镇成人学校开展评估工作,对通过评估的学校,由市教委给予奖励。推进乡镇成人学校独立建制,开展郊区成人教育综合评估,加强乡镇成人学校信息化建设,改善老年学校办学条件(市政府项目),实施农村劳动力培训3年行动计划,推进城乡一体化的建设标准,完善《上海市乡镇成人学校建设标准(讨论稿)》,为今后的农村社区教育工作打下扎实基础。

这里有一组数据可以说明一些问题:上海乡镇成人学校现有校舍面积38万平方米,校均2 900平方米;固定资产4亿元,校均305万元;经费投入3亿元(50%为学费),校均230万元;专职教师1 527人,校均11人;计算机10 237台,校均78台;年培训177万人次,校均1.35万人次;另有村、企业教学点2 200个。把乡镇成人学校2002年和2007年的校长情况、经费情况、师资队伍和设施设备作一个比对,可以发现这几年上海乡镇成人学校发展迅速。校长的文化程度:2002年本科及以上占28.3%,不到总数的1/3;2007年本科及以上占75.5%,超过总数的3/4。职称情况:2002年高级职称占16.6%,有三个区空白;2007年高级职称占23.6%,全覆盖。年龄情况:2002年平均年龄52.9岁,有两个区平均年龄超过55岁;2007年平均年龄48岁,有四个区平均年龄低于45岁。经费投入情况变化也很大,固定资产:2002年校均14.1万元,2007年校均305万元;学费收入:2002年校均81万元,2007 年校均 117.7 万元;政府拨款:2002 年校均 14.5 万元,2007 年校均 122.8 万元。师资队伍建设专业化程度更高,专职教师:2002 年校均 6.1 人,2007 年校均 11 人。兼职教师:2002 年校均 15 人,2007 年校均 20.7 人。兼职教师来源:2002 年源于高校为 300 人,占兼职教师总数 14.2%;2007 年源于高校为 678 人,占兼职教师总数 25%。从设施设备看,改善很大,教室面积:2002 年校均 476 平方米,2007 年校均 2 900 平方米;计算机:2002 年校均 30.4 台,2007 年校均 78 台。学员数量增加,学习内容更加偏重技能培训,学生的数量(年培训量):2002 年校均 9 027 人,2007 年校均 1.35 万人;学习内容:2002 年文化教育占 3.0%,职业技术占 23.2%,各类公益培训占 73.8%,2007 年文化教育占 7.3%,职业技术占 32.2%,各类公益培训占 60.5%。

集家成乡,集乡成国,中国传统的乡村教育源远流长。上海从一个小渔村蜕变成为今天的国际化大都市。今天的上海已经有能力为居住在这片土地上的每一个百姓提供他们所需要的基础学习服务,更有能力反哺农村教育。社区教育的目的不是提供高、精、尖的教育服务,而是提供大众的、基础的教育服务。上海的乡镇成人学校经过规范化建设,已经有能力为广大农民朋友提供优质教育服务。

翔实的数据、精辟的分析、创新的思想,我深深地被他身上的学者气质所吸引。我一直以为上海是一个国际化大都市,社区教育更多关注的是城市的发展,真的没有想到庄处长对农村社区教育也有如此深入的研究。或许这就是上海市社区教育的独特之处,没有完全一样的社区教育,只有有特色、被需要的社区教育,无论是在城市,还是在农村。

为每一个普通的上海人开启一扇终身学习的大门

不与民争利,实实在在为每一个普通的上海市民提供最基本的教育服务,这是由社区教育的基本性质所决定的,社区教育的公益性原则在上海得到了最大限度的体现。上海现在基本解决了社区教育的两个问题:没有时间学习——业余教育；没有钱学习——免费教育。接下来重点要解决的是没有兴趣学习和没有能力学习的问题。如何建立一套学习辅导系统，引导百姓参加学习是上海社区教育目前工作的重点。

上海现在已经启动第二轮社区教育实验，希望在第一轮的基础上提升实验的品质。这一轮实验时间一般是 1～2 年，重心落在街镇，重点关注学习条件改善、不同人群学习模式探索、信息技术应用、学习型组织创建、学习愿望提高、学习资源建设与整合、导学与助学系统的建立、中介组织的介入等方面的内容。第二轮实验的要求更高，要做深，在原有基础上提升；要做透，突出机制的建立；要全覆盖，在实验层面上向两头延伸；要有所发展，在示范的基础上继续提升。

如果说城区的社区教育要在内涵发展上提升，那么农村的社区教育就是一片新蓝海。未来农村社区教育要做到和城市社区教育一样：有一样的学习条件，有一样的学习资源，有一样的学习能力，特别是网上学习能力。现在，市教委与市经信委合作，每年完成对 3 万农民的信息技术应用能力培训，不仅要加强农民的实用技能培训，更要提高他们的学习能力。要对农村社区教育指导员进行专业培训，要建设适合农民学习的课程，要在乡镇成人学校建立电子阅览室。

社区教育要继续发展，必须要厘清 4 个概念：终身教育与成人教育的关系、终身教育与社区教育的关系、终身教育与终身学习的关系、终身教育与学习型社会的关系。总之，社区教育要走的路还很长，需要不断地去实践和研究。

《上海市终身教育促进条例》的出台，将会为每一个普通上海人开启一扇终身学习的大门，也会让社区教育在依法施教的基础上更加健康、快速地发展。上海社区教育的前景会更加美好！

采访后记 / 张灵仙

通过此次采访，我对上海市社区教育有了更全面、更深入的认识。“工作项目化，项目实验化”在上海已经深入到每一个社区教育角落、每一个社区教育工作者心中。正因为有这样的创新理念，这样清晰的工作思路，有一群像庄处长这样醉心于社区教育工作的人，上海的社区教育才能走在全国的前列，才能有今天的傲人成绩。本来有些遗憾，因为庄处长总是这么谦逊，很少谈及自己，但反过来一想，这也正是庄处长最令人敬重之处。“坐看云起处，笑谈社教事”，那一份成竹在胸，那一种举重若轻，若不经历时间和实践的磨砺是无法拥有的。我相信，正如庄处长所说的那样，上海为每一个老百姓提供基础教育服务的能力会越来越强，上海社区教育的明天会更加美好！

相关链接

庄俭主要著作与论文一览

1.《从上海农村经济和劳动力的变化，看成人教育的作用与前景》，载《上海成人教育研究文集》，上海：上海大学出版社，2008

2.《回顾与展望》，载《上海企业教育改革探索》，上海：上海教育出版社，1998

3.《实验与示范》.上海：上海教育出版社，2009

4.《上海老年教育发展政策研究》，载《上海老年教育现状及发展研究》，上海：东华大学出版社，2002

5.《新农村建设与新农民教育：上海农村成人教育改革开放30周年巡礼》（主编）.上海：上海远东出版社，2009

6.《职业教育信息化管理》，载《中国职业技术教育》，2006年第28期，第46–49页

7.《职业教育网站的建设与管理》，载《电化教育研究》，2006年第9期，第48–51页

已尽全力为成教 愿将终生奉国民

访广东五邑大学朱涛教授

朱涛，男，1946 年生，陕西西安人，中共党员，教授。1969 年毕业于西北师范大学中文系，1969—1982 年在甘肃省武威地区师范专科学校工作，1982—1997 年在原国内贸易部属兰州商学院工作，1997 年调往广东五邑大学工作，2000 年荣获广东省“南粤优秀教师”称号。现为教育部职业教育与成人教育司“社区教育专家组”成员，兼任中国成人教育协会理事、中国成协学术委员会委员、中国成协社区教育专业委员会理事、中国成协成人高等教育理论研究会学术委员会副主任。从事成人教育管理、教学与科研工作已有 41 年。

"'不偏不倚,宏观探求':'不偏'者,不偏重于'纯学术'研究,不'套用'普通教育的理论体系,不'移植'发达国家成人教育的理论学说,不撰写广大成人教育工作者读不懂的'学术论文';'不倚'者,不局限于我国成人教育自身的实践摸索,不拘泥于成人教育管理运作的经验体会;'宏观探求'者,是将成人教育置于当代社会发展的宏观背景之下,紧密结合我国经济、社会的发展实际来探索成人教育的开拓、创新。"

——摘自朱涛教授论文集"后记"

倾心社区教育　自觉承担责任

笔者:朱教授,请问您是何时开始从事社区教育研究的?为什么会从事社区教育研究?

朱涛:我是在步入21世纪之后,才把研究范围扩展至社区教育的。原因主要有两方面:一方面,党的十六大提出了建设"全民学习、终身学习的学习型社会",并将其确定为21世纪头20年我国建设"更高水平的小康社会"的社会发展目标,这使从事成人教育理论研究及实践工作已有30年(至2001年)的我敏锐地察觉到,如果不把研究范围扩展到社区教育领域并与我国经济社会发展的新趋势紧密联系起来,则会使成人教育研究受局限;另一方面,在我将研究视野转向社区教育后不久,先是上海的叶忠海教授,紧接着是教育部职成司张志坤处长邀请我参与两个课题[叶忠海担纲的全国哲学社会科学"十五"规划国家一般课题"21世纪初中国社区教育发展研究"(批准号:BKA010103),我任分课题"社区各类学习型组织理论和实践研究"责任人及撰稿人;张志坤担纲的全国教育科学"十五"规划教育部重点课题"推进我国社区教育发展的实验研究"(批准号:DKA010358),我是课题专家组成员及总课题顾问]的研究。于是,我将研究的主要精力投向了社区教育。

尽管我正式涉足社区教育较晚，但由于此前我有30多年的成人教育理论研究及实践的基础，而成人教育特别是成人社会教育又是社区教育的主体，二者在基本性质、基本原理、运作机制等方面是完全相通的。所以，我的社区教育研究有扎实基础，起点较高，这也是叶忠海、张志坤等同志邀我加入课题研究的原因。

至于我自己要将研究视野转向社区教育，除上述原因外，更重要的是，在成人教育研究过程中我发现，凡是社会文明程度高、社会和谐的国家，都是社区教育开展早、收效好的国家；不重视社区教育或社区教育开展效果不太好的国家，尽管社会经济可能很发达，但社会并不显得和谐。中国也不例外，尽管改革开放后成人教育特别是成人职业技术教育等快速发展，但由于没有重视对全体国民的教育，所以，民众信仰缺失、道德失范、观念混乱、智能下降，社会发展远远落后于经济发展。这就使我认识到，国民教育的缺失将严重拖经济社会发展的后腿，如果我国再不重视国民教育，不仅实现不了现代化，就是已经取得的一些建设成就也难以维护（民众素质差，破坏快于建设），而对民众进行教育最好的依托就是社区——这已为国际经验所证实。我国的社区教育刚刚起步，需要进行深入细致的研究，而我有兴趣与能力进行这方面的研究，于是就加入了社区教育研究队伍。

笔者：是什么使您一直保持对这一研究领域如此浓厚的兴趣呢？您觉得您在研究中获得的最大乐趣是什么？

朱涛：研究兴趣首先来自于我对这项研究的社会价值的清醒认识。如上所说，我从逻辑方面和国际经验方面清醒地认识到社区教育是对国民进行普遍教育的最佳形式，而没有成功的国民教育就不会有现代化建设的成功与社会和谐的实现。所以社区教育在中国的现代化建设中、在和谐

社会构建中、在中华民族伟大复兴中的地位、价值,给予多么高的评价都不为过。能从事一项有如此巨大社会价值的研究工作,将会有强烈的贡献感、社会成就感,自然也就能激发我的研究兴趣。

其次,社区教育在我国虽然有近20年的研究历史,但原先关注它的人并不多,研究力量单薄,研究不够深入,在总体上尚处于起步阶段。所以,需要深化研究的范围很广,研究者有充分的创新空间。这可以充分发挥我的创新研究能量,激发我的研究兴趣。

第三,我一向重视理论研究与实践的结合,重视从经济社会发展与教育结合的角度去研究成人教育。在学校成人教育研究中,我的研究成果要转化为教育实践,往往受多种因素的影响,还带有滞后性。而在社区教育研究中,特别是在张志坤同志的课题研究(推进我国社区教育发展的实验研究)中,我的研究成果通过我的辅导报告(近些年在北京、上海、南京、杭州、成都、广州、深圳、青岛、厦门、江阴等市的社区教育报告)、文章等很快就可以在社区教育实验区的社会实践中得到检验、见到实效,这是让研究者最为高兴的事,也更能激发我的研究兴趣。

我在研究中获得的最大乐趣也就在于自己的研究成果能得到广大社区教育工作者的认同,能给他们的社区教育工作以观念改变、思路启发、方法引导,能在我国社区教育工作的开展方面发挥一些摇旗呐喊、推波助澜、策划指导、解疑释难的作用,能看到我国社区教育由点到线、由线到面的快速发展,能预见到社区教育将在我国全面铺开、有效开展并为现代化建设提供支持的光辉前景。而我在这一事业的起步阶段曾经贡献过自己的力量,那便是我的人生价值、人生乐趣所在。当然,我的研究能力、研究成果能被社区教育研究同仁,被教育主管部门的负责同志所认可,也是一种心理上的满足。

笔者:您目前主要研究社区教育哪些方面的内容?有哪些收获?

朱涛:我重视社区教育基本理论研究,但更重视社区教育实践研究。

在理论研究方面,我最重要的成果是《社区各类学习型组织理论与实践研究》和2009年出版的与叶忠海教授合著的《社区教育原理》。

实践研究方面,我发表了与社区教育相关的25篇论文,其中一部分收录在我的论文集《成人教育:历程·思考·探索》中。

理论实践并重　追求立异创新

笔者:您在一篇文章中说社区教育必须强调“三主”,“三主”指的是什么?您为什么这样理解社区教育?

朱涛:那篇文章是《社区教育必须强调“三主”》,发表于《中国成人教育》2004年第3期,被《新华文摘》2004年第13期摘要转载。“三主”是指在相当一段时期内,我国社区教育对象要以青壮年劳动者为主体,教育内容要以职业技术教育为主向,教育效果要追求促进劳动者主动自觉地学习。

社区教育是面向社区“全员”、学习内容“全面”、持续人生“全程”的教育,但在一定时期内应该突出一定重点,解决一定的主要矛盾。在相当一段时期内,强调“三主”正是从化解社区成员发展、社区经济社会发展的主要矛盾出发做出的科学选择。没有重点就没有政策,就难以突破,就难以收到成效,就不会通过重点带动一般。

至于为什么要突出“三主”,我为什么这样理解一定时期我国社区教育的重点,我想和时下社区教育实践发展存在的问题有关。现阶段,我国不少地区社区教育的开展存在三种情况:一是教育活动的主体主要是社区老年居民,而老年妇女是其中最积极最活跃的群体;二是教育内容主要是文化休闲教育,尤以文艺、健体、家政教育热门;三是教育运作主要靠各级政府、靠“社区教育委员会”等组织推进,民众参与社区教育的主动性、自觉性还远远不够。

当然,在社区教育开展初期,出现上述情况不足为怪。然而,当社区教育向纵深发展之时,各级政府、各级社区教育领导机构、各类社区教育推进组织的领导者和工作者一定要清醒地认识到:现阶段,“发展”是我国现代化建设的第一要务,社区教育也必须在“发展”上做文章,必须把促进社区发展和人的发展作为社区教育的出发点和终极目标。为此,在目前社区教育资源尚不十分充足的情况下,要利用有限的资源尽快促进社区、社会的发展,而社区教育的推进就必须要强调“三主”。

笔者:您投身教育已有41年,可以说著作等身,如果要您挑出最能代表您的社区教育观点的文章,您会选哪几篇?为什么?

朱涛:说著作等身,实在是有点夸张。关于成人教育、社区教育的研究不过是2本书、160余篇论文,参与若干个国家、教育部重点课题而已,我其余的6本书、40余篇论文是关于写作学科的。

如果要选出能代表我的社区教育观点的论文,我会选择以下10篇:(1)《社区教育:新世纪现代化建设的支点》,(2)《社区教育:国民现代化教育的主阵地》,(3)《社区各类学习型组织理论和实践研究》,(4)《社区教育必须强调"三主"》,(5)《论社区学习化建设之关键》,(6)《社区教育:学习型社会创建的着力点》,(7)《社区教育:支持农村科学发展的新平台》,(8)《和谐社会视野中的社区教育》,(9)《论社区中的公民教育》,(10)《社区教育:新成效·新认识·新经验》。

之所以选以上10篇是因为:第1~2篇是从社区教育基本属性入手,结合我国现代化建设实际论述其功能、作用的,在我国社区教育推广初期,发挥了较好的启迪作用;第3篇是应用国际先进理论对中国社区各类学习型组织建设的理论研究,具有本土性、基础性、创新性;第4~5篇是对现阶段我国社区教育重点推进策略的研究;第6~9篇是从学习型社会建设、新农村建设、和谐社会建设角度论述我国社区教育发展的,属于社区教育实践研究;第10篇则是对20余年来特别是进入21世纪以来我国社区教育的发展实践进行了梳理,归纳成绩、总结经验、提升认识,是在新形势下对我国社区教育认识的升华,应该对我国社区教育的新发展有启迪价值。

笔者:记得在2001年,您就曾在《新世纪的困惑》一文中发出成人教育地位何在的质问,时至今日,您认为情况有所改观吗?为什么?

朱涛:有改观。最主要的是成人教育的地位不再是由政府说了算,不再是由教育主管部门说了算(在教育主管部门眼中,由于传统教育观的桎梏,成人教育的地位不但没有提高,反而依旧在不断下降、不断被边缘化,这恐怕已是"不可救药"的了),而是由市场说了算。因此,我国成人教育中的干部教育、工人教育、农民工教育、农村实用技术教育、农民专业培训以及扫盲教育等都有了较大发展,而且在非教育部门的支持下(劳动部门、社会保障部门等）呈现出良性可持续发展的态势。善于自我分析总结的成人教育部门、学校、工作者，也不再去计较“名分”、“地位”了，而是悄悄地在市场中找位置、打地盘、干实事、创效益，为成人教育、为社会做出自己实实在在的贡献——这是对教育主管部门的“失望”乃至“绝望”，也是对自我把握命运的回归，实际是成人教育的成熟。当然，全国各地的发展并不平衡。

笔者：纵观您的文章，我发现与时代和形势结合得很紧密，是政治的敏感还是学术的需要？

朱涛：应该说是认识的清醒和行为的自觉，这得益于青少年时期接受的马克思主义教育。我的职业生涯一开始就介入了成人教育（1969 年分配到甘肃省武威地区师范专科学校工作，一任教就承担了中学教师培训任务），当时是“三没有”：没有教学经验、没有教学大纲、没有适用教材（“文化大革命”期间）。在这种情况下，斯大林的一句话成为我的工作指导：理论若不和实践结合就是空洞的理论，实践若不以理论为指导就是盲目的实践。我通过理论与实践的结合克服了种种困难，不断探索出新路子，使我的工作有特点、有成效，得到学员及校领导的充分肯定。更重要的是，在这种经历中形成了我的思维习惯、工作方式。当我在 20 世纪 80 年代初，专门从事成人教育管理、教学、研究工作后（1982 年担任原国内贸易部属兰州商学院成人教育部主任，后改为成人教育学院院长），更是重视一切从实际出发，注重理论与实践相结合。

随着对成人教育研究的深入，我进一步认识到，成人教育特别是成人高等教育是高新科学技术与经济社会发展最紧密的“契合部”，研究成人教育如果不从二者的关系入手，则成人教育创新将成为无源之水，经济社会发展将成为无基之塔，而成人教育研究便会成为空洞无用的“象牙塔”中的“摆设”，那是没有任何价值的。所以，我摒弃学院派的“纯理论”研究，当然也轻视对实践的低水平归总，而竭力从理论与实践结合的角度，从成人教育与社会

经济发展关系的角度进行研究，力图使自己的研究为成人教育在社会经济发展的大局中找准位置、确定正确的发展战略，力图做出一些贡献——这主要是出于对科学研究的自觉。

笔者：您一直很关心农村教育，在2003年您就提出农村教育是“三农”问题的治本之策，但至今城乡教育差距仍在不断扩大，特别是城乡社区教育发展很不均衡，您怎么看待这个问题？

朱涛：应该说，我是一个“教育强国论”者。我始终认为，没有高素质的国民，要建设现代化强国、要实现民族振兴不过是一句空话。而要造就高素质的国民，高质量的教育是最基本、最重要的保障手段。因此，解决“三农”问题的治本之策当然是农民教育了。

今天城乡教育差距仍在不断扩大，特别是城乡社区教育发展很不均衡，原因是多方面的。有历史的、现实的原因，有国家经济政策、教育政策的问题，也有教育基础、教育投入、教育资源、教育环境、教育条件、教育对象等方面的问题。归根结底，它们是几千年中国社会发展的“遗产”，是新中国成立后相当长的时期内一直强调“农业支持工业”的政策产物，是市场经济产生的资本追逐高额利润的必然结果，是我国城乡经济社会发展差距存在并不断拉大的必然反映。目前，中央已经清醒地认识到城乡发展差距不断拉大的危害，已经在下大力气解决这个问题，但这个问题的解决恐怕不是一朝一夕就可见效的，正如它的形成一样。而城乡教育差距扩大、社区教育发展不均衡的问题，也只有在城乡经济社会发展差距逐渐缩小的大背景下才可能逐步解决。当然，在目前条件下，如果各级政府特别是地方政府能在经济社会发展政策、教育政策的制定中，在教育投入、教育条件改善等方面多向社区教育特别是农村社区教育倾斜一些，那对问题的解决会有很大帮助。但这又取决于各级政府领导者对“科学发展观”的理解，以及执政理念的转变。这说起来容易，真要实现还是很困难的。因为，执政者如果没有正确的政绩观，没有创建和谐社会的正确策略选择，要想让他们把民众教育、社区教育摆上重要工作日程是不太可能的。而在我国现阶段，没有政府主导，没有政府投入，要促进社区教育特别是农村社区教育的良性发展也是不可能的。

笔者：我国社区教育走过了30个年头，您认为目前我国社区教育发展较好的有哪些方面？面临的最大困难是什么？您对解决这些困难有何建议？

朱涛：这个问题较大，很难用较少文字回答。不过，我在《社区教育：新成效·新认识·新经验》一文中对目前我国社区教育取得的成绩、升华的认识、凝练的经验有较全面的归纳。这里我简单地概括几点：

一、社区教育工作在全国普遍开展。教育部对社区教育的推进，采用了“行政推进”与“课题推进”相结合的方法。2000—2009年，教育部先后分四批确立了遍布全国的114个国家级社区教育实验区，通过教育行政系统层层推进社区教育。同时，由教育部职业教育与成人教育司成人继续教育处处长张志坤担纲，开展“推进我国社区教育发展的实验研究”，有选择地组织了18个国家级社区教育实验区、3个市教育局、5个独立单位，参加13个分课题、10个子课题的研究工作，直接参加研究的人员有995人，相关参与单位344个。

在社区教育“遍地开花”的基础上，一些地区已呈现出“花团锦簇”的局面。目前，社区教育开展得最好的当属长江三角洲地区。2003年底，上海首先发起并组织了“长三角社区教育论坛”，为社区教育推进的交流、协作搭建了平台。至今，该论坛已连续举办了4届，影响越来越大，对长三角乃至全国的社区教育工作产生了明显的示范带动效应。2005年，环渤海地区的北京、天津、辽宁、山东也开始突破“关门实验”的格局，探索区域性合作。2006年上半年，“环渤海地区社区教育协作组织”成立，至今已开展数次活动。另外，以重庆、成都、武汉、太原、广州等为中心的社区教育活动也不断向周边地区扩展。

二、涌现出各具特色的先进社区。在社区教育推进过程中，各地不少社区根据自身情况，因地制宜、大胆创新，卓有成效地开展社区教育活动。目前全国已涌现出众多各具特色的先进社区。2008年评选出了34个全国社区教育示范区。这些先进社区通过开展丰富多样的教育活动，使社区民众的素质得到显著提升，大大推进了和谐社区的建设，为全国社区教育工作的开展树立了榜样。

三、创造出不同类型的运作模式。在社区教育“实验研究”开展过程中，各分课题研究单位都能根据自身基础、实验实践创造出不同类型社区教育运作的专门模式。譬如，适合于不同类型社区的中心城市城区社区教育模式、农村社区教育模式、城乡结合部社区教育模式、外来人口聚居区社区教育模式、少数民族地区社区教育模式，适宜于不同运作方式的以街道为中心的联动教育模式、学校与社区互动型教育模式、以社区学院为载体的教育模式、居民自治型教育模式、网络互动型教育模式等等。这些模式为不同地区、不同社区的社区教育工作的开展提供了参照。

四、培育了不同层次的专门人才。在“实验研究”推进过程中，总课题组，各分、子课题组多次举办培训班，培训专门人才。据统计，几年来课题组共举办各类培训班 97 个，参加培训的有 3 343 人次；开设讲座 85 个，参加者达 11 844 人次。同时，课题组采用“实践育人”、“科研育人”的办法，通过社区教育实践和课题研究锻炼、培育专门人才。至目前，社区教育已经培育出三种层次的专门人才：一类是社区教育基层工作者，包括社区教育管理工作者、专兼职教师和志愿者，他们有理想、有热情、有干劲、有办法，创造出了扎扎实实的社区教育业绩；一类是社区教育理论工作者，他们学贯中西，又深入社区一线，增长见识、积累经验、发现问题、深化研究，充分发挥了专家、学者对社区教育的理论指导、人才培训、运作顾问等作用；更可喜的是，各分、子课题组大都选拔了一批有思想、有能力，又有一定理论功底的同志充实到社区教育一线，经过锻炼，他们大多成长为有开拓能力、有丰富经验、有第一手资料，又会搞科学研究的中等层次“文武全才”，成为今后我国社区教育不断发展、社区教育研究不断深化过程中最为宝贵的优秀人力资源。

尽管已经取得了较大成绩，但我国社区教育发展面临的困难还很多。其中最大的困难是各级政府、各级教育主管部门对社区教育缺乏深刻的了解与重视。党的十六大报告提出“全面建设惠及十几亿人口的更高水平的小康社会”、十六届四中全会提出“构建社会主义和谐社会”的社会发展目标，这无疑是完全正确的。但迄今为止，从中央到地方的各级政府似乎还没有找到建设更高水平小康社会、构建和谐社会的“最佳抓手”，还没有认识到社区教育正是这个“最佳抓手”。这是社区教育不能健康推进的最重要原因或最大困难，也是社区教育不能充分发挥其社会价值的根本原因所在。

如何克服这个困难，也就是说如何使各级领导者特别是中央领导人认识到社区教育的价值，恐怕要从两方面入手：理论工作者要加大研究、宣传力度，使社区教育的声音逐渐在各级领导者那里“入耳”；实践工作者要扎实推进社区教育工作，用社区工作实效使各级领导者逐渐“动心”。我国是政府主导功能强大的国家,不打动各级政府领导者的"心",想要办成大事是不可能的。所以,社区教育工作者要坚信自己事业的社会价值,以愚公移山的精神坚持不懈地努力,相信总有一天全社会特别是领导层会认识到社区教育对提高国民素质、构建和谐社会的价值。那时,社区教育将进入自觉自为状态,一切困难将会迎刃而解。

笔者:目前全国都在推广社区教育实验区、实验项目,您认为社区教育除此途径外还有其他更好的途径吗?

朱涛:当然有。那就是将社区教育纳入各级政府的工作日程,纳入各级领导者的政绩考核标准之中。但这样做的前提,是中央能清醒地认识到开展社区教育是社会建设的重要举措。在达到这种状态之前,通过推广社区教育实验区、实验项目,不断采用创造出的新途径、新方法,是发动基层、各显其能、典型引路、带动一般的有效手段。不过需要做到的是,将实事做实,不图虚名,不走过场,不要热时轰轰烈烈、冷时冷冷清清。只有显示出社区教育对学习型社会、和谐社会建设的实效,得到老百姓的认可,才会使社区教育由点而线、由线而面地迅速展开。

社教前景光明　奉献执著一心

笔者:您认为我国社区教育未来发展最关键的应该走好哪几步?我国社区教育的未来应该是怎样的一幅蓝图?

朱涛:未来我国社区教育发展的关键几步是:

在法制层面上,要借《终身学习促进法》的制定、实施,给社区教育争得重要的法定地位。(我想,国家实施《终身学习促进法》,总不能再置终身学习的最佳平台——社区教育于不顾吧!但这还需要社区教育去力争。)

在体系建设层面上,要在国家终身教育体系建设(十六届五中全会、十七大提出了"两个教育体系建设的问题",其中之一就是终身教育体系建设)工作中,把关乎全民教育的社区教育挤进去并争取作为主骨架的重要组成部分。

在教育实践层面上，要把各类学习型组织建设摆在重要位置，下大力气抓好。这是使社区教育自主开展、建立长效机制、实现社区教育可持续发展、构建学习型社区的重要基础。

在文化建设层面上，要重视社区文化（或曰“社区精神”），特别是社区学习文化的凝聚、宣介、养成，使之成为社区民众的生存观、价值观，并在社区学习文化的熏陶、感染、孕育中成长为好学之人、善学之人。

总之，法制是保障，体系是骨架，组织是基础，文化是灵魂。

我国社区教育未来的理想蓝图是：各级政府高度重视，社区发展能达成共识，终身学习有法制保障，社区民众有学习自觉，自主学习有支持平台，学习型组织充分发展，全社区参与学习服务，形成独特的学习文化。

笔者：您觉得从终身教育的角度看，今天的基础教育发展方向何在？

朱涛：中国的基础教育功利性太强，以致发展到了“走火入魔”的境地，而且是从幼儿教育持续到高等教育，而人的自由发展、快乐发展、全面发展以及人格的完善，却被抛在了一边。这是当代儿童、青少年的悲哀，是中国基础教育的悲哀，也是国家、民族的悲哀。形成这种状况的原因非常复杂，有历史的、社会的、教育主管部门的、家长的等多方面原因。今后发展方向如何，我没有仔细想过，因为这超出了我的研究范畴，就是上述看法，也是我个人偏激的总体看法。不过，从终身教育角度看，基础教育如果不能“以人为本”，不能对“规范性强制教育”有大幅度的突破，不能促进人的个性化发展，就不可能为受教育者一生的人格完善、“人的自由发展”（马克思语）奠定良好基础，基础教育也就不可能走出科举制式的“应试教育”窠臼，不可能实现自身的科学发展。

笔者：您对从事社区教育的工作者有哪些寄语？您个人今后在社区教育方面还有哪些打算？

朱涛：“勤勤恳恳为人的发展服务，踏踏实实为社会进步效力；完美人格的塑造是我们的事业，和谐社会的构建是我们的理想。”——这是我对每一位社区教育工作者的寄语。

从我个人角度来说，除此之外还要以高度的事业心、责任感继续做好社区教育理论研究工作,参与社区教育的实践,尽可能发挥好宣传、咨询、引导、服务等作用。

采访后记 / 张灵仙

毫不夸张地说,对朱涛教授的采访过程就是我的一次学习过程,不仅是社区教育理论知识的学习和认知的提升,更是治学态度的熏陶和感染。从他的论文中我可以读出他对社区教育的一腔热血和冷静思考,正如叶忠海教授对他的评价:“他善于掌握成人教育发展的脉搏,坚持与时俱进,研究的主题往往是中国成人教育发展的热点、焦点和创新点;他善于多视角研究成人教育问题,经常从经济、社会发展的需求切入,来思考、探讨成人教育的发展;他善于从中国成人教育的实际出发,吸收、借鉴国外新理念、新学说;他善于从理论和实践结合层面上来探索中国成人教育发展,提出带有前瞻性的思路、创新观点和主张;他善于高度概括和提炼,文字简明,画龙点睛。”(摘自叶忠海教授为朱涛论文集《成人教育:历程·思考·探索》所作的“序”)

在阅读朱涛教授论文集的过程中,我真切地感受到他们这一代成人教育工作者是多么全身心地投入,那么的无怨无悔,这正如朱教授自己所言:“应该说,我一生中最美好的年华、最勃发的激情、最充沛的精力和最专注的思考,都奉献给了成人教育事业。”

相关链接

朱涛主要著作与论文一览

1. 《论新时期成人道德教育——兼谈学习〈公民道德建设实施纲要〉的体会》,载《中国成人教育》,2002 年第 3 期,第 4–6 页
2. 《珠三角亟需大力推进社区教育》,载《五邑大学学报(社会科学版)》,2002 年第 4 卷第 4 期,第 5–9 页
3. 《社区教育:新世纪现代化建设的支点》,载《河北师范大学学报(教育科学版)》,2003 年第 5 卷第 2 期,第 92–96 页

4.《社区教育:国民现代化教育的主阵地》,载《陕西师范大学继续教育学报》,2003 年第 20 卷第 02 期
5.《社区非正式组织学习策略》,载《当代教育论坛:宏观教育研究》,2003 年第 8 期,第 102–103 页
6.《论社区各类功能性组织的学习化建设》,载《西北成人教育学报》,2003 年第 3 期,第 5–8 页
7.《社区教育: 学习型社会创建的着力点——新世纪成教创新发展思考之二》,载《中国成人教育》,2003 年第 11 期,第 4–5 页
8.《社区教育:因由·重点·策略》,载《当代教育论坛》,2003 年第 12 期
9.《论社区学习型组织的创建》,载《湖南师范大学教育科学学报》,2004 年第 3 卷第 1 期,第 68–71 页
10.《论社区两类组织的学习化建设》,载《河北师范大学学报:教育科学版》,2004 年第 6 卷第 2 期,第 33–37 页
11.《社区教育必须强调“三主”》,载《中国成人教育》,2004 年第 3 期,第 4–5 页
12.《社区各类学习型组织理论和实践研究》,收录于巴蜀书社 2004 年 7 月出版的“十五”国家课题成果集《21 世纪中国社区教育发展》
13.《内地现代化进程中的社区教育》,载《终身学习》,2004 年第 6 期
14.《积极推进社区教育　全面建设小康社会》,载《中国成人教育》,2005 年第 1 期,第 4–5 页
15.《学习型社区建设要抓好两个关键》,载《中国成人教育》,2005 年第 10 期,第 4–5 页
16.《和谐社会视野中的社区教育》,载《河北大学成人教育学院学报》,2006 年第 8 卷第 4 期,第 13–15 页
17.《社区教育:构建和谐社会的着力点》,载《五邑大学学报(社会科学版)》,2007 年第 9 卷第 1 期,第 71–74 页
18.《社区教育:新成效·新认识·新经验》,载《河北师范大学学报(教育科学版)》,2007 年第 9 卷第 6 期,第 120–124 页
19.《公民教育:依托社区教育科学发展》,载《河北师范大学学报(教育科学版)》,2009 年第 11 卷第 1 期,第 87–90 页
20.《社区教育:学习型社会的必然选择》,载《中国教育报》,2003 年 3 月 5 日第 4 版

新世纪社区教育的推动者

访中国成人教育协会副会长陈乃林

陈乃林，男，1941年生。1960年加入中国共产党，曾任江苏省教育委员会副主任兼江苏广播电视大学校长，现任中国成人教育协会副会长、江苏省成人教育协会会长。长期坚持成人教育、终身教育、社区教育、远程教育等方面的理论和实践研究，主持过多项国家、部省级重点课题，主编和参与编著的著作有11部，发表论文百余篇。

在多年的教育行政管理和领导岗位上，陈乃林不仅了解国家的教育方针政策，也经常深入基层，上情下达，下情上达，关注民众呼声，解答百姓疑难。其研究视野较为广阔，善于从全局、宏观层面把握我国社区教育的发展方向和发展策略。

此次采访之前，我曾与陈会长有过几次接触，每次见到他，他总是笑眯眯的，看上去非常的和蔼可亲，可一旦谈起社区教育、成人教育，眼前的他就变得滔滔不绝，充满激情。为了进一步了解陈会长是如何从行政领导与业务工作结合、理论与实际结合的角度看待我国进入21世纪以来社区教育的蓬勃发展的，便有了这次我们与陈会长的促膝之谈。

访谈实录

科学的审视：我国社区教育的现状

笔者：您觉得目前我国社区教育呈现出了哪些良好的发展势头？

陈乃林：1999年国务院批转教育部《面向21世纪教育振兴行动计划》，提出“开展社区教育实验工作，逐步建立和完善终身教育体系，努力提高全民素质”。在教育部和地方各级党政及教育行政部门的领导下，社区教育实验工作在全国各地迅速开展起来。至2009年，教育部已经先后分四批确立了98个实验区和34个示范区，各省（市、自治区）还有500个左右实验区，推动了社区教育实验工作蓬勃发展，社区教育工作呈现出了良好的发展势头。

第一，社区教育工作得到各地党政领导和教育部门的高度重视，得到社区居民的广泛认可，成为构建终身教育体系、建设学习型社会、促进和谐社会建设的基本形式和社会载体。不少省市党委和政府下发了有关发展社区教育、推进学习型社会建设的文件，教育部门加强了对社区教育的管理，社区教育也在主动争取领导和服务中提升了地位。

第二，在社区教育发展过程中，实验区、示范区充分发挥先行引领和辐射带动作用，成为全国发展社区教育的骨干力量，推动社区教育由点到面、逐步拓展；以实验项目、实验街镇带动社区教育的深入发展，推动社区教育在改革上求突破，在发展中求创新，在创新中显特色。

第三，形成了以京、沪、津等大城市为龙头，以东部沿海发达地区为主干，中西部地区有重点地发展的梯度发展格局；出现了一批社区教育发展力度大、进程快，乃至大面积推进社区教育高位协调发展的城市；出现了一部分城市先行、以城带乡、城乡联动、协调发展，区域性整体推进社区教育的地区；涌现了一批整体品质品位较高、特色品牌鲜明、引领带动作用明显的社区教育示范单位。

第四，涌现了一批充满活力的民间组织，成为推动社区教育发展的积极力量。在全国层面，有社区教育专业委员会；在地区性层面，有"长三角社区教育发展论坛"、"环渤海地区社区教育协作组织"等民间组织。最近西部地区社区教育协会也已经成立。在各个实验区，这类组织更是如同雨后春笋般蓬勃发展，活跃在社区教育一线，既接受政府的领导管理，又相对独立自主运作，成为一支充满生机和活力、积极推动社区教育发展的重要力量。

笔者：您在多年的社区教育理论与实践研究中，对社区教育一定形成了自己的独到见解，能说说您对社区教育的认识吗？

陈乃林：什么是社区教育？这是一个很重要的问题。社区教育有一个不断发展的过程，人们的认识确实也有一个不断反思和深化的过程。社区教育产生伊始，不成熟的实践，取得的可能是一种不完全的认识。随着实践的发展和深入，认识就会不断深化和提升。

我把人们对社区教育的认识，概括为这样几个层面：

第一个层次的认识：所谓社区教育，就是在一定的地域范围内，面向全体社区居民开展的教育活动和过程。这是一种描述性的定义。

这个定义表明：从对象上看，社区教育的对象是全体社区居民，而重点是成人，尤其是离开学校、离开单位的成人。但是，社区教育的对象不仅仅是成人，还包括 0～6 岁的婴幼儿教育、青少年校外教育、老年教育等，因此，社区教育不等同于成人教育。

从内涵上看，社区教育的重点内容是职业技能培训，这从本质上反映了社区教育关注民生的人文特点，包括对下岗失业人员的培训、进城务工人员培训、残障人员培训、其他困难群体的培训等，但是社区教育的内涵还

包括思想道德教育、精神文明教育、民主法制教育、健康生活教育、环保卫生教育等，职业技能培训只是其中一项重点内容，可见社区教育也不等同于职业技能培训。

从范围上看，社区教育确实是社区内面向社区居民的教育，但是社区教育也不等于社区内的教育，例如社区内的学校、企业、事业、机关、部队等单位内部自行开展的教育，都不在社区教育之列，只有这些单位和社区发生联系，构成了双向互动关系，涉及面向并服务于社区居民所开展的教育，才能称之为社区教育。

第二个层面的认识：到了20世纪90年代，《中国教育改革和发展纲要》正式颁布以后，“终身教育”第一次为我国的官方文献所引用。在终身教育思想的指导下，我们对社区教育的本质就有了新的认识，认识到社区教育在本质上就是社区范围内的全民终身教育和学习活动。所以，人们对社区教育概括了“三全”的特性，即全民性、全程性、全面性，就是大家形成的一种共识。这就为社区教育指明了发展方向和发展目标，人们可以从更广的发展空间和更远的发展时间以及更深的层次来谋划社区教育的发展战略。

第三个层面的认识：就是对社区教育的价值判断。社区教育究竟有什么价值呢？我个人理解有两个方面：一是本体性价值判断，社区教育可以教育人们学会认知、学会做事、学会合作、学会生存和发展；二是社会性价值判断，社区教育具有把矛盾化解在社区，把稳定落实在社区，把和谐构建在社区，把幸福惠及于百姓的社会功能。正因为这样，社区教育才会得到越来越多的地方党政领导及教育部门的重视和支持，得到越来越多的社区居民的欢迎和认可。

笔者：不少人觉得当前的社区教育就是教老年人跳跳舞、唱唱歌，您是怎么看待这种观点的？

陈乃林：针对这个问题，可以从两方面来看：一方面，在社区教育的发展过程中，活动确实是社区教育最普遍、最常见的一种形式和载体，只要居民群众喜闻乐见，有利于群众的身心健康，我觉得这种活动形式就有存在的必要和根据，就不要轻易指责或否定；另一方面，社区教育的内涵肯定要不断深化和提高，不能也不会仅仅停留在活动层面，停留在浅表层次。事实上，现在社区教育的现状同当初社区教育刚刚产生时相比，已经发生了很大的变化，社区教育实验项目开发和示范项目的评选、课程建设和特色课程的评选，还有许多理论问题和实践问题的研究、实践工作及其经验的理性思考和总结概括，都说明社区教育的内涵和水准正在快速的提升过程中。

仅仅就活动这种形式而言，近年来也有很大发展，不少地方出现了活动系列化、集群化、超市化，丰富多彩，很有内涵，既反映了社区教育给群众增加了选择教育的机会，满足社区居民多样化、个性化需求，也说明不能仅从表面上看形式，而要把形式和内容联系起来，这样就更为全面一些、客观一些。

不懈的思考：社区教育如何实现内涵发展

笔者：您觉得要实现社区教育的内涵发展，应该从哪些方面入手？

陈乃林：我的理解是，所谓内涵发展是相对于浅表层次而言的，两者的界限不仅有相对的划分，也是一个动态发展的过程。社区教育的内涵建设，主要是强调和着眼于一些深层次问题的研究与解决。

按照社区教育内涵发展的要求，是否可以这样认为，社区教育的体制机制改革与创新、社区教育的课程与资源建设、实验与创新项目开发、课题与个案研究、载体的拓展与创新、特色与示范的创建、社区教育的文化反思与建构、学习型组织的创建、社区教育体系建设等等，都属于内涵发展的范畴，需要我们认真深入地加以思考、实践与探索。

从宏观的视角看，还有社区教育与终身教育体系和学习型社会建设，社区教育与和谐社会（社区）以及精神文明建设，社区教育与地方经济社会文化建设等等，都需要我们深入思考与谋划。

笔者：近几年来，我国广泛建立了一批社区教育实验区，您觉得这些实验区下一步该如何发展？

陈乃林：对下一步的实验工作，要注重社区教育的协调发展、内涵发展、特色发展、优质发展与持续发展；要以实验项目为抓手，紧紧抓住发展中的重点和难点问题，进行深入实验和创新；要形成符合本地区情与需求的特色和品牌；要重视目标的创新性、先进性，注意条件的保障性和可行性，注重实效性和居民的满意度。同时应注意把握好以下三种关系：

一是要处理好数量与质量的关系。数量的增长，主要表现为社区教育的规模在扩展。从全国范围来看，如果把国家和省（市、自治区）两级社区教育实验区加起来，也不过500～600个，大约占全国3245个区（县、市）总数的1/6～1/5。因此，扩大社区教育实验区，积极稳步发展社区教育，仍然是一项重要任务。当然，这要和全国各地经济社会发展的水平与要求相适应，坚持统一规划，区别情况，分类指导，分步推进。另一方面，从已经开展的社区教育实验区来说，又要注意从内涵、特色、实效上下工夫，积极鼓励和支持各地实验区，把实验工作搞深、搞实、搞好。对于一些进了实验区而不真正开展实验的单位，应建立退出机制，力戒形式主义和功利化倾向。

二是注意共性和个性之间的关系。实验项目要求实、求新、求特，把实验项目和特色项目、创新项目结合起来；项目切入口不宜太大，要针对重点问题、共性问题联合若干单位一起开展，个性问题选题要注意典型性和前瞻性，考虑实验后可推广的价值。

三是要处理好实验项目和实验街镇、示范项目与示范街镇之间的关系。实验项目与示范项目是某一个点上（问题）的突破，两者又具有水平和层次上的差别；实验街镇是社区教育实验在一个街镇的整体推进，示范街镇则是社区教育在更深层次（层面）上的建构与创造。实验项目与街镇，示范项目与街镇须相辅相成、互补互促、协调发展、共同推进。

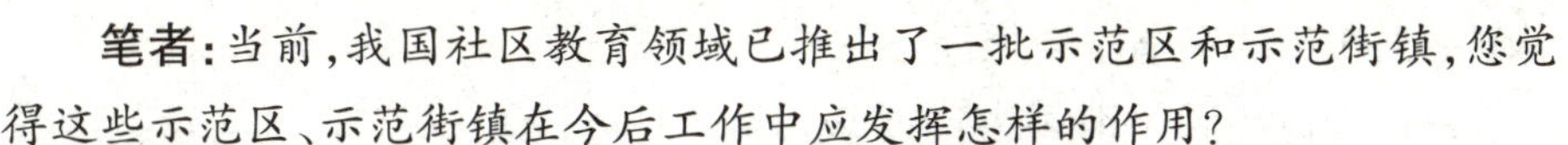
笔者：当前，我国社区教育领域已推出了一批示范区和示范街镇，您觉得这些示范区、示范街镇在今后工作中应发挥怎样的作用？

陈乃林：示范区示范什么，应在哪些方面发挥示范引领作用，这是全国社区教育战线的同志，特别是示范区的同志，首先应该认真思考和回答的一个重要问题。

据我对全国一些示范区的考察，大致可概括为以下几条：

一是条件保障是基础。不管是示范区还是实验区，要搞好社区教育，首先最基本的是要夯实基础，提供基本的保障条件，包括队伍建设、经费投入、阵地建设、教育网络建设、规章制度建设等方面，这些都是一些最基本的基础性建设，是我们发展的起点、前进的基地。所有社区教育工作者都要具备必要的条件，只是示范区要求更高一些，基础要夯实、过硬。

二是领导重视是关键。大体表现在以下几个层面：

理念创新是先导。譬如南京鼓楼区早在 2003 年就提出了“树立有其学、优其学、乐其学、终身学的理念，坚持走大众化、优质化、终身化的社区教育路子”，较好地体现了这个区社区教育的特色，一直指引着社区教育不断深入发展、开拓创新。我建议每个示范区都要思考一下，我们应该确立一个什么样的理念？这个理念应力求做到：既具有先进性、创新性，又具有科学性、地域性，符合区情特点，切合社区教育的话语特征。

规划目标要先行。规划先行实际上就是目标先行，目标要有先进性和科学性（可行性），这样的目标就能够引领社区教育不断朝着新的高度攀登。有的社区教育示范区之所以搞得好，不仅是因为他们注重基础建设，而且十分注重规划先行，以明确、先进、符合区情民意的目标，引领社区教育的创新发展。

政策举措是保证。前面讲的那些基础条件，往往不是一个部门就能解决的，必须由政府出台一些重要的政策举措，为社区教育提供人、财、基地、网络等方面的保障。

统筹协调很重要。社区教育是大教育，涉及很多部门和方面，这里既有体制机制方面的磨合，也有工作关系方面的协调。教育部门固然要搞好沟通协调工作，但一些重点难点问题还得由政府出面予以解决。

以上这些方面，都是检验政府是否重视社区教育，能不能达到并发挥示范引领作用的一些主要方面。

三是特色品牌是引领。特色创建、品牌打造,是许多实验区向示范区攀登的一个重要标志,也是一种重要的标杆、榜样作用。在2003年讨论社区教育如何深入发展时,我就提出了要坚持“一居一品(品种,亦即特色之意),一街数特(几个特色)”的发展思路。如果说在社区教育发展初期,一个实验区有一两个特色,就要受到称赞的话,那么,社区教育发展到今天,特别是社区教育示范区就不能仅仅停留在一两个特色上了。

我把特色创建的水平,从横向维度分为一枝独秀、多点放光、群星灿烂、百花满园几个层面,到目前,仅有“一枝独秀”已不足取,“百花满园”要求较高,一下子不易达到,但定位在“多点放光到群星灿烂”之间,恐怕是示范区都应该达到的,也是实验区向示范区迈进的一个重要台阶。

如果从纵向水平来分,所有的特色、品牌都要有比较丰富充实的内涵,有一定的厚重度,要有一定的社会影响力和知名度,至少应当在中心城市,一般应当在一个省(市、自治区)的范围,乃至在全国范围内,作过公开报道,得到相关部门首肯和表彰,不然怎么在较大范围和较高层次体现并发挥示范引领作用呢?

四是注重实效是根本。开展社区教育,归根结底是教育为民、教育富民、教育乐民、教育惠民,这是社区教育的根本宗旨。衡量社区教育的示范作用,既要看活动过程,也要看教育结果;既要看社区教育工作者的主观动机,也要看客观效果,特别要看社区教育帮助社区居民真正解决了哪些问题,包括在民生方面、精神文化方面居民的满意度如何。例如,通过职业技能培训,社区居民特别是那些困难群体,有多少解决了就业生计问题,有多少真正提高了生活质量;通过新市民教育培训,新市民适应城市生活的就业能力、文明素质有了哪些提高,在加快城镇化进程中发挥了哪些积极作用;从建设社会主义和谐社会的高度看,社区教育在化解社会矛盾、维护社会稳定、提高文明素质、促进社会和谐等方面,究竟发挥了哪些实际作用,居民的幸福指数、生命价值有哪些提高,如何体现社区教育的人本价值和社会价值,等等。

笔者：目前，社区学院（校）及街道社区学校都开设了一些社区教育课程，您认为该如何认识社区教育课程的地位、作用，它的特点、定位又该如何把握？

陈乃林：课程与学习是社区教育的核心领域，是社区教育内涵发展的一个核心问题。什么是课程？社区教育课程的内涵是什么？我认为，社区教育课程，应该是根据社区教育需求，用以满足社区居民需要，为实现社区教育的目的而设计的有指导性的学习方案；也可理解为有目的地指导学习者，并且获得教育经验的计划。

社区教育课程体系按不同的维度可以有多种划分。按学习对象划分，可以分为学前教育、青少年校外教育、成人教育、老年教育等不同年龄段的课程；按学习内容划分，可以分为职业技能类、法律法规类、卫生保健类、文明礼仪类、语言学习类、生活休闲类、家庭教育类等；按课程内涵划分，可分为知识类、经验类、活动类、环境类等；按纵向层次划分，台北信义社区大学提出了“系列、类、课程、篇”的社区教育课程体系，上海紧缺人才培训事务服务中心提出了“类、专题、课程、单元”的社区教育课程体系等。

近几年来，社区教育专业委员会一直把课程建设作为促进社区教育内涵建设的核心内容、重点任务和努力方向，由浅入深，着力推进。我们从2007年提出了加强社区教育课程建设的总体思路，在新疆克拉玛依区召开了全国社区教育课程建设研讨会，就此工作进行全面动员，统一思想认识。2008年在全国社区教育示范项目评审中涌现了不少课程建设内容的项目。2009年我们因势利导，启动了首批社区教育特色课程评审工作。

社区教育课程是一种在社区中，面向社区居民开展教与学活动的实践，有着许多与学校教育不同的特殊性。

第一，地域性特点。社区教育课程是面向社区居民开展教与学的载体，必须服务于社区成员

的学习、发展需求，服务于居民提高素质和生活质量，服务于地区和社区的发展目标。不同地区、不同社区有着不同的社会经济文化发展特征，社区教育课程也应表现出相应的地域性特点。

第二，多样性特点。社区教育具有“全员、全程、全方位”的特点，全员又分为许多不同典型的群体，这就决定了社区教育课程的多元性、多样性。无论是课程目标、课程体系、课程内容，还是课程安排和实施，都应体现这种多样性，根据不同的对象、不同的需求开发不同的课程。

第三，非学科性特点。社区教育课程一般不以学科、专业为中心，不强调学科、专业知识的连贯性和全面性，而是以需求为导向，以问题或者专题为中心，以人的个性化和多样化学习需求来设计课程。

第四，自主性特点。社区教育与学校教育在教学组织上具有很大的差异。课程设计强调“以学习者为中心”；课程实施强调学员自主参与，强调知识的共享与交流；课程开发管理强调符合本区域社会文化背景和经济发展特点。

笔者：全国欲评选出100门社区教育特色课程，应该考虑哪些标准和条件？

陈乃林：社区教育特色课程，是指在社区教育课程群中，在一个或几个方面长于或优于其他课程的课程。有的地方叫优质课程，特色课程也应该是质量优、居民喜欢的课程。为了搞好全国社区教育特色课程评选，我们经过调查研究，制定了一个社区教育特色课程评估指标，印发了《特色课程评审指标及内涵》文件，主要包括课程目标、课程内容、课程实施、课程特色和实效；同时为了鼓励各地重视特色课程建设，加入了政策支持的指标，评估标准总计100分。特色课程评选，既要坚持基本标准，又必须特色鲜明，注重实效，不能简单照搬学校教育那一套做法和标准。

为了以评促建、以评促优、评出成效、评出水平，我们在总结2008年示范街道和项目评审工作的基础上，进一步明确特色课程评审的目的，重在加强过程指导，促进建设，夯实基础，并且打造和推出一批特色课程。为此，2009年8月下旬，我们在上海举办了全国社区教育特色课程培训与研修班，通过理论讲述和实例展示，厘清了社区教育课程的概念与定位，对什么是

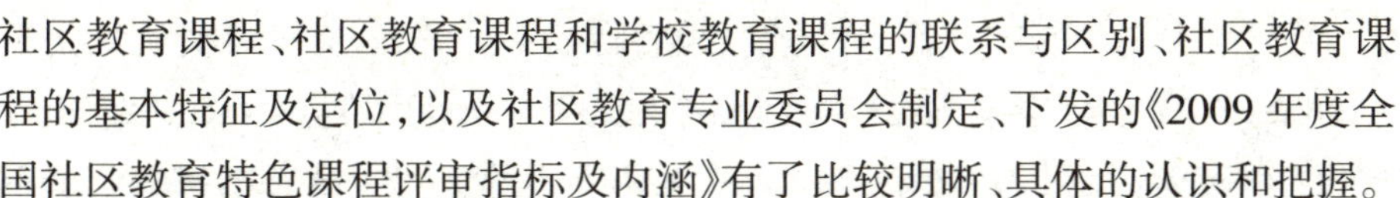

社区教育课程、社区教育课程和学校教育课程的联系与区别、社区教育课程的基本特征及定位，以及社区教育专业委员会制定、下发的《2009年度全国社区教育特色课程评审指标及内涵》有了比较明晰、具体的认识和把握。

这次培训的一个鲜明的特点就是，不仅进行了理论解读和辅导，而且突出了案例指导和实务操作。通过前期的调查研究，物色和打造了“市民英语”、“汽车城文化”、“石头城历史文化”等10个特色课程的“案例”，在会上作了生动讲解与演示，使与会者深受启发，从而对社区教育特色课程评审指标及内涵由一般认识转化为实质把握、实务操作。

上海徐汇区、北京西城区两单位，还介绍了他们开展社区教育特色课程建设及申报评选工作的做法与经验，这是从管理工作的层面，使与会的社区教育工作者有所启发和获益。

为了保证社区教育特色课程评审的公正性、权威性，成立了由葛道凯司长任主任、刘建同副司长任副主任的“全国社区教育特色课程评审委员会”，委员会成员均为社区教育理论与实践兼具的专家。经过专家评审，教育部职成教司批准，共评出226门特色课程，作为2009年度全国社区教育特色课程，占申报总数的77%。

从2009年评审的情况看，大体有以下几个特点：一是多数单位重视社区教育课程建设，这次申报的特色课程共285门，其中示范区申报140门，占申报数的49.1%；实验区申报118门，占申报数的41.4%；非实验区申报27门，占申报数的9.5%。上海市是在省市区教育行政部门层面较早高度重视社区教育课程建设的地区，事先多次深入进行课程建设的指导，申报工作又经统筹评审，分布均衡度很高，整体质量也较高。北京市申报的质量也很高。二是一批实验区、示范区把课程建设作为深化内涵发展的核心问题来抓，培养团队、扎实工作、不断发展，申报的数量比较多。有11个实验区和示范区申报课程数量均在10门以上，这些区（市）为北京西城区、上海徐汇区、南京鼓楼区和建邺区、苏州昆山市、无锡江阴市、新疆克拉玛依区、杭州下城区以及大连甘子区、中山区、沙河口区，做到了在该区范围的大面积覆盖和均衡发展。三是在内容上，地域性的历史文化、民俗文化、民间工艺类课程，卫生健康类、书画歌舞类、闲暇生活类课程，占了这次特色课程申报相当大的份额，凸显了社区教育课程建设的一大特色。四是一批中小学教师积极参与青少年校外社会实践课程开发，成为这次课程申报的一个亮点。

当然，从这次申报情况看，社区教育课程建设依然是多数实验区的薄弱环节，这次参与申报的23个示范区，占34个示范区的67.6%；参与申报的32个实验区，只占98个实验区的32.6%。也就是说，没有申报的实验区占了近70%，这说明课程建设还没有引起普遍的重视，发展很不平衡。在没有申报课程的实验区中，有一部分是这次教育部新批准的实验区，获得信息比较迟；也有的实验区对课程建设存有一些认识上的问题，工作基础或保障条件比较薄弱，工作的注意力和精力还没有投放到课程建设上来，这些都需要我们共同努力去改进。

笔者：信息化是社区教育发展的必然要求，从全国社区网络教育来看，呈现出什么样的特点？要注意什么问题？

陈乃林：教育信息化是事关我国教育发展大局的一项重大建设工程。在社区教育中开展数字化学习，既是教育信息化对社区教育的必然要求，也是社区教育发展的必然趋势。目前，社区教育的一项重要任务，就是要陆续建设一批数字化学习社区。要搞好这项工作，就必须做到以下几点：

一要提高认识。所谓数字化学习社区，就是在数字化的学习环境中，通过提供数字化的学习资源和支持服务，运用数字化的学习方式所进行的学习。

在社区教育中开展数字化学习，建设一批数字化学习社区，是推进国家教育信息化工程的重要组成部分，也是推进全民终身教育学习的基本途径。这样做，有利于加快社区教育信息化进程，促进载体创新，发展优质社区教育，创造“人人皆学、时时可学、处处能学”的良好社会环境，也是贯彻科学发展观，坚持以人为本，实现党的教育惠民政策的重要举措；有利于实现个人学习方式的转变，满足居民日益增长的多样化、个性化的学习需求，提升居民的生活品质和个体素质。

二要打好基础。建设数字化学习社区，首先要建设社区教育网络设施，包括计算机、联网硬件、服务器、计算机学习终端等，创设一个比较好的数字化学习环境。

三要建设资源。建设数字化学习社区，核心是要有一批数字化学习资源。资源建设，可以通过整合现有各类网络教育资源，利用现代信息技术开发一批急需资源，提倡分工协作、共建共享，建设覆盖广的社区教育资源库，形成社区教育数字化学习资源中心。

四要强调运用。建设数字化学习社区，不是为了装点门面，而是为社区居民提供学习环境和条件，为社区居民提供普惠性、公平性、开放式和方便适用的社区学习资源。有了资源就必须要用，首先是要面向社区居民开展信息化教育培训，帮助居民提高信息素养和网络学习能力，尽量满足社区居民不断增长的个性化学习需求。

五要搞好服务。关键是建设好公共学习资源平台，建设合理的社区教育管理架构和服务体系，密切结合社区居民的学习需求，帮助他们解决学习过程中遇到的困难。要建立合理的社区教育网络学习绩效评价机制和激励机制，促进社区教育学习网络持续健康发展。

六是对数字化学习社区的评价。评价问题，关键是一个对数字化学习社区内涵的把握问题。数字化学习，目前主要是指网络学习，以后还会有新的发展。网络学习的形式也是多种多样的，包括利用视频会议系统实行双向互动学习，运用博客、QQ 进行学习，开设网上论坛、网上讨论区，开展网上知识竞答等一系列网络学习的常见形式，但是有了这些学习形式，还不能称之为数字化学习社区。至于有的地方建立了网站，挂了一些社区教育信息，或者在管理工作中采用了信息化管理手段，这也不能算作数字化学习社区。我们所说的数字化学习社区，必须强调要确立以社区教育的网络课程为核心内涵的意识，只有当社区教育网络课程资源达到一定的数量和质量、品种，能够支持社区广大居民多样化的学习需求与自主持续进行网络学习的要求时，才能称之为数字化学习社区。

完整地说，必须建设符合要求的宽带网络设施，包括联网的计算机及网络教室，具有符合社区居民多样化学习需求的网络学习资源，具有网络学习的管理激励措施与支持服务体系，居民参与网络学习具有一定数量的注册人数与进展实效，这样才能称之为数字化学习社区。

最后还要注意，这是一个逐步发展的过程，且各地发展还很不平衡。从推进工作层面看，全国社区教育目前只是实验区先行先试、重点突破、局部开展。从冠名上，也作了一些调整，鉴于目前的发展现状和发展水平，在区县层面冠以“数字化学习先行区(县)”，在街镇层面冠以“数字化学习实验街道(乡镇)”；在时间部署上，准备建设 100 个数字化学习社区，且不限定

在2009年,已经基本具备申报条件的,可以先审批确认,以后分期分批,陆续进行;在管理工作方面,建立半年报制度和网上监测制度,采取网络监测与实地检查相结合的方法,只要两年持续发展并达到一定绩效的单位,可以评为"数字化学习先进区(县)";还要加强对中西部地区的支持,加强地区间的合作与交流,推进数字资源整合、应用和服务,建立开放共享的公共服务体系,尽量消除这些数字鸿沟。

笔者:现在社区教育正在向农村延伸,您认为该如何在农村开展社区教育?

陈乃林:社区教育本身就是社会经济文化发展到一定历史阶段的产物。农村社区教育的发展,必然也有一个逐步推进的过程。我认为要把握这样几点:

一是发达地区的农村处于城镇化迅速推进过程中,首先要把发展社区教育提到重要工作日程上来。东部沿海地区经济水平较为发达,城乡差距较小,社区教育已经形成了以城带乡、城乡联动的局面,然后从东部沿海地区到中部地区再到西部地区,依次推进。

二是农村社区教育首先要在小城镇开展。小城镇是"城尾乡头",是农村向城市过渡的中间地带,小城镇在农村社区教育中起着带头和辐射作用,带动整个农村的社区教育发展。

三是发展农村社区教育,要因时制宜、因地制宜,不搞一刀切、齐步走。在以农业经济为主的地方,要充分重视以农为主的职业技能培训。在工业有了一定发展的地方,就必须重视企业培训,这一点和原来的成人教育的职能是一致的。群众收入水平比较高了,就要重视群众的精神文化生活需求,开展各种发展性培训和社会文化生活教育。

四是开展农村社区教育,县市一级政府及教育部门是关键。要重视各方面的投入和基础建设,要建立社区教育的组织网络体系和支持服务体系,在乡镇一级要建立社区教育中心,作为承上启下的社区教育的骨干基地。可以在原来成人教育文化技术学校的基础上,实施乡镇成人学校与社区教育中心"一套班子,两块牌子"的模式,条件成熟时,乡镇成人学校也可以转型为社区教育中心。社区教育中心和原来成人教育文化技术学校的基本职能不变，但是对象要扩大（成人是重点，但不限于成人，而要扩大到全民），功能要拓展（包括青少年校外教育、老年教育、学习型组织创建、社会文化生活教育等），逐步把社区教育办成全民终身教育。

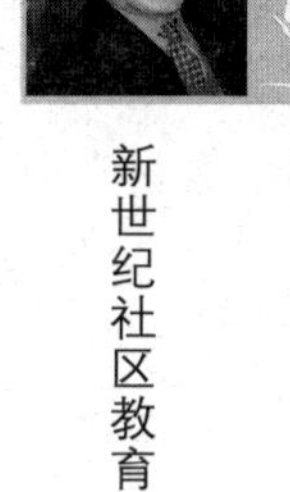

笔者：您对我国社区教育的发展趋势有哪些展望？

陈乃林：在谋划社区教育的发展与走向时，首先要认清面临的几大宏观形势：

一是从现在到 2020 年是我国全面建设小康社会的战略机遇期。

二是建设人力资源强国和创新型国家，成为未来提高综合国力和国际竞争力的战略任务。

三是经济转型升级，强化生态文明建设，成为时代性的热门话题。

四是建设社会主义新农村，加强城乡统筹，推进城镇化进程是我国未来发展的重要走向。

五是社会深刻变革，社会加速转型，建设社会主义和谐社会是我国未来社会发展的崭新目标和境界。

就教育事业的整个形势而言，也呈现了几大新的阶段性特点：

第一，已经从让孩子“有学上”步入“上好学”的全面提高教育质量的新阶段。

第二，从人力资源大国向建设人力资源强国、建设创新型国家的目标前进。

第三，现代国民教育体系更加完善，终身教育体系基本形成，全民受教育程度明显提高，实现人人皆学、学有所教。

第四，我国人口发展的态势：学龄人口有所减少，人口老龄化。

在这样的宏观背景下，社区教育的发展，应在中国特色社会主义理论体系指导下，贯彻落实科学发展观，坚持统筹规划、分类指导、区域推进、积极发展的原则，为把社区建设得更加美好、居民生活得更加幸福而不懈努力。

具体地说，社区教育发展需要把握以下几点：

一是社区教育为建设全民终身学习体系和学习型社会服务，为推进民主政治、构建社会主义和谐社会（社区）服务，为本地社会经济发展和生态文明服务，为社区居民改善生存境遇、提高生活质量、提升整体素质、实现幸福人生服务。

二是创新理念、开拓进取，以活动、项目、课程、课题等为抓手，推进社区教育的协调发展、内涵发展、特色发展、优质发展、持续健康发展。

三是夯实基础、扎实工作、增加投入、改善条件、建设制度、培训队伍、创新载体、改进方法、加强协调，调动政府、社会、居民乃至市场等各方力量，形成合力，共同推进社区教育全方位发展。

四是以建设学习型社会（社区）为目标，以创建各类学习型组织为主线，以建设社区公共学习资源平台为载体，形成政府主导、教育主抓、部门配合、社会支持、志愿服务、民间社团主角、居民广泛参与的生动局面，达到人有所学、学有所教、学习改变生活、学习幸福人生的目标。

五是目前社区教育发展总的还处在实验阶段，全国社区教育实验区数量占全国区（县、市）的总数不到4%，必须加大力度、加快进度、大力发展。但基于我国社区教育发展区域间不平衡的客观现实，需要统筹规划、区别情况、分类指导、分层推进，坚持可持续发展。

明晰的定位：上情下达和下情上达的桥梁

笔者：请问中国成人教育协会社区教育专业委员会是一个怎样的组织？您认为它在我国目前的社区教育发展中发挥着怎样的作用？

陈乃林：社区教育专业委员会是中国成人教育协会下属的二级机构。作为一个民间社团，它是由全国各地社区教育机构和社区教育工作者自愿组成的一个群众性和学术性的社团组织。它的目的是团结全国各地社区教育团体和社区教育工作者，开展社区教育科学理论与实际问题的研究及多种服务活动，为提高社区居民素质，为社区教育的改革和发展服务。

作为一个民间组织，社区教育专业委员会在社区教育的发展中主要发挥着以下几方面的作用：一是协助教育行政部门做好交代、委托乃至授权的社区教育工作；二是宣传社区教育的意义和作用，推动社会各方面关心和支持社区教育工作；三是协助教育行政部门规划、组织、协调和评估社区教育活动，推广社区教育研究的成果和经验；四是搞好社区教育管理干部和教师培训，提高工作者队伍的理论素质和工作能力；五是组织开展全国或地区间社区教育研讨交流活动，开展课题研究、项目开发，推动社区教育发展。

总之，它在民众、基层与教育行政部门之间架起一座上情下达、下情上达的桥梁，通过越来越多的民间力量的参与，来推动我国社区教育的发展。

多年来，社区教育是一个由低到高的发展过程，专业委员会的工作也是由浅入深呈螺旋式发展的。

在启动社区教育实验区伊始，专业委员会把主要精力放在了抓基础建设以及当时教育部领导与基层社区普遍关注的一些事情上，先后举办了进城务工人员培训、社区教育队伍建设、教育培训机构能力建设、社区教育与和谐社会建设、青少年校外教育等研讨会、论坛，总结了一批典型经验并加以推广，用于指导社区教育工作。

从 2007 年起，又先后总结了上海以实验项目为抓手，北京以学习型组织为主线推进社区教育深入发展的经验，多次在不同场合宣传推广；近两年在全国范围又开展了评选社区教育示范街道(乡镇)、示范项目的工作，同时启动了社区教育特色课程评选、数字化学习社区建设的工作，产生了比较强烈的社会反响。2010 年将开展社区教育优秀论文论著的评选，继续开展大家热情期盼的社区教育示范街镇评选，启动实验项目和创新项目开发，推动区域性社区教育协调发展，推动社区教育民间组织建设等工作，还要协助和配合教育部职成教司开好全国社区教育工作会议，等等。

为了加强社区教育工作者队伍建设，有效提高这支队伍的理论素质和专业素养，社区教育专业委员会根据教育部职成教司的要求，先后分四批对全国社区教育实验区的社区教育工作者开展了有针对性、指导性的培训。根据国家标准化委员会关于社区教育人员素质建设的要求，2008 年又联手高等教育出版社，组织专家编写了 4 本社区教育岗位培训教材，拟于下一阶段对社区教育工作者分期分批开展培训，提高他们的专业化水准，以适应社区教育深入发展的更高要求。

目前，我们欣喜地看到，中国成人教育协会社区教育专业委员会在中国成人教育协会、教育部职业教育与成人教育司的领导下，携手长三角社区教育论坛、环渤海社区教育协作组织以及 2009 年底新成立的西部地区社区教育协作组织等区域性社区教育民间社团，团结、发动、组织全国各地的社区教育工作者，在当地党委政府和教育部门的领导管理下，活跃在社区教育第一线，不断开拓进取，成为中国社区教育发展的一支重要力量。今后，社区教育专业委员会将继续充分发挥民间社团的优势和作用，紧紧依靠全国的社区教育工作者和专家们，不辜负教育部和广大社区教育工作者的信任和托付，尽心尽责，努力将中国社区教育不断向前推进。

笔者：作为社区教育专业委员会理事长，请谈谈在您的工作中有哪些比较关注或值得回忆的？

陈乃林：几年来，我主持中国成人教育协会社区教育理事会工作，主要是协助和配合国家教育行政部门的工作。例如，深入社区教育实验区做调研，向教育部职业教育与成人教育司的领导反映一些重点、热点问题和社情民意，根据国家教育行政部门的指示意见，为基层的社区教育工作提供一些指导与帮助。在我的工作中，我比较关注这样几件事情：

一是社区教育前沿的理论和实践问题。我历来对理论学习和实践研究有一种偏好，喜欢对实践问题进行理性反思，并且做一些相关的研究与探索。我是一个长期从事教育行政管理的工作者，正反两方面的实践经验都告诉我：不深入实际，对基层实际不了解，对基层同志的所思所想不理解，特别是对他们创造性的工作不了解，不认真学习研究，是绝对不行的。同样，整天忙忙碌碌，做个事务主义者，不学习理论，不反思实践，对于实际经验不善于总结归纳，上升不到理论高度乃至认不清方向，同样也做不好工作。

由于实际工作的原因，若要长期脱产系统学习理论一般不大可能。因此，在实践中学习反思，以学习反思的成果指导实践，边干边学，逐步提高，就是实际工作者学习理论、提高自身理论水平的现实途径。

多年来，我先后主持了国家级、省部级的重点课题、重大招标课题等 9 项，主编和编著著作 11 部，主要有《面向 21 世纪中国终身教育体系研究》、《终身教育纵横谈》、《构建江苏终身教育体系研究》、《现代社区教育理论与实验研究》、《基于网络的成人学习及教学模式研究》、《社区教育管理的理论与实务》、《学习型社会建设中的社区教育发展研究》等，其中两本已经列入中国人民大学出版社的精品图书；《建设区域性学习型社会的实证研究报告——以江苏为个案》也于2010年年初出版；自2000年来发表论文数十篇、几十万字，部分为中国人民大学书报资料中心、《新华文摘》等重要的二次文献复印或转载，在学界产生了一定影响。

二是着力推进社区教育主体性发展。社区居民的主体地位的确定，社区教育的主体性发展，是关系社区教育的发展方向和根本宗旨的重大问题。

我国社会的转型、发展，既要建设和谐社会，又要建设公民社会。民众是国家的主体、社会的主体。说到底，社区教育是社区范围内的全民终身教育与学习活动，居民是主体，是中心。社区教育面广量大，政府的主导作用绝对不可缺少，但只有政府积极性远远不够，必须重视多元主体的积极性，推动社区教育多元化发展。其中，带有本质性、方向性的是社区居民主体性发展。

居民主体性发展，是需要通过组织起来发挥作用的。因此，必须充分重视培育和发挥民间组织的作用。不管从国际社会非政府组织（非营利性组织）的发展趋势，还是从建设社会主义和谐社会的目标要求，以及从社区教育和社区建设的主体性发展走向来看，民间组织都将在社区教育发展过程中发挥越来越大的积极作用。基于这样深层的思考，我始终积极支持培育社区教育的民间组织，多次参与策划长三角社区教育论坛，参加指导环渤海社区教育协作组织，积极推动我国西部地区社区教育协作组织的成立；重视总结推广在基层社区教育工作中培育民间组织，建立社区学习共同体，发挥民间组织主体作用的先进经验，推动主体性、自治性社区教育的发展。现在，在我国社区教育的发展进程中，民间组织已经成为一支积极活跃的推动力量。

三是重视对社区教育青年理论人才的培养。社区教育既要充分发挥中老年专家、学者的作用，又要重视培养年青的社区教育人才，这是放眼未来的战略思考，也是社区教育发展的希望所在。根据教育部职成教司的意图，于2008年，社区教育专业委员会支持一批有志于社区教育研究的年青人，成立了社区教育青年骨干研究协作组，以讨论撰写《中国社区教育发展报告》为契机，我和教育部职成教司成人继续教育处张志坤处长与一群青年人一起完成这项工作。从文献研究、实际调查、资料汇总、分析梳理、报告框架与结构关系、特色创新的概括提炼，到发展报告的形成、修改、锤炼，都对他

们进行了具体而深入的指导、点评，力求达到知识论和方法论双重训练的效果。如果说撰写《中国社区教育发展报告》是完成了一项具体工作的话，那么社区教育青年骨干研究协作组的建立，则是开辟了一条在实践中培养青年理论人才的探索之路。现在这个组织已经从最初的10多人发展到40多人，以后准备每个实验区都要有年青人参加。我坚信，社区教育的年青一代，是我国社区教育发展的未来和希望。全国一大批年青人必将伴随着社区教育的蓬勃发展而茁壮成长起来，而当一大批年青人茁壮成长起来之时，也必将是我国社区教育再攀高峰之日。

采访后记 / 李品

和陈会长接触过的人，都会对他有一个感觉，即睿智、才思敏捷、精神矍铄。但如果进一步接触，他的坚定执著、勤奋学习、与时俱进的精神品格则更令人敬佩。

在陈会长身上，有一种坚定的理想信念，一种执著追求的品格。他告诉我们，他在学生时期就加入了中国共产党，是一个入党近50年的老布尔什维克了。从入党那一天起，他就宣誓要为共产主义而奋斗。但是，千里之行，始于足下，理想必须和脚踏实地的工作结合起来，就要从自己做起，从现在做起，从本职工作做起。2004年，教育部职成教司和中国成人教育协会委托他筹备社区教育专业委员会，并担任理事长，主持专业委员会的工作。那时的他即将从工作岗位退下来，要从一个省的工作范围走向全国，面向全国各地的社区教育实验区，人生地不熟、两眼一抹黑，工作困难确实比较多。但是，凭他几十年从事教育行政管理工作的经验，他和他的同事们，当时抱定了两个"法宝"：一是紧紧依靠教育部的领导，大事必汇报请示，日常工作及时沟通联系，密切配合、协助教育行政部门，协助而不越位，帮忙而不添乱，严格按照工作部署与要求开展工作；二是紧紧依靠各地社区教育工作者的智慧，积极主动工作，开好每一次研讨会，精心物色好每一个典型，做好每一件具体工作，搞好每一次服务。记得在2006年，他为了开好社区教育课程研讨会，提前做好各项准备工作，冒着支气管哮喘复发的危险，冒着零下30℃的严寒，走访了新疆克拉玛依区的街道社区，调查研究，虚心请教，确定参观现场和典型发言，确保会议的圆满成功。2006—2007年，社区

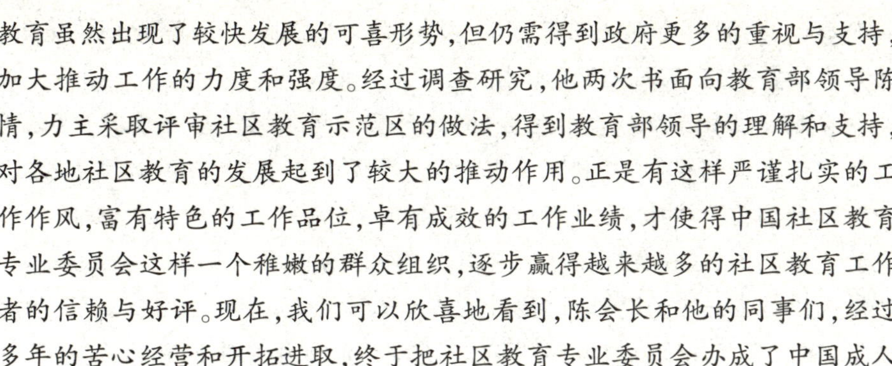

教育虽然出现了较快发展的可喜形势，但仍需得到政府更多的重视与支持，加大推动工作的力度和强度。经过调查研究，他两次书面向教育部领导陈情，力主采取评审社区教育示范区的做法，得到教育部领导的理解和支持，对各地社区教育的发展起到了较大的推动作用。正是有这样严谨扎实的工作作风，富有特色的工作品位，卓有成效的工作业绩，才使得中国社区教育专业委员会这样一个稚嫩的群众组织，逐步赢得越来越多的社区教育工作者的信赖与好评。现在，我们可以欣喜地看到，陈会长和他的同事们，经过多年的苦心经营和开拓进取，终于把社区教育专业委员会办成了中国成人教育协会属下最具活力和凝聚力的一个二级社团组织。

不断学习，尤其是向实践学习，是陈会长身上最大的特点。陈会长说：“我是搞成人教育、社区教育、终身教育理论和实践的，我们自身也应该成为一个终身学习的践行者。”他告诉我们，他在江苏省教育行政部门工作已有40个年头，教育行政管理是一项专业性比较强的工作，自己原来不是教育专业科班出身，深知自身知识功底和专业素养的不足。因此，他发奋学习，特别是紧密结合教育管理实际，刻苦、发奋地学习和研究了成人教育、远程教育、终身教育、终身学习的理论，在干中学，在干中用。

陈会长的学习多种多样，他既向书本、向理论学习，也向实践、向群众学习。社区教育在中国产生发展的历史不长，上面的红头文件也不多，很多工作要靠探索，摸着石头过河。因此，他向实践学习，反思实践，总结实践，然后指导实践，推动工作发展。他说，他比较推崇行动研究，在国外也叫扎根理论。这是一种基于实践的学习与研究，也是基于实践的反思与提升，基于实践的概括与抽象。这种研究方式对于社区教育这种草根式的教育，非常必要，也非常实用。他每到一个地方，不光是听取社区教育的汇报，更多的是深入社区一线，看看那里是如何开展工作的，发生了什么变化，特别是看到当地有什么新思路、新变化、新经验，他就特别兴奋，甚至欣喜若狂，马上就敏锐地抓住这些创新性的东西，加以总结提炼，乃至运用全国社区教育专业委员会的平台加以推广，进一步指导工作。当然，遇到一些苗头性的问题，他也善意、中肯地予以分析，指陈利弊，促进工作正常发展。他经常活跃在社区教育第一线，对实际工作有较多的接触和了解。他说，是实践给了他智慧和感悟，是基层工作者的创造性给了他启迪和灵感，使他在长期工作中，逐渐形成了一种对问题观察、分析、提炼的灵性和能力。凡是了解他

的人都说，他的理论不是高不可攀，更不是云里雾里，而是分析比较透彻，指导比较实在，基层同志听了比较亲切、管用。

实践理性和理性实践的结合，正是陈会长治学的一个重要特点。这两个结合看上去好像与"理论和实际结合"的提法差不多，但是细细品味，这种理性更偏重于实践，是基于实践，反思实践，总结提炼，形成一种高于实践的理性认识。这种实践理性又有别于那种普遍性的理论，平心而论，这种理性认识具有一定的局限性，但对于实际工作者来说，针对性、指导性却比较强，他们能够较快地理解和掌握，具有较强的可接受性和亲切感。从另一方面说，局限性也反映了这种实践理性的发展性，它随着实践的发展而不断地深化和提升，可以逐步发展提升为大理论。所以，它和那种宏大的普遍性理论不但不矛盾，反而是相辅相成的，它可以引导实际工作者，循着这种螺旋式、循序渐进的途径，不断提升自己的认识。这和那种不重视深入实际，一味照搬书本和国外理论，其结果是很不一样的。

综上所述，是不是可以这样认为：陈会长走出了一条和那些科班出身的理论工作者不一样的路，他从实际工作者走来，向理论工作者走去；他对实际工作有更多的情结和敏锐，对实际工作者的心声和情怀有更多的理解、共鸣与互勉。正因为他这种理论联系实践、求真务实的作风，赢得了各地社区教育工作者的信赖。基层一线社区教育工作者的勤奋敬业、勇于创新的精神鼓舞了他，而他平易近人、严谨求实、充满活力、注重实效的人格魅力，也深深地感染了许许多多基层社区教育工作者。

访谈结束后，我们感触颇深。陈会长的所思所想、所作所为，实际上反映了我国进入21世纪以来社区教育发展的主要轨迹，可以说，他是中国新时期社区教育发展创新、深化提升的参与者、推动者和见证人。"情系社区民众谋发展，志为社区教育谱新篇"，陈会长身上所具有的勤于学习、扎根实践的精神，值得每一位献身社区教育的年青后辈学习。

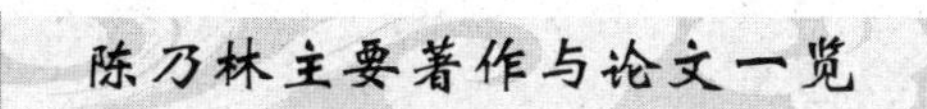

陈乃林主要著作与论文一览

1.《终身教育纵横谈》.南京:江苏教育出版社,2001
2.《面向21世纪中国终身教育体系研究》.北京:高等教育出版社,2002
3.《构建江苏终身教育体系研究》.南京:东南大学出版社,2002
4.《现代远程高等教育教学及管理研究》.北京:中国人民大学出版社,2005
5.《现代社区教育理论与实验研究》.北京:中国人民大学出版社,2006
6.《江苏教育史》.南京:江苏人民出版社,2007
7.《用全民学习锻铸现代城市文明》.北京:学习出版社,2007
8.《社区教育管理的理论与实务》.北京:高等教育出版社,2009
9.《学习型社会建设中的社区教育发展研究》.北京:高等教育出版社,2010
10.《建设区域性学习型社会的实证研究报告:以江苏为个案》.北京:高等教育出版社,2010
11.《终身教育:面向21世纪的教育哲学》,载《面向21世纪我的教育观:成人教育卷》,董明传主编.广州:广东教育出版社,2000
12.《构建江苏终身教育体系的思考与探索》,载《江苏广播电视大学学报》,2000年第11卷第2期,第1-6页
13.《中国大陆的终身教育》,载《比较终身教育》,黄富顺主编.台湾:五南图书出版公司,2003
14.《发展社区教育与建设学习型社区》,载《中国教育报》,2003年10月27日第3版
15.《解读社区教育的本质与功能》,载《当代教育论坛》,2003年第11期
16.《解读学习型社会》,载《江苏高教》,2004年第1期
17.《从江阴个案看城市化进程中农村社区教育发展走向》,载《教育发展研究》,2004年第2期
18.《坚持以科学的理念指导社区教育发展》,载《教育研究》,2004年第1期
19.《文化环境建设与社区教育发展探析》,载《江苏广播电视大学学报》,

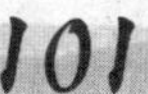

2004 年第 2 期

20.《关涉教育公平的一项重要举措——以社区教育帮扶弱势群体的做法为例》,载《江苏教育学院学报(社会科学版)》,2007 年第 23 卷第 4 期

21.《发展社区教育　促进和谐社区建设》,载《高等函授学报(哲学社会科学版)》,2007 年第 5 期

22.《参与社区教育是电大教育发展的重要走向》,载《中国远程教育》,2007 年第 2 期

23.《社区教育:电大远程教育发展的新领域》,载《江苏广播电视大学学报》,2007 年第 18 卷第 2 期

24.《构建终身教育体系:成人教育大有作为》,载《高等函授学报(哲学社会科学版)》,2008 年第 7 期

25.《终身教育理念观照下的社区教育》,载《成人教育》,2008 第 10 期

26.《多维视角下的学习型社会》,载《河北大学成人教育学院学报》,2008年第 10 卷第 1 期

27.《民间组织参与:推进社区教育主体性发展的必然选择》,载《职教通讯》,2008 年第 12 期

28.《关于公民"终身教育和学习型社会"认知与践行状况的实证研究——基于江苏省南京市的调查》,载《教育发展研究》,2007 年第 19 期

29.《公民对终身教育和学习型社会的认知与践行现状——从江苏的调查看》,载《江苏广播电视大学学报》,2008 年第 19 卷第 2 期

30.《关于社区教育项目的概念及其本质特征的思考》,载《成人教育》,2009 年第 9 期

31.《试论学校教育发展的新视野》,载《江苏教育研究》,2008 年第 7 期

32.《终身教育的人本解读》,载《继续教育》,2008 年第 5 期

33.《终身教育理论视野中的闲暇教育》,载《教育发展研究》,2000 年第 1 期

34.《农村成人教育发展的重要趋势:社区教育》,载《现代远程教育研究》,2008 年第 5 期

35.《多维视野下的成人网络学习研究》,载《现代远程教育研究》,2009 年第 6 期

36.《区域定位与特点:建设学习型社会的重要向度》,载《现代远程教育研究》,2010 年第 2 期

教育信息化助力学习型社区建设

访中央广播电视大学党委副书记张少刚

张少刚，中央电大党委副书记，研究员。从事远程教育28年，出访过多个国家，研究领域涉及远程教育经济学、多媒体课程设计、资源开发、教学节目（课件）评价、音像教材数据库开发、科研成果管理网络平台开发、农村远程教育等。现兼任中国继续工程教育协会常务理事、中国教育技术协会高校远程教育专业委员会主任、中国成人教育协会学术委员会委员与成人高等教育教学改革委员会秘书长、全国农村党员干部现代远程教育领导协调小组办公室教学资源组副组长等职。先后参与和主持“九五”、“十五”、“十一五”规划等多项国家社会科学研究项目和联合国教科文课题，发表论文和提交研究报告逾80篇，其中《农村现代远程教育引论》等多项成果获全国教育科学研究和国家教学成果奖。

经验十反思＝成功。几十年从事远程教育工作积累起比较丰富的经验并不难，难能可贵的是，在工作中研究，在反思后工作。张少刚同志就是这样一位善于积累经验，又善于反思的人。所以，很自然地成就了他在远程教育方面的事业。

智慧十务实＝魅力。张少刚同志的智慧在于在适当的时候，以恰当的方式用自己的特长选择了“朝阳事业（社区教育）”，做自己喜欢的事，做自己能做的事。无疑他是一位充满智慧的人。

访谈实录

笔者：您一直从事教育技术和远程教育工作，是什么原因使您开始关注社区教育的？

张少刚：应该说，有三件事对我影响很大。一是信息化发展，网络对人们生活的影响。社会各个行业的现代化进程，很早以前就提出要以信息化来带动，实现其跨越式发展，而且在许多领域已经上升为国家政策。其中，以教育信息化带动教育现代化也是我国进入21世纪后振兴教育的一项基本国策。信息化的内涵丰富，最基本的是信息技术的应用。从技术驱动的层面：早期，家庭可以感受到的是，通过调整天线方向来收看开路电视；电话要排队安装，且都是固定电话。随后，小区安装了闭路电视；电话增设了调制解调器可以拨号上网，后来又升级为宽带上网。在无线通讯技术发展之后，移动电话规模迅速扩张，无线上网开始走进普通家庭。近些年又提出三网融合，就是将有线电视网、电信网和计算机网三大网络通过技术改造，能够提供包括语音、数据、图像等综合多媒体的通信业务，这样电视不止是能看，还能打电话和上网；电脑可以看电视，也可以通电话；手机也可以上网和看电视。过去，这些都只是概念，但就是概念也足以让教育技术、远程教育的专业人员想象出信息技术应用延伸到家庭和社区会有多么大的发展空间。有这样一个真实的故事：十多年前的一个邻居，老两口天天想要与国外的儿女在网络上交流，那时网络速度慢，音视频聊天还没有，只能通过文字，于是我就成了老人与其子女交流的帮手，老人很开心，常常说远亲不如近邻。同时也感叹，社区里如果有为老年人开办的网络应用培训班就好了。当时，老人并不会奢望三网的融合，也没有企盼未来的技术会使交流更方便，只是主动地学习新技术。他们的学习动力来自哪里？我想，来自对子女的挂念，是亲情的驱动。这也是社区教育的一种需求。

二是国家标准。国家颁布了《社区服务指南》(GB/T 20647.1～9—2006)。我们知道，任何事物都有一个实践、理论、再实践，不断往复、持续发展的过程。对于一个领域或者一个行业，恐怕也有一个从工作经验到制度规定的一般性的技术路线，也可以说，存在着一个劳务、产品、技术、品牌、文化、标准等要素相互关联的链条，尤其是标准。在社会的工业化进程中，方方面面需要更多的衔接、配合、协同与互动，能够保持标准的一致性是相关事物及工作最佳匹配的前提。当然，企业通过标准能够在本行业中起引领作用，也可能会借助标准来垄断市场。而国家通过标准能够为行业健康、有序、持续发展提供保障和支撑。教育技术和远程教育作为一个教育领域，也可以理解为一个行业，对标准问题的研究始终比较重视，尤其是技术标准和服务标准，以解决资源共享、数据接口和服务规范化等问题。在此过程中，20年前接触较多的是资源库和课件开发，随着网络技术的发展，近10年出现了网络平台和网络课程等。随后，远程教育作为一种现代服务业，从教育部层面开始构建远程教育公共服务体系。这当中的每一个发展时期，方方面面都在研究相应的标准，从国家层面的“信息技术学习、教育和培训”相关标准，到中央电大自身研究的“远程教育教学测评”规范等等。《社区服务指南》也是在研究服务标准时接触到的。这个标准涉及了社区环境管理、文化、教育、体育服务、法律服务、社区扶助服务、青少年服务、家政服务、物业服务9个部分。叶忠海教授作为标准制定的专家之一，在许多场合解读了标

准中的社区教育定义、社区教育服务要求和主要内容、社区教育组织、社区教育服务人员、社区教育服务质量评价指标，以及社区教育委员会、社区学院、社区学校的功能与职责等，很受启发。为了更多地了解国外的社区教育，我在出国交流远程教育的同时，主动考察他们的社区教育，尤其是远程教育如何服务社区的问题。

三是中央的精神。党的十六大从“方便群众生活”的角度，提出了“发展社区服务”。教育部为贯彻十六大精神和落实国务院批转教育部《2003—2007年教育振兴行动计划》，出台了推进社区教育工作的若干意见。“意见”要求“站在全面建设小康社会，构建终身教育体系和建设学习型社会的高度上，充分认识开展社区教育工作的重要意义，增强积极推进社区教育工作的责任感和紧迫感”，提出“立足社区、依靠社区、服务社区”的工作指导思想，要“使有条件的街道（乡镇）都能够开展现代远程教育，构筑起社区居民全民学习、终身学习的平台”。党的十六届六中全会通过了《中共中央关于构建社会主义和谐社会若干重大问题的决定》，将“推进社区建设”写在《决定》中。党的十七大报告进一步提出，“把城乡社区建设成为管理有序、服务完善、文明祥和的社会生活共同体”，并同时提出“发展远程教育和继续教育，建设全民学习、终身学习的学习型社会”。“实际上，这是把远程教育明确纳入以改善民生为重点的社会建设范畴，”①江苏电大党委书记彭坤明如是说，“关注民生，为改善民生服务，既是远程教育发展理念的更新，也是远程教育发展的功能定位和战略选择，同时是远程教育发展的价值追求和集中体现。”这让我们在认识上自上而下地将社区建设和远程教育结合在一起。作为专门从事远程教育的工作者，拓展远程教育服务面，为社区提供远程教育服务也就成为21世纪我们义不容辞的责任和使命。

笔者：您认为远程教育向社区延伸的主要优势在哪里？

张少刚：远程教育向社区延伸的优势有很多，在这里，我主要阐释一个体会，即“有界与无界、有形与无形”的结合。社区总是一个有边界的概念，无论是地域还是人际，都是在一定的范围内。远程教育没有边界概念，可以

① 彭坤明. 民生问题与远程教育的价值取向. 中国远程教育，2009年第7期，第25页

超越时空。理论上，只要技术条件具备，通过多种手段都可以延伸过去。借用农村发展的一个口号："要致富，先修路"。25 年前听到这句话，是指如果山村有通往外界的公路，农副产品、旅游等资源就有可能得到利用，从而为农民带来财富；15 年前听到"要致富，先修路"这句话，也有村村通广播电视的外延，让农民更多地直接了解党中央的精神和多彩的世界，知晓国家政策和丰富自身的娱乐文化生活；5 年前对"要致富，先修路"的理解，就增加了建设农村信息高速公路的目标，使农民不仅学习实用技术，还要了解市场信息。这说明各行各业都在为"三农"服务。我举一个农村党员干部现代远程教育的例子。2002 年，党的十六大报告指出，要"加强以村党组织为核心的村级组织配套建设，探索让干部经常受教育、使农民长期得实惠的有效途径"。2003 年 4 月全国农村党员干部现代远程教育开始在山东、湖南、贵州，即东中西三个省试点，一年半后试点扩大到 12 个省（自治区），2007 年在全国铺开，中央下发了《关于在全国农村开展党员干部现代远程教育工作的意见》。2009 年党的十七届四中全会决定，"到 2010 年底，基本完成村级组织活动场所、农村党员干部现代远程教育网络一体化建设任务"。这个例子是想进一步说明三层意思，一是社区发展不仅在城市，也包括农村；二是城乡社区建设和社区教育的目标是不断提高的；三是信息技术和远程教育在城乡社区教育中优势明显，其发展可谓方兴未艾。

对远程教育的理解可以是不一样的，可以理解为一种教育形态，也可以理解为一种技术手段。远程教育形态，从组织的角度看，是可以有形地进入社区的，而从社会的角度看，又是可以无形地融入家庭和社区的。我们知道，传统学校都有一个很大的有形校园。电大最大的优势，就是系统办学。这个系统既存在有形的一面，也有无形的一面。"有形"可以体现在五个方面：一是组织系统，全国有 1 所中央电大，44 所省级电大（不含西藏电大），1 000 所地市级电大，2 000 所县市级电大；二是行政管理系统，每一所独立设置的电大归属地方教育行政管理，即中央电大归教育部管理，各省级电大归省级教育厅管理，各县市电大归教育局管理，等等；三是教学组织系统，电大教育在全国实行"五统一"制度，即统一教学计划、统一教学大纲、统一教材、统一考试、统一评分标准的教学管理；四是人力资源系统，全国电大有专职教工逾 12 万人，其中教师 8 万多人，还有兼职教师 3 万多人，以及许多主讲、主编和短期课程辅导老师等；五是传输系统，电大通过卫星

专用频道播送教学课程，在地面上有网络教学平台，还有出版发行系统等。“无形”体现在远程教育没有围墙，学校与社会是融合在一起的。电大实施远程教育没有追求建设像传统学校教育一样的“校园”，而是崇尚“任何时间、任何地点、任何人、任何方式”都可以学习的理念。这种理念更多地体现其社会性，要包容各种各样的学习者，满足他们多样化的学习需求，这些无形的东西在某些方面与社区教育又有许多相似性和互补性。因此，远程教育向社区延伸服务要比传统学校教育为社区服务更容易和便利。2005 年以来，很多地方电大相继被赋予当地社区教育学院的职能。有些省市，如浙江、安徽、江苏、山西等省专门发文，建立现代远程教育中心，以电大系统为依托，充分发挥电大系统在远程教育领域的主体作用和优势，整合相关远程教育资源，创新建设模式、运行机制、管理办法及服务规范。成都市委办公厅、成都市政府办公厅发文要求依托成都广播电视大学成立成都社区大学，形成四级社区教育办学体系。2009 年，中央电大 30 周年校庆，许多领导在给电大校庆的贺信中，对电大服务社区寄予了厚望。浙江省省长吕祖善在贺信中指出，电大要拓展办学空间，丰富办学内容，充分发挥在成人教育、社区教育、现代远程教育方面的特色和优势。陕西省委常委、西安市委书记孙清云和市长陈宝根在贺信中联名肯定西安电大，特别是在社区教育、干部培训、残障人员教育方面做出了突出成绩，有力地促进了教育公平和高等教育大众化。安徽省委副书记王明方在校庆大会上发言，电大要成为面向社会全体成员的“求知之课堂、进步之阶梯、成业之依托、乐生之手段”。领导对电大工作的肯定与未来发展的嘱托，反映了领导层对现代远程教育地位、作用的认识和理解。

笔者：您认为数字化学习对社区教育有哪些促进作用？面临的主要问题是什么？

张少刚：数字化学习为社区教育开辟了新途径。2009 年 4 月 25—26 日中国成人教育协会社区教育专业委员会和上海市徐汇区推进学习型社会建设指导委员会共同主办了“全国数字化学习社区建设交流研讨会”。全国社区教育实验区、示范区的代表、相关领域学者以及相关领导齐聚一堂，研讨了基于计算机网络及其数字化技术发展社区教育的理念、工作思路、实际做法、实践效果等。会议期间，会上会下的交流，让人感受到了我国社区教育的新途径、新形态和新发展，同时也感受到在数字化学习社区建设进程中出现的新问题。

就数字化学习而言，社区教育进入数字化发展促进阶段。各实验区创设网络学习环境，构建学习服务平台，尽显英雄本色。上海徐汇区上挂下联形成了“上海远程教育网”、“徐汇社区教育网”、“街镇社区教育网”、“居委信息苑”和“家庭网上行”五级社区网构成的终身学习的信息化平台。天津市拓展电大社会服务功能，搭建了服务公民道德教育、职业教育、学历教育的“数字化学习超市平台”。南京鼓楼区发挥电大技术优势建设了“鼓楼市民学习在线”。上海长宁区搭建了“学在数字长宁——长宁区学习型城区建设网”。杭州拱墅区研发了集视频双向互动课堂、在线课程学习、就业培训资讯服务、学习信息资源库、个人家庭展示、邻里互动及网上办公为一体的“一键通综合平台”。上海静安区在网上课堂的基础上建立了“静安学习网”。杭州上城区以和谐、优质、均衡、公平化的大教育理念构建了具有容易学、亿万人学、电子化学等寓意的“E 学网”。宁波鄞州区依托电大推进“星级数字化社区”平台建设。苏州沧浪区开发的“沧浪区全民终身学习服务平台”内置三级平台，包含 1 个社区网站、6 个街道网、37 个社区网、12 个专题网。上海市发挥教育集团优势，以终身学习网为门户配套建设互联网学习平台、卫星学习平台、数字电视学习平台和移动学习平台。

网络技术搭台，社区教育唱戏，各区百花争艳。我们知道，技术要硬功夫，只要资金投入跟得上，搭台的成效是显而易见的。但是，技术的应用不仅需要技术人员、教师，也要领导有才智和真本领，才可能持续发展。本次研讨会教育局长们的发言可谓可圈可点。苏州沧浪区在数字化建设进程上，进行立体化建设，走个性化发展之路，在平台上开设具有“悬疑堂、互动堂、乐透堂、视野堂、博学堂”功能的市民学堂。上海徐汇区以“市民终身学习卡系统”，提升居民对社区教育的认同度、满意度、知晓度和参与度。上海静安区以学习积分兑换学习材料、“白领讲堂”学习券和学习用品等。杭州上城区以家庭为单位建立电子终身教育券账户，通过网络社区分享“城市博物馆”、“亲子俱乐部”、“小厅电影院”、“天籁音乐厅”、“网上大贡院”和“益智游艺厅”等教学资源。杭州拱墅区推出教育消费券充值学习卡，要把“学习金”打造成继“五险＋住房公积金”后的“第七金”。上海长宁区透过“数字长

宁”将长宁图书馆、沪杏图书馆、社区学院、10个街道社区文化活动中心及图书馆联结成局域网，使居民了解和共享区内已有的数字化学习资源。杭州拱墅区米市巷街道在7个社区之间实现一地视频授课，六地同步教学互动。宁波鄞州区为推进学习平台的应用设置了1～5个星的年量化星级标准，如教学资源引进和技术人员配备，从五星级到一星级依次为：五星级10万元，3人；四星级6万元，2人；三星级4万元，1人；二星级3万元，1人；一星级2万元，1人。教学资源引进的基准为40万元。苏州沧浪区以典型带动，树立的标杆——“友三网”发展会员1 318人，每天吸引人流量约2 000人。

学习资源丰富多彩，经费筹措各地不尽相同。上海终身学习网上资源涵盖各类教育，仅为本次会议提供的具有自主知识产权的视频课程就超过270个，涉及人文与修养、生活与休闲、职业与技能等方方面面。徐汇区梳理出七大类逾180门课程，编制成手册发放到区内90%的家庭。南京鼓楼区采取自建一批、引进一批、合作开发一批的课程资源建设模式，拥有了300多门非学历教育课程。上海长宁区通过引进、自建、共建、共享等不同方式，汇聚了内容丰富、形式多样的数字化学习资源。上海静安区以学习者需求为导向，整合教育系统内部和外部的教育资源，让学习者可选择的生活类、休闲类和工作类网络课程达到512门。杭州上城区开出的课程资源目录分35类，逾300门。苏州沧浪区整合历史、科普、人文、生态环保和卫生保健等内容的学习资源总量达1 077 GB，2 153课时。在经费投入上，各区政府、单位、企业、个人各显身手。在天津，市教委投资600万元建设天津市终身学习公共服务平台；市电大投入100万元建设数字化学习港的远程接待中心；南开社区学院投入30万元建设电大分校奥鹏学习中心对外服务窗口。杭州上城区社区学院联合各部委办局、企事业单位，还吸纳多方捐助，使区内人均2元的政府培训经费翻了一倍，公共课程免费提供，应考辅导个人要支付一点费用。上海静安区自2006年将社区教育课程建设资金列入财政预算，虽然逐年大幅增加，可实际上每年仍超支平均近75%。

作为一种标志，中国成人教育协会社区教育专业委员会推出了“数字化学习社区建设基本标准”，这不仅反映了领导层的前瞻性，也反映了各实验区对信息化、数字化在社区教育中的地位和作用的认识，反映了实验区在网络快速普及中对数字化学习社区建设的需求，反映了实验区在教育资源开发中整合、共享、扩大服务领域的工作需求。

当然我们也要看到，在数字化学习社区建设过程中的一些基本问题亦有待深入探讨。以课程和学分为例，在社区教育中如何使用或借鉴普通教育中固有的概念，以减少各类教育横向沟通的障碍，为构建社区教育教学体系奠定基础。“课程”在学校教育里狭义解释为“学校教学的科目和进程”。通过这些“课程”能够获得相应的文凭。对于学分，是指计算学生完成课业的必要时间和成效的基本单位，是学生获得学业证书的主要依据，也是学校组织教学的依据。学分计算，在普通教育中各学校不尽相同，课程内容不同学分也不同，一般理论课程每学分不少于16学时。社区教育中的课程具有数量多、内容杂、层次多、一事一议、适用实用、多种媒体呈现等特点。因此，社区教育课程学分的计算要比普通学校教育课程学分的计算复杂得多，完全套用不利于不同教育类型和教育层次的横向沟通与纵向衔接。

另外，对社区教育课程的质量也需要建立相应的认证制度。例如，我国台湾在促进社区教育课程进入普通教育课程体系时，需要经过认可委员会的认证。通过认证的课程要向社会公示课程名称、学分数和课程提供机构的名称，如公示的“艺术领域”中的一门课程，名称为“工笔花鸟基础创作与赏析”（3学分），提供机构为“台北市永和社区大学”。再如，在“社会领域”公示了一门课程为“家庭自学启发学习”（2学分），由“社团法人中国家庭协进会”提供。又如，在“人文领域”公示了由“宜兰社区大学”提供的课程“宜兰发展史”（3学分）、“宜兰史料与史学”（3学分）等。课程学习对象为高中毕业或25岁以上具有4年工作经验的民众。从已公示的课程看，涉及面不断扩大，为学习者提供了多样化的选择。学习者取得40学分就具备申请进入大学学习的资格。学费以课程学分为支付标准。

一般而言，对课程的认证更多的是来自于由专家组成的机构，这是与课程学习目标及学术性紧密联系在一起的。在社区教育中，课程评价或许更应该重视学习者的满意度。因为，社区教育与普通学校教育不同，学校教

育开设的课程具有专业培养和课程学习双重目标，多数的课程为统设必修，可选修的课程受多种因素影响是很有限的。社区教育由于学习者学习动机的多样性和时间的灵活性决定了其课程要有更多的适应性，能够供学习者自主选择。当课程的选择权在学习者手上时，学习者的满意度就是首位的。因此，要建立课程学习反馈评价体系，这样可以逐渐积累优质的精品课程资源，进而避免低水平课程的重复建设，亦避免看似数量很多，实则是虚假繁荣的“丰富”，即仅以海量信息为荣的所谓“资源丰富”。

笔者：许多社区正在建设数字化学习港，我们该如何来理解它？

张少刚：数字化学习港，可以简单地理解或比喻为学习超市。引用张尧学院士的话说，数字化学习港提供了一个中国式的硬件资源共享和管理平台与方法，是解决互联网高速公路“最后一公里”的问题。按照连锁经营理念，数字化学习港可以有很多个，分布在各个地区，学习者在任何一个学习点接入，所得到的教育资源和服务质量是一致的。数字化学习港的重要作用之一，就是采用现代化、数字化的手段来推动全民学习、终身学习，促进实现教育公平。将这些概念再延伸，就与国家发展现代服务业联系在一起了。远程教育不仅给更多人提供学习机会，还要为所有人提供体贴周到的学习支持服务。

数字化学习港前期设计始于2005年，一年后是以教育部教改项目——“数字化学习港与终身学习社会的建设与示范”推出的。先期试点设计了乡镇型、社区型、企业型、行业型4种类型。例如，天津市电大承接了社区型的项目建设试点，首批选择了南开区水上公园街欣苑社区。该社区试点研究报告[①]显示，建构了以学习者为中心的学历与非学历课程结合、线上线下学习与社区活动多种学习方式结合、学历教育与居民教育及青少年校外教育与职业技能培训多功能学习评价等为一体的学习模式；探索了以学习活动为中心，技术平台、数字化学习资源、学习管理和后勤管理等一体化的支持服务模式；形成了以数字化学习型社区为目标，行政管理与业务管理结合，

① 天津广播电视大学远程教育公共服务中心.天津数字化学习型社区的实践与研究，全国数字化学习社区建设交流研讨会文集.天津，2009：25–35

社区教育中心、天津电大南开分校奥鹏远程教育学习中心和南开区老年大学三个部门联动，社区委员会主任牵头，南开社区学院指导教师、专职社区教师、小区物业委员会代表四方共管的管理模式以及相应的运行机制。试点取得了较好的效果，按照项目负责人、中央电大副校长严冰的要求，试点示范成果要“看得见、摸得着、说得清、可借鉴、可复制、可推广”，到2009年，仅天津就已经推广建设了11个不同类型的数字化学习中心。

笔者：在社区教育中该如何适应和满足多样化的学习需求，是否可以借鉴远程教育中的一些理论和方法？

张少刚：研究一种类型的教育或者培训都存在着一个基本的逻辑链：什么教育、谁来学、学什么、怎么学、如何评价等，将这些问题归一化就是教育的核心价值，社区教育和远程教育也不例外。中央电大校长葛道凯对电大的理念与核心价值的阐释是：在社会层面，电大应成为平民进步的阶梯；在教育层面，电大应成为教育公平的砝码；在个人层面，电大应成为个人充实自我和增进动力的补给站。安徽省委副书记王明方期望电大成为面向社会全体成员的“求知之课堂、进步之阶梯、成业之依托、乐生之手段”。我认为，他们对电大教育理念和价值取向的理解在一定意义上代表了远程教育服务终身学习的理念和定位。这一点，社区教育是可以借鉴的。

其次，从教学论层面，社区教育可以借鉴远程教育“五横二纵”的理论架构。“五横”分别是教学环境创设、教学资源整合、教学方式重构、教学管理协同和教学评价全程，其中心思想是突出远程教育教学的适应性原则和教学资源的共享性原则，即采取各种可能的方式，适应不同类型学习者的不同需要，共享优质教育资源，实现高质量、低成本的学习，在制度、文化、技术、网络、师生、学校、社会与家庭等因素的相互关联中形成共生的良性教与学的氛围。“二纵”指的是基于意义建构的学生主体和基于服务的教师主导，体现远程教育教学中的服务性原则和互动性原则，即为学习者提供学习支持服务，形成师生共同体及其互动关系，包括学生间互动、人机互动等。

第三，远程教育是在终身学习体系和学习型社会建设中，以需求和服务引导，从扶持教育资源相对薄弱的地区和教育弱势群体，促进教育公平的角度，以及中等职业教育后、大学后自我知识更新、能力提升的角度，设计成人在职学习的继续教育，这是将远程教育视为一种教育形态而言的。如果将远程教育界定为一种技术手段，就是我们常见的所谓计算机辅助教学、网络教学、电视教学、幻灯投影教学等。我们知道，走在最前面的总是硬件技术，这也是人们最容易注意到的。所以，将远程教育理解为技术方法的人更多。用远程教育手段解决即时、便捷、自主、弹性、共享等问题，自然成为组织机构和个人学习的一种选择。随着技术的进步与不断成熟，基于技术拓展的远程教育市场，尤其是基于互联网的教育和培训，在高等教育、中小学教育、职业认证培训和企业 E-learning 等领域都有更加强烈的需求。相关部委行业为缩小城乡差距、消除数字鸿沟做了大量基础性工作。文化部、财政部共同组织实施了具有完全公益性质，基于互联网传输的"全国文化信息资源共享工程"；信息产业部在"村村通电话"目标达到 99.2%的基础上，提出在 2010 年末实现乡乡可上网的目标，未来通过互联网发展农村经济社会，要达到能通电就能上网；农业部在《农业科技发展规划(2006—2020年)》中提出建设电脑、电话、电视"三电合一"的农业综合信息服务平台。但是，我们也要清醒地认识到，远程教育不是无所不包的。技术万能思想就是制约远程教育发展的主要因素之一。远程教育要向"教育本性"复归，面临的最大挑战是对自我能力的挑战，具体包括服务大局的意识和能力、教育资源的整合能力、师资队伍与管理者的适应能力、校园外的综合管理及对学习支持服务的能力等。能力作为最基本的资源，无论是组织还是个人，都会在远程教育理论发展和实践进程中不断地扩展和提升，社区教育何尝不是这样！

笔者：您对从事社区教育的工作者们有哪些寄语呢？

张少刚：在中国，社区教育发展的困难可能要比国外多一些。这不是政府不重视、居民不欢迎、工作人员不努力的问题，而是管理体制机制还没有理顺，条块分割、各自为政的格局没有打破，大多数地区的社会经济发展相对滞后，而且辖区里不是所有的人都有社区归属感，对社区教育的重视程度也相对较弱。例如，从教育部对制定中长期教育发展规划征求意见稿的反馈信息看，共有百万条，最后归纳起来有 13 个问题，从一个侧面反映了社会在想什么。这13个问题，一是中小学教师队伍的建设，特别是农村中小学教师队伍建设；二是教育体制改革；三是素质教育基本目标和实践途径；四是减轻中小学课业负担；五是考试招生制度改革；六是学前教育发展；七是义务教育的巩固和提高；八是高等教育的发展和改革；九是职业教育的发展和改革；十是高校毕业生就业；十一是农村教育发展问题，包括农民工子女的教育问题；十二是促进教育公平问题；十三是教育投入问题。社区教育问题或许由于其综合性特点被包含在上面13个教育问题之中，我们不论“规划”出台后政府会有一个怎样的表述，但社会反馈意见表达了一定的社会需求，也是教育战线亟待解决的主要问题。这就有可能会使社区教育在许多地区、在一段时期内处于教育领域的边缘。不过我们也要看到，中国社区教育事业刚刚起步，随着社会老龄化的进程加快，社会经济条件的改善，有许多开创性的工作需要有才干的人来承担，无论青年人、中年人，还是老年人，我相信，在社区教育发展过程中，都会有施展个人才华的机会，并且机会将留给那些有准备的人。

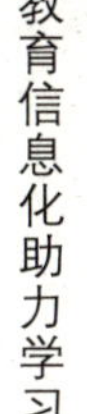

采访后记 / 汪国新

与张少刚先生相识是在几次社区教育的学术研究会议上。如2008年海峡两岸终身教育论坛、2009年3月16—17日在江苏省南京市召开的“学习型社会建设研究”课题中期汇报研讨会、2009年7月4—5日在浙江省杭州市萧山区召开的“2009全国社区音乐活动展播”专题研讨会、2009年9月22日中国成人教育协会在上海组织召开的“建设终身学习卡与设立学分银行”专题交流研讨会等。每一次会议上，他都有独到的见解，都能让与会者深切地感受到他是能办实事，而且能把实事办得漂亮的人。因此，接近他的人无不为他的人格魅力所吸引和感染。

发展社区教育需要智慧，落实《国家中长期教育改革和发展规划纲要(2010—2020年)》必须务实。中国社区教育正是因为有了许多像张少刚同志一样充满智慧又无私奉献的人，才呈现出蓬勃生机。

张少刚主要著作与论文一览

1.《中国远程教育发展观——23位电大校长的智慧与实践》(专著). 北京:中央广播电视大学出版社,2009

2.《国际远程开放教育论坛论文集 (2009)》(葛道凯　张少刚　严继昌著).北京:中央广播电视大学出版社,2009

3.《数字化学习:社区教育的新发展及其新问题》,载《上海社区教育》,2009年第3期,第17-20页

4.《先前学习评价:远程高等教育的积极尝试》,载《中国高等教育》,2009年第10期,第49-51页

5.《学习型社会建设:中国远程教育的机遇与挑战》,载《河北广播电视大学学报》,2008年第13卷第4期,第1-6页

十五年社区教育上下求索

访教育部职业教育与成人教育司成人继续教育处处长张志坤

张志坤,1985 年大学毕业后留校担任团委干部,1988 年从中国人民大学调到监察部驻国家教育委员会监察局,1994 年又调到原国家教育委员会成人教育司，从事成人教育工作。2000 年 3 月任教育部职业教育与成人教育司成人继续教育处处长至今。

张志坤同志从事成人教育工作的过程,可以说是中国社区教育发展壮大的过程。从一开始以社区教育为抓手开展成人教育工作,到现在全面深入推动社区教育;从当初四批全国社区教育实验区的实践,到目前社区教育示范区的建设,他深谙职责,上下求索,努力推动成人教育、社区教育在全国范围内的蓬勃发展。

2009年3月的北京，乍暖还寒之季。因教育部的大门处严格的预约审核制度，我们原本就忐忑的心情更加紧张。而当走进张处长简洁、温暖的办公室，面对张处长热情、和善的笑容时，心情顿感轻松许多。曾在几次会议中聆听过张处长的即兴发言，给人的印象便是他观点鲜明、风趣生动、博古通今。而因为《中国社区教育30年　名家访谈》一书，我们得以面对面采访张处长，那种感觉则更为真实、亲切。

访谈实录

社区教育是成人教育的新抓手

我到教育部职成教司工作后，当时成人教育战线上出现了"成人不成了"的说法，成人教育面临着巨大的挑战，要发展就必须为它找到一个新的抓手。

笔者：张处长，您从1994年开始从事成人教育工作，当时中国社区教育刚刚起步，您能介绍一下当初为什么要以社区教育为抓手来推动中国成人教育的发展吗？

张志坤：一开始到教育部职业教育与成人教育司成人继续教育处，面临究竟抓什么工作、怎样理清工作思路的问题。1998年机构改革以后，保留在职成教司的成人教育的工作职能主要是过去的三块：职工岗位培训、农民培训（包括农民扫盲，实用技术培训）、成人中专。

先说第一块职工岗位培训。过去我们国家的职工教育有很好的传统，各条战线（现在是各行业、各企业）都有一套完整的职工教育体系。机构改革使部委的职工教育职能受到了很大的削弱，企业抓职工教育受到了很大影响。因此我们就面临着一个如何抓好新时期职工教育的问题。再说农民培训。当年开展农民实用技术培训非常红火，每一个乡镇都成立了乡镇成人文化技术学校。当时是买方市场，由于市场供应不足，农民无论种什么东西，投放到市场，都有人买。后来又供大于需，农民种什么东西不见得都有人买，因此相应的实用技术培训也受到了很大的影响。最后一块是成人中专。成人中专原来属于成人教育范畴，后来随着中职结构调整，把成人中专列到了普通职业学校中，成为包括职业中专、成人中专、普通中专、职业高中的一个系列。

基于这样的背景，那时在成人教育战线上出现了成人教育“替代论”——被继续教育或职业教育替代；另外还存在着成人教育“过时论”——成人教育已经过时了，已经完成了“扫盲”以及“补学历补文凭”的两大历史使命；同时，还有些“成人不成了”的说法，意思是：读成人的都是一帮考不上大学的高中毕业生，不是成人读成人；成人教育确实不成了，已经走到历史的尽头，已经是日落西山，气息奄奄。

成人教育面临这样一个巨大挑战，所以当时我主要考虑如何推动新时期成人教育发展，找到一个新抓手的问题。那时，尤其是江浙沪一带的社区教育已经崭露头角。1999 年，国务院批转教育部《面向 21 世纪教育振兴行动计划》，提出“开展社区教育实验工作，逐步建立和完善终身教育体系，努力提高全民素质”。理所当然，开展社区教育实验工作，建立终身教育体系，推动学习型社会建设的这个任务就落到了成人教育工作上来，所以我们就把发展社区教育作为成人教育的新抓手，通过抓社区教育为成人教育发展找到新的依托与支撑。

笔者：从 20 世纪 90 年代末至今，中国社区教育出现了城市引领、城乡一体的发展态势。作为教育部的主管部门，你们是用什么样的思路来推动全国社区教育发展的？

张志坤：这十几年来总的工作思路总结起来就是：建设实验区、创建示范区、推出先进区。

社区教育在我国是从20世纪80年代开始兴起的，90年代发展得更快速一些。到教育部职业教育与成人教育司后，我曾在天津、济南召开了两次座谈会，那时召开社区教育的座谈会，就七八个人，人少得可怜。用老话讲，就是“老子的队伍才开张，十多个人七八条枪”。当时社区教育还不为广大教育工作者所认知和认可，社会影响更是微乎其微。

2000年4月，教育部职业教育与成人教育司下发《关于在部分地区开展社区教育实验工作的通知》，明确了开展社区教育实验的目的和要求。我们先在社区教育开展得比较好的区，设立了8个全国社区教育实验区，分别是：北京朝阳区、天津河西区、上海闸北区、北京西城区、成都青羊区、厦门鼓浪屿区、济南历下区、南京玄武区。这8个实验区，极大地调动了大家开展社区教育的积极性。2001—2007年，教育部又先后分四批确立了114个全国社区教育实验区，覆盖了全国绝大多数省（市、自治区）；各地又先后批准了400多个“省级社区教育实验区”，形成了以京津沪等大城市为龙头，东部沿海发达地区为主干，中西部地区有重点开展的梯度发展格局。我们最近准备要调整一批社区教育实验区，这些社区教育实验区大约占1/4，它们或者是因为社区教育实验工作开展得不是很好、不是很积极，或者是因为本身还不具备开展社区教育工作的条件。

2007年，教育部下发了《关于推荐全国社区教育示范区的通知》。2008年初教育部确定了34个“全国社区教育示范区”。现在的工作重点是努力抓好全国社区教育示范区的建设工作。今年还将推出第二批全国社区教育示范区。通过实验区、示范区的建设，把社区教育做大做强，丰富社区教育内涵，提升社区教育本质，相当于走了一条学习型社会建设区域化发展的道路。

我们设想，要在适当的时候推出一批发展社区教育、建设学习型社会的先进区县，把社区教育工作逐步引向深入。

笔者：在中国社区教育30年的发展史中，您认为最具标志性的是哪个事件？

张志坤：2000年5月，教育部职业教育与成人教育司设立了8个全国社区教育实验区。2001年11月，召开了全国社区教育实验工作经验交流会议，当时的教育部副部长王湛同志到会作了重要讲话，会议下发了《教育部关于开展社区教育实验工作的若干意见》，第一次明确了8个全国社区教育实验区。这次交流会议是在总结社区教育工作的基础上，在教育部层面上把社区教育实验工作推向全国。会议还提出，要通过5年左右的时间，把多数社区教育实验区建设成为社区教育示范区，并将实验区的创建作为下一步的工作目标，要求各地积极做好准备。我认为，这是中国社区教育30年发展历程中一个具有里程碑意义的事件。

我国社区教育还处在推进阶段

在经济社会发展的广阔空间里，社区教育的发展是不可遏制的。但在我国，它的发展并不平衡，所以一定要认识到在社区教育发展过程中存在的长期性和艰巨性。

笔者：您认为我国社区教育目前处于一个什么样的发展阶段？

张志坤：追溯我国社区教育发展的历程，大致经历了两个阶段：起始阶段（20世纪80年代—20世纪90年代末）和实验阶段（2000—2007年）。目前，我认为中国社区教育正处于推进阶段。

随着社区建设快速发展，为了满足社区居民的精神文化和教育学习的需求，我国社区教育首先在城市应运而生。当时的社区教育以青少年学生为对象，以校外德育为内容，以社区为阵地。伴随着改革开放和现代化建设的发展进程，社区教育在终身教育理念指引下，逐步形成了以青少年校外德育为主，继而向教师、家长、社区居民等群体逐渐辐射和拓展的社区教育转变，开辟了学校、家庭、社会三结合的教育新路。1999年，《面向21世纪教育振兴行动计划》提出"开展社区教育实验工作，逐步建立和完善终身教育体系，努力提高全民素质"后，各地认真贯彻落实，社区教育步入了积极发展的轨道。在这一阶段，社区教育开始从城市向发达地区的农村拓展，从东部地区向中西部地区延伸。

2007年，教育部下发了《关于推荐全国社区教育示范区的通知》，2008

年初，教育部确定了34个“全国社区教育示范区”，这标志着我国社区教育进入了一个新的发展阶段。在新的发展阶段，我们一方面要引导中国的社区教育从实验区向示范区过渡，更重要的是向学习型社区推进。

社区教育从萌芽、成长到壮大，是一个漫长的过程，目前，它还处于初级阶段，是初级中的初级，我们要深刻认识到在社区教育发展过程中存在的长期性和艰巨性。但是从教育发展的角度来说，我们既要突出重点，又要抓住一般；既要重视当前，又要看到长远，各级各类教育还要协调发展，包括学校教育与社区教育。今后我们的教育体系还应该更加完善，内容更加丰富，教育手段更加多样，教育途径更加灵活，社区教育在经济社会的广阔空间里，它的发展是不可遏制的。

笔者：围绕学习型社会建设，您提出要打造终身教育新的学习形态，那么具体来说应该做好哪些工作？

张志坤：学习型社区是学习型社会的基础，也是推进学习型社会建设的抓手。终身教育在新时代、新形势下面临许多新问题，在教育的内容、形式等方面发生了深刻的变化。在终身教育大背景下，成人教育越来越多地体现非正规性。现在对成人学习的限制越来越少，成人学习的机会越来越多。成人教育还有一个特点是学习的价值取向多样化，他们往往不是为工资、为提级等，而是为丰富人生，也就是说往往不为功利性目的。成人学习有越来越多的自主性，不再是假学习、伪学习；不是为领导学，不是硬着头皮学。终身教育大背景下的学习是发自内心的自主学习。所以，我们要为终身教育、成人学习提供、创设新的学习形态。

要打造好这种新的学习形态，一要突出社区教育板块，走区域化发展的路子。二要培育新的开放的学习服务体系，要有覆盖全社

会的终身教育服务体系，各类教育资源要整合互补。三要紧紧抓住、搞好数字化建设工作。数字化建设是充满时代气息的课题，是各级领导都很重视的工作。数字化学习能契合信息社会的新需求，能体现终身教育的特点和规律，能充分发挥支持、引导、服务的功能，它能把终身教育推向新的发展阶段。四要搞好制度设计，要形成新的成人教育质量观念和质量评估体系。没有新的学习认可、认证制度，难以激励、促进自主学习。学习是开放的，但结果要有记录，发学习卡，就是为了认可这种学习。

笔者：目前，全国社区教育发展还很不平衡，从教育部层面出发，您认为下一步促进社区教育在全国推进的主要工作应该怎么做？

张志坤：全国社区教育发展不平衡，是我们国家经济社会发展不平衡的必然结果，也是一种客观现实。下一步我们主要围绕“宏观规划、政策支持”来推进社区教育工作的开展。

第一，教育部在制定中长期教育发展规划中将把社区教育、成人继续教育摆在一个重要的位置，管方向、管政策，动员更多的人重视社区教育的发展。

第二，出台相应的配套措施。最近教育部党组深入学习实践科学发展观，并下发了整改落实方案，在整改落实项目责任分工细化表的第 26 条，提出“构建全民学习终身学习服务支撑平台，推进终身教育体系建设”。因此，今后一个时期，我们职业教育与成人教育司要配合有关部门提出一个构建全民学习、终身学习服务支撑平台，推进终身教育体系建设的规划；其次，我们要全面启动终身学习法的起草工作，推动终身学习的法制建设，具体的行动措施我们会召开一系列的座谈会、研讨会进行研究讨论。另外，要扩大社区教育示范区。还要在一些地区试验建设数字化学习中心等工作，通过这些措施逐步推动往前走。

第三，动员社会更广泛的部门参与到构建终身教育体系、推动学习型社会的工作中来。学习型社会建设是全面建设小康社会的重要目标，教育部门在其中担负着非常重要的责任，但是其他行政部门、行业企业和社会各个民间组织也担负着重要责任。社区教育应该成为全社会共同的行动。当然分工不同，承担的责任也不同。动员更广泛的社会力量参与到构建终身教育体系这个行动中来，使我们的终身教育体系真正能够覆盖全社会，能为每个社会成员提供“时时、处处、人人”的终身学习服务支持，将来构建一个全社会的终身学习网络体系，使全社会的终身学习氛围越来越浓厚，有更多的人各取所需地参与到终身学习中来。

目前很多地方部门对一些民间协会组织的工作重视程度不够，这种状况应该得到改变。我们教育部既要鼓励社区教育工作者认真做好工作，同时又要遵循国务院下发的有关规定。我们通过一些民间协会组织（如中国成人教育协会）开展一些工作，比如社区教育先进工作者、示范街道、示范项目的评比等。中国成人教育协会是国家一级协会，属于一种半官方的机构，它的定位就是做好教育部职业教育与成人教育司的参谋和助手。我们今后还要继续发挥它的积极作用，要帮助它进一步树立作为民间协会组织在群众中的威信和影响。今后教育部还会通过中国成人教育协会评选社区教育数字化达标单位。

笔者：您曾经提出了一个“把社区教育引领到何处去”的问题，您认为下一步基层社区教育实践的重点主要有哪些？

张志坤：从社区教育自身发展来说，下一步社区教育实践的重点主要是加强社区教育能力建设。对于社区教育的战略地位和在构建终身教育体系中的作用问题，应该说已经基本解决，大政方针也已经基本明确。因此社区教育的实验工作要迈入一个新的阶段，主要是要进一步推动社区教育的自我运行，要充分体现它的社区性，要使其能够自我运转、自我发展，这就需要加强社区教育的能力建设。

首先，各个示范区、实验区要抓好资源课程建设。主要指社区教育的资源载体建设、学校建设，要面向社区居民，面向社区的各种学习者，开发一批越来越完善的学习资源。其次，应该加强社区教育队伍建设。社区教育没有理论的支撑和指导是不行的，我们要不断充实理论工作者的队伍；要培养具备高度专业修养的专职队伍，他们应该既会干，又会说，还要会写；要建设一支有广泛社会基础的兼职教师和志愿者队伍，使各方面的力量结合起来。再次，应该完善社区教育各项政策配套措施，包括社区教育的资金、师资政策等，走内涵发展的道路。最后，要在社区教育的范畴内大力发展各种类型的学习型组织。

而从社区教育内容来说，基层社区教育应努力把握社会发展脉搏，要以职业技能培训为重点。与世界其他国家的社区教育模式不同的是，我国的社区教育是在党和政府的领导下开展的，因此也承担着一定的社会责任。伴随着城市化的进程，中国未来将有近5亿的农村人口转变为城市人口，另外，还将有2亿～3亿的农村劳动力进城务工。社区教育是提高广大劳动者素质和技能水平、提高人力资源开发的深度和广度的重要手段。加紧对这些人群的职业技能培训和文明素质培育显得刻不容缓。所以在今后相当长一段时期内，从全国总体来说，成人继续教育和社区教育还是以职业技能培训为重点，同时发展多样化的教育培训模式，为国家经济社会发展、为和谐社会建设作出贡献。

笔者：您多次提出“以社区教育为开端，全面推动学习型社会建设”，能具体谈一谈吗？

张志坤：社会教育体系是在学校教育体系之外，以满足社会全体成员多样化教育需求为目的，以非学历教育为主，学历和非学历教育相结合，正规教育和非正规教育、非正式教育相结合，实现社会成员多样化个性发展为主要特征的教育体系，它是教育与社会有机结合的产物。在城市和城市化了的农村地区，社会教育体系主要以社区为活动舞台。通过在社区内动员、组织和满足广大社区居民多样化的教育需求，广泛开展各种形式的社区教育活动，创建各种类型的学习型组织，逐步发展创建出一批学习型的居委会、学习型的街道和学习型的城区。

我们必须清楚地认识到，建设学习型社会必然要经历一个漫长的过程，而这个过程又是一个发展很不平衡的过程。学习型社会建设也要经历分区规划、分类指导和由点到面的过程。社区教育是一个良好的开端。几年来的社区教育实验工作证明，通过建设社区教育实验区，社区内的教育资源得到合理充分的利用，社区内居民学习与培训的参与率有了很大的提高。人人皆学、时时在学、处处有学和事事可学的氛围浓厚起来，不仅极大地促进了社区的发展建设，也为学习型社区建设打下了初步的基础。通过社区教育实验区，建设社区教育示范区，把社区教育工作推向全国，并向学习型城区建设再迈进一步，使学习型社会初显端倪。

社区教育丰富人们的精神家园

一个国家、一个民族的复兴和发展，不仅仅是物质的复兴，更重要的是精神和价值的复兴。成人教育、社区教育今后会有更大的发展，所谓的边缘化只是某些人的偏见而已。

笔者：前面我们谈了很多关于社区教育的发展问题，那么您心目中的社区教育到底是怎样的？

张志坤：刚开始接触社区教育，我的认识也非常肤浅，我只是把它当做成人教育新的增长点，经过实践探索，现在看来，社区教育远远不是这样。它是社会建设的一部分，是教育的理想、价值的体现，是对人的自由发展非常好的平台和空间。我心目中的社区教育就是小康社会的一个重要组成部分，是人们自由发展的空间和舞台。人们通过社区教育，其心灵得到丰盈和舒展，个性得到充分体现，实现了真正意义上的自由发展。社区教育的最高境界就是人不再为功利、世俗所困扰，可以说，它是精神漂泊的彼岸，是人们的精神家园。

笔者：您给我们描绘了一幅美好的社区教育蓝图，但也有人担心社区教育会重蹈成人教育被边缘化的覆辙，这一点您怎么看？

张志坤：我国成人教育发展走过了一条非常曲折的道路，我们可以先从成人教育的三种评价态度说起。第一种是把人的政治觉悟放在首位；第二种是把知识和技能放在首位；第三种是把人的全面发展放在首位。

第一种态度，那是在革命时期，需要动员广大群众参与到革命队伍中来，提高革命觉悟和政治觉悟。成人教育在那个时候的主要任务是提高觉悟，这表现在我们的革命和建设上。中国共产党开展革命，是从办工人夜校和农民夜校开始的，可以说，没有农民运动讲习所的发展，就没有轰轰烈烈的农民运动；没有工人夜校，也不会有轰轰烈烈的工人运动。新中国成立后所开展的广大农村的扫盲和工人的识字运动，其实不仅是文化学习，更是在政治解放以后的文化解放，是建设新中国的一个重要环节，那个时候成人教育不是边缘，而是发挥了巨大的作用。

打倒“四人帮”以后，我们的成人教育把重点放在“双学双补”上，学文化、学技术、补知识、补学历，这就是第二种态度。而随着我国高等教育的大众化，普通高等学历教育已经越来越普及，过去成人高等学历教育所具有的功能和作用在今天越来越弱化，如果继续一味地追求学历教育，或者把成人教育仍置于学历的窠臼内，那必然会导致成人教育的畸变，甚至彻底葬送它。

进入21世纪的中国成人教育事业，在过去工作的基础上，不断创新，不断开辟服务经济与社会发展的新领域、新内容、新途径、新方式和新手段，这就发展出成人教育评价的第三种态度。因此成人教育、社区教育蕴涵着对社会的巨大价值，在不同时期都将发挥重要的作用。今天的成人教育、社区教育有什么作用呢？它跟构建终身教育体系、建设学习型社会、建设和谐社会紧密联系在一起，是社会建设的一个重要环节。更重要的，它是促进人的全面发展的重要手段。

古人云：“文以载道。”如果我们把“文”理解得宽一些，那就是教育；教育的重要功能之一在于道德传承，在于促进人的全面发展。所以古人云：“教者，政之先也；刑者，政之末也”，“善政者不如善教也。”显然，这里所讲的“教”就不仅仅是学校教育了，而是指面向全社会的大教育，而成人教育、社区教育正是大教育的重要组成部分。我认为人的全面发展只有在终身学习的阶段才能得以充分实现。

在一些传统教育领域，教育和职业往往联系在一起，总是把教育投资行为当成一种市场投资行为，讲求投入与产出。他们往往把教育当成工具，把人当成工具，这太功利了。在这种现状下，学生的自由发展是有条件、有限制的。而成人教育、社区教育是终身学习、全民学习的重要组成部分，能给人提供一个自由发展的平台和空间，落实到教育的人本性上，就是支持和服务于人的全面发展。构建终身教育体系、建设学习型社会是教育改革发展的战略方向，只有全面发展的教育才能有全面发展的人。社会的全面发展、人的全面发展，不仅要求丰富口袋，还要丰富脑袋，使人们在精神生活上得到更充实、更全面的发展，这也是成人教育、社区教育的发展方向。随着经济社会的发展，成人教育、社区教育不仅不会被边缘化，而且会越来越成为教育所关注的核心。

一个国家、一个民族的复兴和发展，不仅仅是物质的复兴，更重要的是精神和价值的复兴。而精神和价值的复兴，离不开教育这艘船来承载。那船上面坐着谁呢?绝不仅仅是适龄儿童，更多的应该是广大社会参与者。成人教育、社区教育今后将会有更大的发展，所谓的边缘化只是某些人的偏见而已。

笔者：您觉得我国的古典教育思想对于我们开展社区教育有什么启示?

张志坤：《论语》里记载了一则有关孔子与其弟子冉有的小故事："子适卫，冉有仆。子曰：庶矣哉！冉有曰：既庶矣，又何加焉?曰：富之。曰：既富矣，又何加焉?曰：教之。"意思是说：孔子到卫国去，冉有为他驾车。孔子说："人口真多呀！"冉有说："人口已经够多了，还要再做什么呢?"孔子说："使他们富起来。"冉有说："富了以后又还要做些什么?"孔子说："对他们进行教育。"在这段话里，孔子已经指出了在实现一定程度的富裕之后社会发展的方向问题。孔子还说过"善人教民七年，亦可以即戎矣"、"以不教民战，是谓弃之"等。这充分说明了孔子的教育思想是一种社会教育思想。孔子办学可谓天下闻名，可孔子并没有仅仅满足于学校教育，他还关心着全民教育和社会教育。包括管子、荀子等古代教育思想家，也都认为教育不仅仅局限于学校教育。学习古典教育思想对于我们充实自己的头脑是非常有帮助的。我们今天所能达到的思想境界并不见得比我们的祖宗高多少，也许我们的技术手段高很多，但是我们的思想境界不见得有那么高明，我们依然可以从古人身上汲取很多有益的东西。

笔者：最后，请您对我们的社区教育工作者提一些希望和要求吧！

张志坤：作为教育行政部门，首先应该把构建终身教育体系、推动学习型社会建设这个战略任务当做推动教育改革发展的重要方向，当做教育的重要责任，纳入教育发展的总体规划当中。如在教育部和天津联合签署的天津教育实验区的协议中，在构建终身教育体系、推动学习型社会建设的内容中，就提到了要把推动学习型社会建设纳入教育的宏观远景规划中。第二要采取切实有力的保障措施，推动终身教育的全方位发展，包括终身学习的制度保障、政策保障、法律保障、成果认定等等。

各级各类成人教育、社区教育工作者，应该用终身教育思想武装自己的头脑。第一，树立大教育观念，打开视野，跳出社区教育去思考社区教育。第二，辩证地分析中国经济社会发展的现状，既要看到我国经济社会发展取得的成就，也要看到沉陷于物的漩涡中而不能自拔的弊端；既要看到教育取得的成就，也要看到现在教育所存在的诸多问题。第三，心中一定要有教育的理想，把教育的使命与责任放到促进经济和社会发展的战略高度上。柏拉图、苏格拉底和亚里士多德都认为：教育就是教育，教育是知识的获得和智慧精神的提升，和任何功利目的是没有联系的。这就是教育的理想和价值。通过教育成为一个蓝领、白领或高级人才，这不是我们的本质目的。我们的社区教育工作者、成人教育工作者只有在这样的理念武装下，才能真正做好成人教育、社区教育工作。

另外，作为实践工作者，一定要深入群众，这是共产党员应有的工作作风。工作开展不顺利怎么办？深入群众。说到底，社区教育工作是一项社会工作，脱离老百姓的社会工作是不切实际的，所以一定要深入到老百姓中去，与老百姓交朋友。从老百姓中来，到老百姓中去，要从基层找办法，多研究、勤思考。

采访后记 / 林晓

张处长不仅是一名社区教育实践者，同时也是一位积极的思考者。在20多年的工作时间里，他先后发表了20余篇关于成人教育（包括社区教育）的论文，16篇历史专业学术论文和多篇随笔。

作为一名教育部官员，采访中张处长总能举出一些基层社区教育的事例，尤其是国家第一批社区教育实验区。谈到社区教育事业，他就如同谈自己的孩子一样，透露出深深的热爱、自豪和珍惜。张处长说，他会认真审阅基层报上来的工作材料，也经常到各地调研、座谈，利用开会的机会熟悉情况，另外还通过上网、阅读报纸杂志等，了解各地的社区教育动态。在他看来，深入基层、深入一线、深入群众，仍是我们开展工作并取得成功的不二法宝；而负责社区教育的行政官员们必须走到田间地头，与一线工作人员亲密接触，这样才能做出正确的思考、判断和决策。

事实上，“边工作边思考”也是张处长在长期工作中所养成的习惯。他说，负责社区教育的行政官员一定要善于总结各地基层的工作经验，听取他们的意见；要能准确把握党和国家的方针政策；要学习教育的新理论、新理念；要学会系统地思考社区教育发展的方向性问题。另外，他还从自身的切身体会，提出要正确地看待勤勉与实际成效之间的关系。有些工作是事半而功倍，有些工作是事倍而功半，而有些工作则是事倍而功不及半，这时候就需要辩证地看待核心工作与边缘工作之间的关系。只要是自己认定的事业，就要努力去做，这就是一种节操。

张处长不仅关注着成人教育的发展，还十分关注大教育。这当然和他的教书经历不无关系。他说，在普通高中的那段教学经历，使他对教育教学规律有了深刻的了解，对传统教育的优缺点有了切身的体验，也形成了他对教育的看法，对其开展社区教育工作也有很大的影响。1994 年抓职工教育工作时，他考虑的就是突破传统教育的模式，让成人教育在新形势下有新的发展。有时，他也会对传统教育的利弊进行反思。他写的《硕士生卖肉，是焉，非焉》的评论，就批判了知识的一种屈从无奈。而看了媒体报道的“中国已超过美国成为世界上最大的博士学位授予国”这则新闻时，他也有感而发，撰文谈了自己对教育强国问题的看法。

张处长说，他不喜欢参加一些没有营养、没有品位的社交活动。在工作之余，他最喜欢安静地看书学习，写一点文章。他与书有着剪不断的情感，读着读着，读成了习惯，读出了所以然，读来了思想。也许是专业的缘故，他对历史比较感兴趣。早期在国家教委监察局工作时，他写过很多有关历史的文章，有人引用他的文章时称其为“学者张志坤”。他经常提出一些新颖的观点。如他认为鸿门宴实际上是项羽兵不血刃、不费吹灰之力夺得关中，既降伏刘邦，又维护自己反秦盟主的地位；而刘邦忍辱负重，拿土地换来暂时渡过难关。又如他提出今蒙古人民共和国境内的乌布苏诺尔湖有可能是汉时的北海。当年秦汉史学会在广州开会时，北京大学教授张传玺还专门点到了他的文章。除对历史情有独钟外，张处长还对古典文学有着浓厚的兴趣，多次提到社区教育要注重人文素养的培育。

和张处长的对话，就是我们对教育、历史、文化的一次再认知过程。从他身上，我们感受到了一个行政官员对中国成人教育、社区教育的使命感和责任感，也让我们感受到了学习与思考的力量以及文化的魅力。而中国社区教育要继续前行，要想在新世纪开疆拓土，上述三者似乎缺一不可。

相关链接

张志坤主要著作与论文一览

1. 2008 年参加了纪念改革开放 30 周年,《中国成人教育全书》一书的主编,担任政策法规篇编辑
2. 《立足于引导帮助　加强和改进中等职校德育工作》,载《职教通讯:常州技术师范学院学报》,2000 年第 5 期,第 9–10 页
3. 《关于学习型社会几个问题的探讨》,载《中国职业技术教育》,2003 年第 24 期,第 10–12 页
4. 《发展社区教育　建设学习型社会》,载《中国成人教育》,2003 年第 4 期
5. 《以人为本　创造和谐　全面发展成人教育事业》,载《中国成人教育》,2006 年第 1 期,第 6–10 页
6. 《用发展的眼光看待成人教育》,载《中国农村教育》,2006 年第 1 期,第 22 页
7. 《两个“体系”建设应并重并举》,载《中国职业技术教育》,2007 年第 21 期,第 12–13 页
8. 《从博士生数量世界第一说起》,载《中国成人教育》,2008 年第 19 期,第 9–10 页
9. 《有点佛家想法也许是好事》,载《中国德育》,2009 年第 1 期,第 71 页
10. 《“大众化”得很彻底——从 1500 名硕士竞聘卖猪肉工作想到的》,载《中国成人教育》,2009 年第 1 期
11. 《教育不能太功利》,载《中国德育》,2009 年第 12 期,第 69–71 页
12. 《教育三问》,载《中国成人教育》,2009 年第 11 期,第 19–20 页
13. 《坚定信念　创新发展——谈形成有中国特色的成人教育新体系》,载

《天津职业院校联合学报》,2009 年第 4 期,第 3–5 页
14.《教育应重教化》,载《中国职业技术教育》,2009 年第 13 期
15.《化解教育功利化倾向应善处若干关系》,载《理论前沿》,2009 年第 15 期
16.《社区教育实验与教育创新》,载《中国教育报》,2000.12.18
17.《社区教育兴旺蓬勃》,载《中国教育报》,2002.5.6
18.《谈职教说发展》,载《中国教育报》,2006.6.21
19.《也说教育与教养》,载《学习时报》,2007.9.10
20.《培养知识人还是职业人》,载《人民日报》,2008.7.24
21.《任何制度设计都应充分考虑中国的国情——也说高考制度的改革》,载《中国青年报》,2009.6.3
22.《中职就业还能持续上升吗》,载《光明日报》,2009.7.22

从扫盲到社区教育

访原山西省教育厅成人教育处处长张秉让

张秉让，男，汉族，1951 年生，山西榆次人，中共党员。1972 年参加工作，1995 年任山西省教育厅成人教育处处长，兼任山西省社会力量办学协会副会长、山西省成人教育协会副会长等职，2003 年任山西省财政税务专科学校党委书记至今。

在山西省教育厅工作 25 年，先后从事大中专毕业调配、教育外事、社会力量办学、成人高等学历教育、职工教育与岗位培训、计算机应用能力社会化培训、扫盲与农村成人教育、城市与农村教育综合改革、社区教育等多项工作，取得显著成绩，先后获中共山西省委对外宣传先进个人、教育部“中华扫盲奖”等个人荣誉。

社区教育是发达地区的专利吗?中国社区教育兴起于经济最为发达的上海市,扩展范围也以东部沿海地区的大中城市为主。经济文化发达地区率先发展社区教育,符合当地人民群众日益增长的终身学习需求,这些地区也具备发展社区教育的人力、物力条件。可是,在我国的中西部地区,在广大的农村地区应不应该发展社区教育,能不能够发展社区教育?如果只从文字上论证这个问题,没有实践案例作为佐证,再多的言论也是毫无意义的。为此,我们来到了山西省太原市,采访了原山西省教育厅成人教育处处长张秉让。

访谈实录

成人教育让我非常有成就感

我一生中做的第一件让我有成就感的事情,就是在省教育厅外事处任职。当时我三四十岁,年富力强,主要负责开展国际教育交流。在我的呼吁下,山西省每年拨出75万元(后来增至150万元)用于资助出国留学人员。这种资助现在已经收到一定的成效,山西省一些高校的主要领导和学科带头人,就是那时出国学成归来的。这确实为山西省高等教育做了一件大好事,所以我很有成就感。

第二个成就感的获得是在成人教育领域。一开始,我对成人教育没有什么概念。当时我从太谷县挂职回来,记得省教育厅主任跟我讲:"你到成人教育处去吧。"

"成人教育是干什么的?"

"就是扫盲,教成年人学文化。"

"我怕扛不动这把大扫帚。"我马上回绝。

"你到哪个战线、干什么我都放心。"他又说。后来我就接受组织的安排去了成人教育处。

一是扫盲运动。到成人教育处后,我对成人教育的职能、对象、组织机

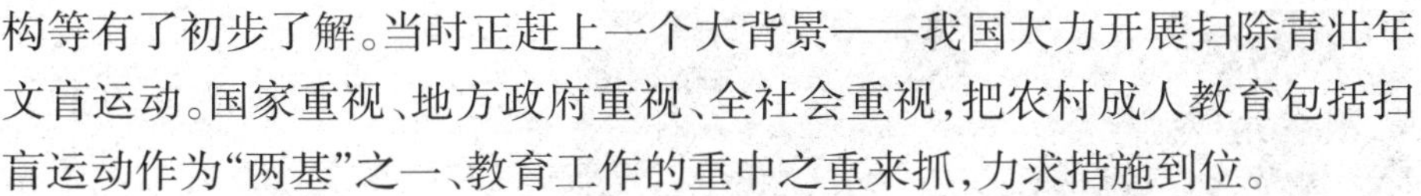

构等有了初步了解。当时正赶上一个大背景——我国大力开展扫除青壮年文盲运动。国家重视、地方政府重视、全社会重视，把农村成人教育包括扫盲运动作为“两基”之一、教育工作的重中之重来抓，力求措施到位。

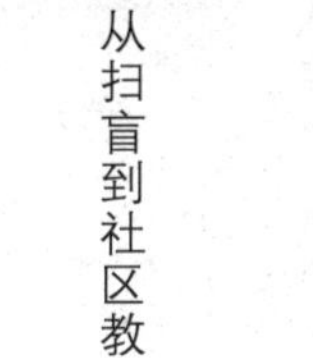

2001 年，根据全国第五次人口普查数据显示，山西省脱盲人数达到 2 万余人，成人文盲率由“四普”时的 8.2%下降为 5.63%，青壮年非文盲率达到了 99%以上。

为了巩固扫盲成果，我们充分利用县、乡、村三级办学网络，重点依托乡镇成人文化技术学校，狠抓农村实用技术培训，完成培训人数达 130 余万人次，全省脱盲巩固提高率达到 98%以上。农村实用技术培训的开展，对提高农村劳动者的素质、发展农村经济、增加农民收入起到了显著作用。

接下来，进一步加强农村教育综合改革工作，实行“燎原计划”、“绿色证书”教育，在总结推广 100 个科教兴村先进典型的基础上，又涌现了 100 个科教兴乡的先进典型。

二是成人高等学历教育。第二个赶上的机会是成人高等学历教育，从 1995–2008 年，我国成人高等学历教育需求量达到了顶峰。以山西省为例，高校中成人高等学历教育已经占据了半壁江山。

三是社会力量办学。社会力量办学也是一个亮点。原先有很多问题摆在面前：办学内容、对象、制度……我们从无到有，从小到大，从弱到强，一步步规范办学行为。2001 年我们统计所得的数据是：全省民办教育机构共有 1 697 所、在校生总数达 186 177 人。其中，经批准兴办的高等职业技术院校 3 所（包括 2 所普通高校二级学院），在校生 2 860 人；国家学历文凭考试试点院校 5 所，在校生 4 607 人；高等教育自学考试助学机构 50 所，在校生 13 950 人；中等专业学校 44 所，在校生 6 328 人；普通高中 79 所，在校生 20 781 人；职业高中 77 所，在校生 10 772 人；初中 81 所，在校生 19 536 人；小学 70 所，在校生 14 742 人；幼儿园 491 所，入园人数 35 201 人；各类教育培训机构 802 个，参训人员达到 58 600 余人次。全省民办教育机构中教师总数为 20 250 人，其中专任教师近 10 000 人，全省民办教育机构总资产达 13.7 亿元。

四是企业职工教育。山西省还有一个亮点，就是企业职工教育——岗位培训。山西省为了经济的发展，职工教育开展得很扎实。比如计算机应用能力考试培训，学习了上海经验，政府下发文件，由教育厅牵头，组织力量编写、修订了初级教材，开发了初、中级和办公自动化考核软件，特别是计

算机应用能力扩展版，不仅配置了帮助学习的光盘，而且全部实现了无纸化和随机抽题的形式，保证了考核的科学性和公平性。

目前，这项考试已被许多地市的行业、部门作为评定职称、竞聘上岗的考核条件之一。2001 年，参加计算机应用能力考核的人数已达 60 000 余人次，包括一些在校生，合格取证率达 75%。

这几块工作做下来，我感到，成人教育不能只靠一把大扫帚去扫盲。行政部门大有用武之地，只要我们有思路、有精力、有热情，共同努力去开拓这个事业，有多大的劲就可以做出多大的成绩来。

认识社区教育，发展社区教育

2003 年，我主动要求参加"海峡两岸暨港澳社区教育发展论坛"，来自全国各地教育部门的有关领导、社区教育专家以及社区教育实践工作者，就中国社区教育发展目标等内容展开了学术交流，给了我很大的启发。这次会议使我真正开始认识社区教育，并且意识到发展社区教育的必要性。

当时社区教育在发达地区、沿海开放城市开展得比较好，开会回来之后，我便开始策划着在山西开展社区教育工作。山西省社区教育的发展思路大体上是以太原市为中心向外辐射。太原是省会城市，是山西省的政治经济文化中心，我们在太原市杏花岭区、迎泽区、万柏林区、尖草坪区、小店区、晋源区 6 个区启动了社区教育实验工作，杏花岭区被评为国家社区教育实验区（后来评为示范区），取得了阶段性成果。由省会城市向一般城市推进，再进一步向农村推进，直到全省各地都开展起来。

太原市社区教育工作能够顺利开展，得益于很多支持这项工作的同志的共同努力。我们邀请了华东师范大学叶忠海教授来指导社区教育的课题研究，太原市教育局成人教育处处长李康也起到了很重要的作用，各实验

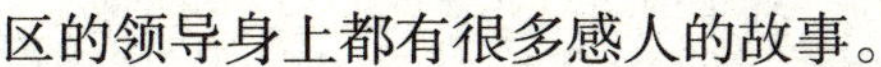

区的领导身上都有很多感人的故事。

我到成人教育协会后，继续思考探索社区教育的问题，并成立了山西省成人教育协会和社区教育专业委员会，在山西省青年干部学院开展社区教育研究，并设置社区教育专业，培养专门人才，以期他们将来到乡镇社区开展工作。

从实验到示范，由点到面，社区教育工作在山西省轰轰烈烈地推开了。各地政府非常重视，社区教育工作者密切联系，涌现出一大批鲜活感人的案例。

要在农村发展社区教育

相对于城市来说，在农村开展社区教育受到的影响因素很多，但并不是说社区教育不能在农村开展。过去社区教育的主要内容是扫盲，后来转移到劳动力素质培训和技能培训上来。农村的社区教育可以利用各种教育资源，依托乡镇成人文化技术学校以及中小学，以乡镇为中心，首先解决农民的生存和致富问题。然后推广成人教育，把广播电视教育、自学考试延伸到农村，同时加强法制教育、计划生育教育、精神文明教育等。

农村社区教育的内涵拓宽了，它吸收各方面的人、财、物资源，政府统筹，成本低、效益高，为农村社区提供各种教育服务，突破了传统的知识技能教育，突破了原先我们下的定义。

不过，从国家层面来讲，在社区教育（成人教育）方面没有统管部门、协调部门或者没有具体政策出台，会给社区教育的开展带来一些困难。如果没有教育部发文，职业教育与成人教育司的发文恐怕也不会有。教育部主要是管学校教育，我国教育法规涉及基础教育、职业教育、高等教育，但没有涉及社区教育。成人教育是替代不了的，对社会产生的效益是最直接、最有效的。

在农村发展社区教育的意义

发展农村社区教育是促进广大农民脱贫致富,提高农村人口素质的需要。我国目前有13亿人口,其中有近9亿农村人口。农村人口中,文盲、半文盲占到14%,小学文化占42.1%,初中文化占38%,高中文化占5.1%,中专文化占0.6%,大专及以上文化占0.2%。我国农民的平均受教育年限不足7年,与发达国家的12～14年相去甚远。有关资料表明:劳动力为文盲、半文盲的农户,其贫困发生率、贫困深度指数和贫困强度指数分别为小学文化程度农户的1.5倍、1.6倍和1.65倍,是初中文化程度农户的3倍、3.1倍和3倍;是高中文化程度农户的3.9倍、3.3倍和3.9倍。显然,贫困程度和受教育程度的高低有着莫大关系。特别是在4.6亿农业劳动力人口中,文盲、半文盲达1亿多人,占农业人口的22.7%;小学文化程度2亿多人,占45.5%。在每万名农业人口中,农业技术人员只有6.6人,农科大学生只有1.2人,仅相当于美国的0.58%,俄罗斯的2.3%。平均466.7公顷耕地仅有1名农业技术人员;每7000头牲畜只有1名兽医,70%的农业技术成果得不到推广,农民的这种素质水平根本无法应对市场经济的冲击以及我国加入世界贸易组织(WTO)后世界经济所带来的冲击。所以,应用现代远程教育优势,积极开展对农业从业人员的培训与教育显得尤为重要。

我国是农业大国,只有真正解决农业、农村和农民的"三农"问题,我国的经济社会才能持续、快速、健康地发展。农业的根本出路在科技、在教育。温家宝总理在全国农村教育工作会议上指出:"农村教育影响广泛,关系农村经济和社会发展的全局","没有农村全面'普九',没有农民素质的全面提高,就很难实现全面小康。我们必须充分认识农村教育在全面建设小康社会中的基础性、先导性、全局性作用。"

我国有占总人口数近80%的农村人口,如此巨大的劳动力和人才资源宝库如果开发运用得好,将是中国现代化建设的强大动力。由于历史的原因以及其他众多因素的制约,在我国广大的农村,除义务教育得到较快普及之外,总体说来,教育资源仍相对短缺。农民接受教育的机会十分有限,教育机构不健全、政策支持不到位的状况尚未得到根本改变。农村、农民教育的相对滞后,已从根本上制约了农民科学文化素质尤其是致富能力的提高，并成为制约我国农村乃至整个经济社会发展的重要因素。因此，全面提高农村劳动者的科学文化素质已刻不容缓。面对农村，成人教育大有文章可做。

因此，我们把主要精力放在农村成人教育上，山西省 100 多个县我全跑遍了。农民温饱问题解决不了，农民不能富裕，建设小康社会就成为空谈。

我们启动农村社区教育工程，是以自然村、行政村的农村人口常住区域为中心，充分利用各类教育资源，旨在建立和完善农村从业人员的终身教育，提高社区成员整体素质和生活质量，促进社区经济建设和社会发展。它具有“全员、全程、全面”的特点，与各类教育有着紧密联系、合理分工和延伸补充。

农村社区教育发展存在的问题

尽管在 1998 年的机构改革中，山西省教育厅仍保留了成人教育机构，但是，受国家教育行政部门机构调整合并的影响，全省农村成人教育在功能上已不能发挥它应有的作用，整体上实际形成了成人教育被边缘化的状况。

第一，在农村经济发展的总体思路上，对农村成人教育的重要性认识不足，思想观念陈旧，有关部门给予的支持不够，工作措施不到位。

第二，在实际工作中，缺乏一个行之有效的长效机制，没有将农村成人教育摆到一个重要的位置而给予合理定位，造成了农村成人教育工作出现滑坡的现象。

第三，机制不健全，功能不完善。山西 11 个地级市中，7 个市有成人教育专门机构，4 个市没有专门机构或与职业教育合并机构；全省 119 个农业县区中，有成人教育专门机构的仅有少数几个县区，大部分为合并办公。

第四，编制不明确，队伍不稳定。山西现有成人教育机构中的专职人员正在逐年减少，合并机构中的专职人员形同虚设，工作重点被转移，县、乡、村三级成人教育阵地正在逐年丢失。由于成人文化技术学校没有定位，所以在编制上没有单列，工作人员、教师的职称、待遇等长年得不到解决，人员流失，队伍不稳，工作难以开展。

第五，投入少，经费没有保障。成人教育，尤其是农村成人教育，各级财政上的投入没有专项经费，而对农村成人实行培训和教育，恰恰需要投入一定的财力、物力和人力，没有经费的保障是难以很好地开展工作的。和其他类型的教育相比，农村成人教育是一项投资少、见效快的战略举措，尤其是在促进社会主义新农村建设中显得尤为迫切和重要。

第六，体制落后，效率不高。农村成人教育，从教育内部来讲，涉及基础教育和职业教育（主要是设施、人力、资源的利用）；从教育外部来讲，涉及教育、科技、财政、农业、劳动、人事、林业、水利等职能部门（主要是资源共享、经费共享、协作配合、政策互补）之间的协调配合。它们之间形不成合力，必然造成资源的浪费和有限资金的分散。没有一个由政府协调、教育部门牵头、相关部门配合的科学运作机制，对农民的教育和培训的效率就难以提高。

农村社区教育基本对策

第一，构建农村成人教育的网络。采取资源共享、利益共享、资金共享，改变过去各级各类教育资源独立，利益机制和效益独立的局面，实行农业、科技、林业部门，科研机构，大专院校共同参与；成人教育、普通教育、职业教育“三教”统筹；教育、科技、农业系统共同谋划的体制；政府统一协调并整合教育资源，形成一个遍布各市、县、乡（镇）、村的农村成人教育网络。

第二，建立以培养三种技能为中心内容的农村成人教育培训的长效机制。一种是农村实用技术培训，教给农村人口一种实用技术；一种是农村劳动力转移的就业培训，教会农村剩余劳动力一种就业技能；一种是农村中等学历教育和技术管理队伍的培训，培养新农村建设所需要的乡（镇）、村基层技术人员。

第三，强化机构，增加投入。明确市、县、乡三级成人教育机构的职能，充实一定数量的专职人员，明确市、县、乡三级成人文化技术学校或社区教育中心（学校）的定位，核定编制，出台评聘职称、评定技术等级等相关政策，设立专项经费，增加投入，解决从事农村成人教育工作人员的后顾之忧。这样，建设社会主义新农村的步伐就会大大加快，建设小康社会的目标就会早日实现。

发展农村社区教育要依靠远程教育

一、远程教育具有开放性特征，为农村成人教育发展提供了技术条件。远程教育自诞生之日起，就以其手段的先进性、运行的快捷性、覆盖的广泛性、内容的丰富性，被认为是实现教育公平、为处于知识鸿沟最底层人群提供教育机会的一种有效的教育方式。发挥远程教育优势，利用现代信息技术把优质教育资源送到农村，提供适合农村经济社会发展需要的教育，培养"留得住、用得上"的专门人才，提高农民整体素质。远程教育是随着现代信息技术的发展而产生的一种新型教育方式，它在把优质教育资源辐射到广大农村、缩小城乡教育差距方面具有一些其他教育形式所无法比拟的优势，是构筑知识经济时代人们终身学习体系的主要手段，也是解决农村教育资源不足、全面提高农村劳动者科学文化素质的有效途径。

二、发展农村远程教育是农村产业结构调整的需要。"十五"规划纲要提出，我国经济结构调整的主要预期目标是，到 2005 年第一、二、三产业增加值占国内生产总值的比重分别为 13%、51%、36%，从业人口占全社会从业人员的比重分别是 44%、23%、33%。这一数据说明，农村中将有大量的劳动力转向第二、三产业，以适应产业结构调整的需要。"十一五"规划纲要进一步指出，要增强农业科技创新和转化能力，继续调整农业结构，大力发展农村第二、三产业特别是农产品加工业，推进农村劳动力向非农产业和城镇的有序转移，多渠道增加农民收入。因此，要顺应产业结构及农村经济的调整，提高农业人口素质，做好农业富余劳动力的转移，必须得依靠农村教育尤其是农村远程教育。

三、发展农村远程教育是应对经济全球化以及加入世界贸易组织（WTO）后农业所面临挑战的需要。按照国际竞争规则，农产品的工业化程度、规模化程度和标准化程度，是打造品牌加入国际市场的首要条件。这就意味着，我国农村现有的生产模式、经营观念以及剩余劳动力等问题都面临着世界经济体系的考验。这种考验从深层次上讲，是对我国农业劳动者素质的考验。农业劳动力必须顺应经济发展的要求，改变自己小生产者的观念与心理，树立起时间、效率、风险等市场观念，提高自身的信息意识与经营管理理念，提高市场竞争力，改变自己的弱势地位。而提高市场竞争力的重要途径，就是利用远程教育手段发展农村教育。

四、发展农村远程教育是建设社会主义新农村的客观要求。建设社会主义新农村必须以经济建设为中心，以生产发展为首要任务。建设现代农业是当前农业和农村经济工作的主线，这就必然要求培养一大批能够掌握先进科技、现代生产工具和经营管理方式的新型农民，切实将生产发展转移到依靠科技进步和提高农村劳动者素质的轨道上来。农村是农民和农业的载体，农民是农村的主人，只有广大农民学科技、用科技、勤劳致富蔚然成风；遵纪守法、文明礼貌、清洁卫生、爱护环境变成习惯；摈弃封建迷信、移风易俗、崇尚科学成为流行，才能形成农村良好的社会风貌，才能保持和谐社会建设的持续发展。因此，发挥远程教育优势，加强农民教育培训，培养有文化、懂技术、会经营的新型农民，提高农民的综合素质，是党的十六届五中全会提出的重要任务，也是建设社会主义新农村的必然要求和重要保证。

远程农村成人教育的功能

远程农村成人教育具有政治教育、技术培训、信息传递、文化宣传、事务管理、党群连心等多种功能。具体来说，我们可通过各远程教育终端站点，充分运用视频点播、网络查询等手段，把党中央出台的有关政策通过网络及时传达到基层，引导农民学习政治理论和政策法律，不断提高广大农村党员干部对新时期党推进社会主义新农村建设的路线、方针、政策的认识。

围绕增加农民收入，运用适当的课件组织教学活动，广泛开辟农民增收渠道，让农民得到实实在在的物质利益和各方面的实惠。通过组织优秀的教学片，结合当地产业结构调整和农民的实际需求，开展科学种田、科学养殖、沼气利用、病虫害防治、农田水利建设的教学，增强农民致富本领，提高生产效益；通过网上交流农产品信息，进一步引导农民进入市场，拓宽发家致富的路子，以此带动一批种植、养殖、农产品加工等行业的农村经济能人，发挥能人帮带作用，拓展致富层面；通过远程教育加强对农村富余劳动力的培训，培养新型农民，让他们掌握 1～2 门实用技术，做到务工务农样样行，并引导有一定专业技术的农村富余劳动力有序向非农产业、乡镇企业和城镇其他行业转移；通过远程教育培育农民的现代意识，提倡节约型农业，推广农业商品的无公害化、绿色化，以不断提升农产品的市场竞争力。远程教育站点还能够为农民生产、生活、就业等提供准确的信息，是广大农村党员干部群众掌握信息、把握商机、筹划生产经营的重要手段。

远程教育可积极配合各地农村开展创建文明户、文明村等活动，引导农村的精神文明建设，使广大农村逐渐步入世界文明的大道。从现实看，远程教育站点正在引导农民崇尚科学、抵制迷信、破除陋习、树立先进的思想观念和良好道德风尚。培养和造就一批懂政策、会管理、善经营的新型农民是社会主义新农村建设的关键。远程教育是农村信息化建设的基础工程，把乡村事务，包括资产资源、经济往来、党员管理等都加入网络信息管理，既可以提高工作效率，更重要的是还可加强规范性、透明性，为乡村事务公开、民主管理提供坚实基础，从而有力地促进社会主义新农村建设。

大部分农村地区的交通不便，信息闭塞，农民渴望了解中央精神，但了解的途径与方法又不多。发展农村远程教育，以卫星、互联网、现代通讯技术为主要手段，突破学习上的时空局限，恰能弥补这方面的不足。远程教育为农村经济改革服务，使国家的富民政策和相关法律法规深入村村寨寨。广大农民群众在远程教育过程中通过生动直观的教学片，易于了解掌握党的农村政策和相关法律法规，真正成为农村改革的主体。远程教育网络像纽带一样，拉近农村与城市的距离，拉近农村群众与党和政府的距离。

远程农村教育结构和层次体系如何构建

要适应农村教育层次多样化需求，构建多层次、多形式结合的教育结构和层次体系，要坚持学历教育与非学历教育并举，开放教育与普通教育兼有，高等教育、中专教育与各类培训并重，职业教育、成人教育、继续教育兼顾，形成立体化、多功能的教育结构和层次体系，给予农民最直接、最快捷、最全面的帮助与指导，以满足广大农村人口的不同教育需求。

远程教育要在充分发挥自身优势的基础上，加强与普通高校、科研院所以及有关行政部门的联系和合作，与相关企业、行业建立新型的合作伙伴关系，积极利用现有农村教育资源，构建一个比较完善的高、中、初级教育与培训的远程教育服务网络，建立以满足当地经济发展和劳动力市场需求、促进区域经济发展为导向的教育、培训体系，为广大农村人口提供多层次、多规格、多形式的教育、培训机会，满足“三农”的教育需求。

如何提高农村远程教育的实效性

要开发和提供实用、有效的教学资源，增强远程教育的影响力，面对为新农村建设服务这一全新的课题，远程教育资源开发需要转换思路、创新机制。要充分研究农业、农村和农民的现实需要，遵循“合理建设、互相配合、资源共享、农民受惠”的原则，制定教学资源的针对性开发策略。在内容上，要结合当地农村和农业经济特点，开发具有本土特色的资源，注重内容的先进性、实用性和可操作性；在培训项目的选择上要做到“选好一个项目，培养一批人才，致富一方农民”；在资源形式上，要根据当地经济发展状况、农民文化水平和学习习惯，以实用有效、方便易用、直观易懂为原则，选用最适宜的媒体形式；在资源开发机制上，要特别重视与乡镇、行业、企业的合作，建立共同开发机制。要进一步拓宽远程教育的途径和内容，采取多种教学方式，除了收看课件外，还应多样化、丰富化，以提高教学效果。探索建立“校地”长期合作机制，普通高校、职业院校的许多专家学者都想为新农村建设贡献力量，应充分利用这些资源，建立学校与地方长期合作机制，让更多的知识步入农家。建立涵盖农村生产生活各个领域的专家库，由专家教授定期或不定期通过网络直接给农民讲课及解答问题；利用大学生暑期实践活动，让农民与大学生团体结成帮扶对子，建立长期合作机制，使大学生成为新农村建设中的“第二专家”。

如何建设农村远程教育队伍

必须着力培养 5 支队伍——新农村带头人队伍、农民技术员队伍、骨

干农民队伍、农村能工巧匠队伍和农民企业家队伍，让广大农民既是教育的受益者，同时又是教育的传播者。要着力搭建天网、地网、人网“三网合一”的教育服务平台，构建集教育培训、科学普及、推广服务和信息传播多功能一体化的农民教育培训体系。同时，在注重远程教育全面工作的同时，要着力扶持一批条件较好的示范户，通过远程教育学习生产技术，实现率先发家致富，从而引导和带动农民破除“等、靠、要”思想，自觉主动地参与到远程教育中来，增强致富能力，激发百姓在新农村建设中的发展意识、主动意识。

政府如何支持农村远程教育发展

发展农村远程教育，为新农村建设服务是“工业反哺农业，城市支持农村”，缩小城乡教育差距，维护社会教育公平的一项利民举措。近年来，农村远程教育工程从初步示范试点到大规模普及推广，取得了举世瞩目的成绩。实践证明，远程教育为社会主义新农村建设服务是完全可行的、必不可少的。但是也要看到，农村远程教育仍处于起步阶段，它作为一项重要的公共管理事业，完全由市场来配置农村远程教育资源是不切实际的，政府应成为农村远程教育最有力的推动者，必须充分发挥政府的宏观调控职能，增加投入，进一步完善以政府为主导的农村远程教育领导管理体制，以行政村为基本点，依托农村中小学、乡镇成人文化技术学校，建设农村远程教育中心，统筹规划、政策支持、资金扶持、综合协调，推动农村远程教育的健康发展。

采访后记 / 孙艳雷

张秉让担任山西省成人教育处处长期间，适逢社区教育进入大发展时期。在参加了“海峡两岸暨港澳社区教育发展论坛”之后，他将社区教育带回了山西，提出了对山西省社区教育发展的构想。最难能可贵的是，他将社区教育推向了农村。从全国范围来看，山西省经济发展速度并不算快；农业人口多，人口整体素质不高，集中反映了我国中西部地区的基本情况。山西省社区教育的成功对我国在中西部地区推进社区教育、构建全民终身教育体系具有重要意义，它从实践角度证明了我们社区教育在经济相对落后地区也能够生根发芽并且茁壮成长。

人民群众是历史的创造者，但每一个历史事件背后总有一些人发挥着关键性作用。山西省社区教育能够取得如今的成绩，张秉让就是那个关键人物。我们想通过此次访谈，了解他为什么能够推动山西省社区教育的发展。访谈结束的那一刻，我深刻地明白了其中一个并不算深奥的道理，用他自己的话来说就是："成人教育有多大的劲就可以做出多大的成绩来。"这即是成人教育本身的特征，因为弱势化、边缘化的特性，它自由的空间也就越大，发挥创造力的空间也就越大。当然，并不是每一个人都能够利用好成人教育这样的优势的，只有大气魄才能做出大事情。

相关链接

张秉让主要著作与论文一览

1.《在科教兴农中的乡镇成人文化技术学校》(专著).太原：山西人民出版社，2002
2.《新时期总任务问答》(专著).太原：山西人民出版社，1978
3.《扎扎实实开展扫盲工作》，载《中国成人教育》，1999 年第 1 期
4.《山西省新农村建设与农村成教的现实思考》，载《中国成人教育》，2007 年第 19 期，第 110–111 页
5.《发挥远程教育功能　服务社会主义新农村建设》，载《教育理论与实践》，2008 年第 21 期
6.《提高认识　采取措施　努力完成扫除青壮年文盲的历史任务》，载《山西成人教育》，1996 年第 1 期，第 15 页
7.《山西省扫盲工作的状况及努力方向》，载《山西成人教育》，1996 年第 10 期
8.《山西省采取有效措施推动全省扫盲工作深入开展》，载《山西成人教育》，1996 年第 Z1 期，第 22–23 页
9.《坚持改革开放　积极发展成人教育》，载《山西教育(综合版)》，1999 年第 1 期

思路决定出路

访济南市教育局副局长李宪辰

山东是孔子的故乡，儒家文化在齐鲁大地得以孕育并悠久而又鲜活地代代传承。现任济南市教育局副局长的李宪辰就是一位风度儒雅、作风谦逊，带着山东人的热情同时又有着学者气质的社区教育领军人物。李副局长是现代齐鲁中心重唱社区教育乐章的歌者。他不遗余力地宣传社区教育，将社区教育的理念以最简洁、最形象的方式传递给那些对社区教育依然知之不多的校长、老师们；将社区教育之于现代社会建设的重要意义不断向市里、区里的领导传递；将社区教育的管理与实践作为工作的重心，每件事关济南社区教育发展的大事他都会事必躬亲。

来到济南市第一次见到了李局长，感觉他身上有一种特别的亲和力。虽然之前我们只是通过电话联系过，可我对他竟然没有一点陌生感，直觉告诉我今天能够听到很多关于社区教育的故事。他看起来有一点疲惫，落座细谈后才知道前一天晚上他刚下乡调研回来，最近他的工作日程排得很满，且不说日常的事务性工作，仅仅处理突发事件也够他忙的。今年全运会在山东济南举办更是给他增加了很多工作。我们聊了很久，听他讲述济南市社区教育发展历程，讲述他对社区教育的看法，讲述他对社区教育的亲身感受……

访谈实录

政府主导：社区教育发展起步

笔者：社区教育是一项新兴的社会教育事业，也是一项适应经济与社会发展需求、提高全民素质的重要政府行为。请您大致描述一下济南市社区教育起步和发展的过程。

李宪辰：一是自 1998 年下半年开始，我们在济南市天桥区试点的基础上，明确提出了政府主导型的社区教育发展思路；同时，及时肯定并推广了槐荫区政府领导亲自挂帅，主动建立该区社区教育委员会的先行经验。

二是自 2000 年以来，我们利用参与研究市委、市政府下发的《关于加强城市社区建设的意见》、《济南市社区建设三年规划》以及市委、市政府主要领导在市党代会和市人代会上所做工作报告的契机，建议市委、市政府提出我市积极发展社区教育的任务要求，做出建立健全社区教育运行机制的相关规定，确立构建终身教育体系、率先建成学习型城市的奋斗目标。

三是围绕贯彻落实教育部有关开展社区教育实验工作的通知精神，我们向市政府及时提交了《关于开展社区教育实验工作的实施意见》，市政府迅速批转各区（县、市）政府执行。

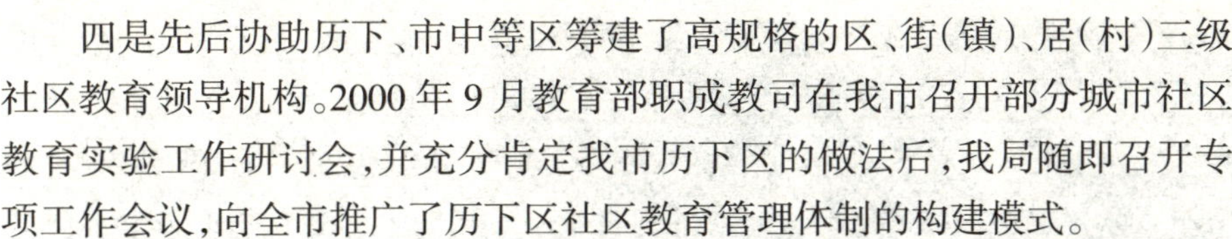

四是先后协助历下、市中等区筹建了高规格的区、街(镇)、居(村)三级社区教育领导机构。2000 年 9 月教育部职成教司在我市召开部分城市社区教育实验工作研讨会,并充分肯定我市历下区的做法后,我局随即召开专项工作会议,向全市推广了历下区社区教育管理体制的构建模式。

五是 2002 年 2 月,市委、市政府在历下区召开了由各区(县、市)分管领导,教育、成人教育部门和政府教育督导室领导,城区各街道(镇)党政领导,总计 200 多人参加的全市社区教育工作现场会议,全面总结推广了历下区的经验。市委、市政府领导亲自对全市社区教育工作进行了专项部署,特别是对管理体制、运行机制等问题提出明确要求。市政府教育督导室主要领导就加强社区教育的政府督导问题作了具体部署。

六是以申报省级社区教育实验区为契机,市里以社区教育领导机构建设等情况为重点,对各区社区教育工作进行了普遍检查并予以通报,与各区党政领导就社区教育的管理体制、工作重点、保障措施等问题进一步达成了共识。

七是围绕完成教育部社区教育济南分课题和子课题的研究工作,以 12 个专题和 1 个子课题为主线,进一步形成了市、区、街、居、大型企业部分领导和专家、学者相结合的现行社区教育管理体制的工作指导体系和理论支撑体系。

笔者:从 1998 年下半年开始,济南市就明确提出了政府主导型的社区教育发展思路,那么济南市政府在社区教育方面具体都做了哪些工作?

李宪辰:2000 年, 我市市政府制定下发了推进社区教育实验工作的文件,做出了“构建终身教育体系,建设学习型城市”的战略部署;2003 年初,市委第八次党代会、市人大第十三届一次会议政府工作报告,分别将我市“完善终身教育体系”、“形成全省领先的学习型城市”的目标任务列入重点工作议程。2007 年初,根据新任市委主要领导同志的指示精神,我市进一步修订完善了《济南市关于学习型城市建设的意见》,以市委、市政府办公厅名义下发至各级执行。与此同时,市委、市政府坚持把发展成人教育事业作为完善终身教育体系、提高全民素质的“重中之重”,采取了一系列重要举措,有效地发挥了成人教育在学习型城市建设中的突出地位和作用。尤其是在发展社区教育方面:一是进一步完善了市、区社区教育管理体制。市教

育局单独设立了成人教育处,并赋予管理指导全市包括社区教育在内的成人教育的职能;结合区级政府机构改革,强化了社区教育工作职能。市中区将原区成人教育局建制改为区社区教育办公室,其行政编制、正局级规格不变,主要负责以社区教育为重点的成人教育和民办教育工作。历下区由区编委单列编制,新设副局级的社区教育服务中心,并以"一校两牌"形式,建立了高档次的历下区社区教育学院。二是进一步完善了社区教育工作体系。市内五区在各级党委、政府及有关部门的共同努力下,以自建、统筹、共享等形式,积极筹建社区学校。迄今为止,市区 72 个街(镇)中,已全部建立社区教育中心学校;1 090 个居(村),已建立社区教育教学站(市民学校)987 个,占总体的 90.6%。全市基本形成以市、区社区教育学院为龙头、街道社区教育学校为主体,社区教学站为辐射点的三级社区教育工作网络体系。三是加大了对社区教育经费保障的力度。市教育局在教育经费较紧张的情况下,争取市财政将社区教育经费逐年专项列支。市内五区均做到按常住人口人均不少于 1 元标准由财政逐年列支社区教育专项经费。其中,历下区财政逐年列支已达人均 2 元以上;天桥区按人均不少于 1 元由财政列支的社区教育经费不仅包括了全部常住人口,而且将 26 万暂住人口也包括在内。四是率先出台了《济南市社区教育暂行办法》。考虑到工作的部门协调与协作实效,我市教育局与市文明办、市民政局联合制发了《济南市社区教育暂行办法》,全面规范了社区教育的管理体制、运行原则、各级职责、工作重点、学校管理、队伍建设、基础保障等。

资源盘活:社区教育做大做强

笔者:在政府主导型的社区教育发展思路指导下,济南市政府对社区教育管理制度建设和经费投入上的力度非常大。可是,社区教育的发展并不能单纯依靠政府投入，它需要对全社会教育资源进行有效整合。在济南市政府主导的社区教育发展模式中，政府是如何整合各类教育资源来为社区教育服务的？

李宪辰：1998年以来，我们除了先后呈请以市政府名义行文、开会、出台措施推进社区教育并将社区教育列入各级政府教育督导范围，主要围绕强化政府行为力度、聚集部门工作合力、共享各类教育资源三个方面，抓了以下工作：一是围绕强化政府行为和部门协调力度，在市一级建立了社区教育联席会议制度。同时，指导市内各区及其所属街（镇）居（村）均建立了由党政领导挂帅、各有关部门领导参与的社区教育委员会。区级下设办公室（放在教育局或成教局）；街（镇）居（村）级均吸收辖区内有关学校、企事业单位领导参加。二是围绕形成部门协作的工作机制，要求各级教育部门主动做好社区教育和加强精神文明建设，加强基层政权建设，推进区域经济与社会各项事业协调发展的"三个紧密结合"；积极探索教育系统内部、各有关部门以及社会各界的"三个联动机制"；在各区逐步试行了办公议事、工作通联、目标责任、培训计划备案统筹等四项工作制度；实行了街道、社区与驻地单位共建社区教育委员会、联签教育资源共享协议书等两种新型协作形式。三是围绕完善资源共享型的保障体系，先后以不同形式总结推广了历下区以自建、统筹、共享形式建立社区学校以及筹建高档次社区教育学院。市中区发动67所中小学"校居联手，共建和谐社区"，历城区利用乡镇成教中心"一校挂两牌"，高新区新建社区教育基地、组织新市民和失地劳动力转移培训，各区学校利用假期向市民开放相关教育资源，交流多方面、多类型的经验；逐步建立起专兼职结合的管理与工作者队伍，完善了区、街、居三级施教体系。

笔者：盘活各类教育资源需要依靠强大的行政力量来进行协调，但在整合教育资源过程中，恐怕最主要的还是开放学校教育资源。济南市在开放学校教育资源方面做了哪些实践？

李宪辰：学校教育资源试点开放主要涉及教育内部，相对来说较易操作，关键在于如何做到有目标、有计划、有组织、有保障。为此，我们首先在全市各级各类学校实行了逐年开放制度，至今已坚持5年；同时，除部署职业与成人学校全面开放外，统一进行了中小学教育资源向社区开放试点工作，至今已确定了市内20所中小学校作为开放试点学校。其次，指导市内5区逐步实行了由学校向驻地街道定期派出及轮换社区教育指导员、联络员的制度。再次，在全市重点推广了市中区67所中小学“校居联手、五进社区、共创和谐社区”的经验，即通过中小学教育资源和社区教育资源的互动共享，实现“宣传教育进社区、文化活动进社区、社会实践进社区、教育社区资源共享、职业技术培训进社区”的目标。此项活动虽然历时几年，但作为学校教育的延伸、拓展，其教育效果已初步显现。一是整合了社区人力资源，实现了组织网络化、资源共享化；二是学生综合素质得到提高，实现了学生社区活动经常化、立体化；三是未成年人成长环境得到净化；四是探索出了一条学校教育、家庭教育、社区教育三位一体的全方位育人的新路子，实现了社区教育和学校教育的优势互补，为未成年人搭建了健康成长的平台。同时，学生的参与带动了社区整体文明水平的提升，达到了“双赢”的目的。近年来，我们又以历下、市中为主试点，启动了现代家庭教育进社区试点工作。

笔者：济南市在整合教育资源时，充分调动了民办教育机构的积极性，这可以说是一大特色，因为民办教育毕竟具有明显的市场导向性。济南市教育局是如何引导民办教育机构参与到社区教育中来的？

李宪辰：引导民办教育机构参与到社区教育中来确实是开发和利用社会教育资源，壮大社区教育很好的办法。我们在全市逐年开展了“民校为民·公益培训进社区”活动及“全民终身学习宣传周”系列活动。自2006年起，我局和各区共同认定了107所条件较好、专业适宜、信誉较高的民办学校，作为进社区定点学校，由我局统一行文认定、统一授牌、统一审核为市民免费培训计划、统一表彰奖励。近3年来，各校已面向社区市民开办免费培训项目102个，市民参学9万多人，免费或优惠数额多达1 185万元，已成为深受市民欢迎的“民心工程”。为组织好这一工作，市教育局于2006年专门制发了《关于在全市开展公益培训进社区活动的实施意见》(济教成字〔2006〕9号)，召开了动员大会，要求各定点学校牢固树立社会责任和教育服务意识，紧紧围绕社区市民的多样性教育培训需求，精选培训课程、培训师资，加强教学管理，确保公益培训质量；要求各县(市)区教育行政部门认

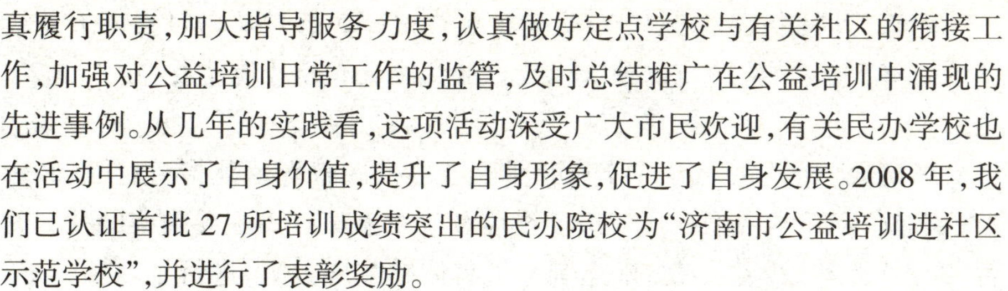
真履行职责，加大指导服务力度，认真做好定点学校与有关社区的衔接工作，加强对公益培训日常工作的监管，及时总结推广在公益培训中涌现的先进事例。从几年的实践看，这项活动深受广大市民欢迎，有关民办学校也在活动中展示了自身价值，提升了自身形象，促进了自身发展。2008 年，我们已认证首批 27 所培训成绩突出的民办院校为“济南市公益培训进社区示范学校”，并进行了表彰奖励。

主题深化：社区教育内涵提升

笔者：社区教育起步阶段以整合和利用各类教育资源为主要发展方式，但是社区教育的真正价值还在于找到自己的真实内涵。济南市为了提升社区教育内涵做了哪些有意义的探索？

李宪辰：社区教育内涵发展需要依靠社区教育一线工作者的探索和创新。我们为了进一步深化社区教育主题，开展了社区教育“四创”主题活动。在“四创”活动中涌现出了一批具有带头示范作用的区、街道、社区和家庭。为了总结经验、激励先进、进一步确立社区教育今后发展方向，我们对已开展 3 年的社区教育“四创”主题活动进行了评估认定。通过评估，首批已认定 10 个社区教育示范街道、10 所社区教育特色学校，创建学习型社区先进居委会 25 个、学习型家庭 50 个。同时，在全市启动了社区教育品牌建设工作。几年来，涌现出诸如社区科普大学、市民大讲堂、七彩阳光课堂、网上大课堂、居民论坛、放心吧等一大批形式新颖、实效显著的社区教育品牌。市民参与率高、教育受众面广，效果很好。在此基础上，我们借鉴外地经验，根据济南实际，将社区教育归纳为社区从业人员教育、老年人教育、青少年校外教育、婴幼儿教育、残障人员教育五大类型，并分门别类逐步开发了相关教材，探索了灵活有效的施教形式，特别是历下区和市中区已经运行，其他区正在建设的数字化区域性市民网络教育平台，使社区教育在全员、全程、全方位方面有了实质性的深化。

笔者:社区教育实验工作、示范街镇评选等工作是推动社区教育持续发展的重要手段,济南市以什么形式拉动社区教育的持续发展?

李宪辰:我们在全市持续开展了以创建社区教育示范街道、社区教育特色学校、创建学习型社区先进居委会和学习型家庭为主要内容的社区教育"四创"活动。2003 年初,市里制发了具体的实施方案,进行了专项部署,研究出台了"四创"中的四个基本条件和评估标准。几年来,市内各区均以区委、区政府名义转发了市里的文件,并结合各区实际制定了具体的实施意见;均召开了有街道、社区居委会、社区学校主要领导和驻地机关、企事业单位有关领导参加的工作会议,予以逐级发动、层层落实。2007 年,市教育局在各区推荐的基础上,统一表彰奖励了开展社区教育"四创"活动成效突出的 16 个社区教育示范街道、11 所社区教育特色学校、26 个创建学习型社区先进居委会和 50 个学习型家庭。通过"四创"活动,各级相继涌现出许多新颖有效、初具特色的社区教育创新品牌。很多街道、社区建立了全民学习日,发放了终身教育卡,集资筹建了"学习超市"、"居民学堂"、"社区论坛",组织了自愿参加、责任到人的家庭学习辅导员队伍;有的街道探索出"党员学习制度化、居民学习课堂化、常规教育规范化、阵地教育大众化"的学习型社区创建路子;有的社区建立了共享家庭学习资源的"居民读书互助俱乐部",也有的社区把学习型家庭分为文化、科技、技能、娱乐、健身等不同类型,使学习型家庭个性化,大力调动市民群众的参与热情。

均衡发展:社区教育城乡同步

笔者:我国社区教育兴起于城市,那么农村要不要开展社区教育,应当如何认识和做好农村社区教育工作?

李宪辰:济南市教育局始终把社区教育工作作为创建文明城市、构建和谐社会的重要举措来抓,在稳步推进市区社区教育工作的同时,不失时机地提出了社区教育向城郊县区和条件成熟的农村延伸的战略举措。长清区、章丘市已被报批为省级社区教育实验区,还有其他几个县也被作为市级实验区开始启动社区教育。目前作为市郊区的历城区各乡镇和村(居)都成立了由党政领导总负责、有关部门领导为成员的社区教育委员会，并把乡镇教育办、社会事务科作为推进社区教育的职能部门，调研制定了社区教育工作规划和工作目标，完善落实了各种工作制度，积极开展了各种培训和文化娱乐活动。长清区针对新建居民区的特点，以新建乐天小区为试点，在乐天中小学深入开展“小手拉大手”活动，动员学生积极配合社区，向家长广泛宣传国家政策、法律法规，弘扬社会公德和文明新风，推进学校教育活动向社区和学生家庭延伸。章丘市在前几年试点的基础上，今年将在全市各乡镇全面推开社区教育。总之，一个“政府统筹、部门参与、城乡互动、资源共享、各类教育相互沟通”的社区教育新局面正在济南形成。

笔者：社区教育如何在农村开展，如何为农民提供合适的社区教育是很多人关心的问题，济南市在这方面做了哪些工作？

李宪辰：我们理解，农村社区教育应是农村成人教育在内涵和外延上的拓展与深化，重点体现在内容和对象方面。而我市农村成人教育基础一直较好，因此推进社区教育的条件也比较成熟。

一是持续加强农村成人教育基础建设。目前，我市 10 个县（市、区）均建有现代化的职业与成人教育中心；65 个乡镇均建有独立设置的成人教育中心学校（41 所达省级示范学校标准），校舍建筑面积达 82 749 平方米，配备微机、电化教学及相关实验仪器设备 37 226 件（套），现有专职教师和职工 636 人，兼职教师 1 323 人。全市已有 3 633 个行政村设立了文化技术学校或村办夜校，占行政村总数的 90%，其固定资产近亿元。与此同时，我市还大力加强了涉农实习和务工实训基地建设。全市乡、村成人教育实习示范基地总面积已达 3 969 360 平方米，涉及种植、养殖示范项目 100 余个；已建成务工实训基地 36 处，可独立举办 47 个农村劳动力转移培训项目。我们还牵头和市劳动保障局等部门

联合，在市区民办学校和社会培训机构中择优审定命名了20处农民工培训定点学校，实现了农民工培训输出地和输入地同步覆盖、全面推进的格局。

二是积极探索农村成人教育的联动机制。围绕强化部门协作，我们以多数乡镇成人教育中心学校为基地，由市及县(市、区)教育部门牵头协调，分别会同科技、劳动保障、农业、文化、妇联、残联等部门建立了相关实体性培训站点，有效地凝聚了各有关部门共抓农村成人教育的合力；围绕拓展多向合作，我们发挥省会城市的地理优势，推进了以“校科联手、校企联姻、校校联合”为主的“三联”活动。组织省、市17所农业科技院所的专家363人次“送科技教育下乡”，并与全市10多个乡镇成人教育中心实习示范基地、近200户农村科技示范户结成帮扶对子；大力推进“引企入校”和“实训进厂”，已有26个乡镇成人教育中心实现了企业入校、车间入校、师傅入校和生产实习入校；全市各乡镇成人教育中心学校已在75家企业设立了实训基地，和109家企业建立了合作培训关系；已有43所农村成人学校与省、市23所高等院校和职业学校建立合作培训项目61个。同时，各级教育部门主动牵线搭桥，以联办、合作等形式先后将35所具备相应条件的民办学校引入乡镇成人教育中心学校，进一步激发了活力。

三是不断更新农村成人教育的教学手段。首先，着力构建并完善了县、乡、村三级农村成人教育办学组织体系。其次，普及互联网络。全市65所乡镇成人教育中心学校中，已有38所建成网络教室。网络教育内容涉及农村实用技术、进城务工技能、思想道德教育、科学文化知识等多个方面。再次，推广多媒体教学。我们在各乡镇成人教育中心学校设立了26个电大教学站和46个可电化教学的高等教育自学考试辅导站；在市教育电视台开设了农村劳动力培训专题讲座。同时，要求所有乡镇成人教育中心学校配备录放机、电视机等电化教学设备和多媒体教室、图书阅览室，及时购置教育培训光盘、音像教材及书籍报刊，并将此纳入市级规范化乡镇成人教育中心学校的评估指标体系。市教育局为13所示范性乡镇成人教育中心学校配发了电化教学或网络教室设备。利用现有基地、机制和现代教育设施，近5年来，全市各级农村成人学校实施农村劳动力转移培训26万多人；实施“一村一名大学生培养工程”和“农村基层干部培养工程”，培养大专以上层次的农村学员达13 471人；组织未能升学深造的中学毕业生，开展以掌握1门以上务工或务农技术为目的的“3+1”培训，年均在校生4 000多人；同时，大力开展全方位、多渠道、多层次、多内容的教育培训活动，2008年共培训农村各类劳动力达61.3万人。去年，联合国教科文组织在我市召开有8个国家的代表参加的国际研讨会，对我们的工作给予高度评价。我市历城区、济阳县已被联合国教科文组织列为农村社区学习中心建设(CLC)项目实验区，是其在我国内地首次认定的2个县级实验区。

理想追求：社区教育开放灵活

笔者：*社区教育与正规的学校教育有着完全不同的形式，适应市民学习需求是社区教育得以顺利开展所不可或缺的条件，济南市在发展社区教育的过程中，在教育组织形式方面有着怎样的思路？*

李宪辰：打破清规戒律，以开放性思维实施开放性的社区教育。社区教育不同于学校教育，从全市各区、特别是各办事处和居委会的实践来看，坚持正规教育、非正规教育、非正式教育相结合，开展各种寓教于乐、形式多样的公益活动等，都具有较强的吸引力和实效性。举几个例子：槐荫区在工作中，充分调动和发挥街道(镇)、居(村)、驻区单位和市民群众的参与热情和创新意识，涌现出诸如振兴街办事处的社区教育“十个一”工程，振兴中街等社区的居民论坛，营市街办事处与九职专联办的全民学习日，青年公园办事处及其居委会的终身学习卡以及居民读书互助俱乐部、居民学堂、社区教育网站等，形成了很多各具特色、深得民心的社区教育品牌。此外，在社区教育的时间安排方面，既有短期脱产，也有半脱产或者业余；在教学场地方面，有的设在学校，也有的设在广场、车间、工地和居民家庭；在教师选聘方面，有的从各类院校或科研院所专门聘请，也有的从本社区、本单位挑选相应人才任教或者互教互学。总之，打破清规戒律，以开放性思维实施开放性的社区教育，对于有效地调动基层组织工作的创新性和居民群体参与的广泛性，都起到了重要作用。

笔者：发展不平衡是当前社区教育面临的突出问题，一些区或街道积累了比较成功的经验，而另外一些区或街道则可能还处于摸索之中，你们是怎样提高济南市社区教育的整体水平的？

李宪辰：首要是加强对社区教育的指导，我们坚持抓好“三个带动”。从全市来看，每年指导各区确定一项特色型的重点工作。近年来，我市历下区的学习型家庭建设、市中区的学校教育社会化和社区家庭教育、槐荫区的弱势群体培训、天桥区的外来人口培训、历城区的城郊农村社区教育等，都是市里会同各区确定的阶段性重点工作，均已有效推进、初具特色。每年组织一项全市性的重点活动。2002 年，我局会同市委宣传部，组织开展了大规模的“学百句英语，促对外开放”活动。一年多时间，参加学习的在职人员和市民即达 10 万多人，有效地推进了社区教育的发展。我们在全市开展的以创建社区教育示范街道、社区教育特色学校、学习型社区先进居委会和学习型家庭为主要内容的社区教育“四创”活动，收效也很好。每年推广一批创新型的先进经验。我市除全面推广了历下区的社区教育经验外，还以不同形式在全市总结推广了历下区千佛山办事处创办老年大学分校的经验，市中区舜玉路办事处加强社区学校基础建设的经验，槐荫区振兴中街办事处组织居民论坛和建立居民培训、实习、活动三个基地的经验，天桥区纬北办事处创建学习型社区的经验，市中区杆石桥办事处自建与吸引社会力量相结合、建立“社区教育联盟”、全面实施市民终身教育的经验等等。对上述先进典型及其经验的挖掘和宣传，对于强化全市社区教育的互动性、广泛性、深入性，都发挥了重要的导向和带动作用。

采访后记／孙艳雷

整个采访过程都在李副局长的办公室里进行，他给了我很多有关济南市社区教育发展历程的原始材料。李副局长一再叮嘱，要我多写有关济南市社区教育工作的内容，少一点个人润色。其实无论是讲述他的故事，还是讲述济南市社区教育的故事，两者似乎很难界定。济南市社区教育的每一步发展、每一次创新都有他的思考与实践足迹，而他的身上也无时不透露着对济南市社区教育的深厚感情和无限激情。

我对社区教育的认识，更多的是从读书、听报告中获得的理性信息，缺少鲜活的真实感。李副局长谈社区教育则是把他对于社区教育的思考与从事这项工作的切身感受有机地融合在一起，使我备受启发。董桥曾说：“今日学术多病，病在温情不足。”我看这温情的获得只能来自对行动者内心的发掘。静静地听李副局长谈社区教育既是一种享受，更是一种憧憬，他带给我的绝不是济南市社区教育发展的总结，而是一幅社区教育如何在济南付诸实践并走向成功的宏伟蓝图！

相关链接

李宪辰主要著作与论文一览

1.《学习型企业创建之路》，载《现代企业教育》，2003 年第 7 期，第 20–22 页
2.《改革发展成人教育，为终身教育体系和学习型城市建设而努力——济南市成教工作经验总结》，载《河南教育（职成教版）》，2009 年第 4 期，第 10–12 页

足智谋 方以博远

访江苏省教育厅职业教育与社会教育处调研员杨向群

杨向群，男，1954年生于江苏淮安，曾任江苏省教育委员会成人教育办公室副主任，江苏省联合职业技术学院副院长、教育管理副研究员，江苏省英特终身教育环境研究所兼职研究员，现任江苏省教育厅职业教育与社会教育处调研员。

与杨老师的访谈约在一个初夏的午后。在从杭州赶往南京的路上，我望着窗外湛蓝的天空，不断想象着这位省级社区教育研究者会是怎样的一个人。电话沟通时，感觉他是一位非常随和热情的前辈，但想到他的职位，一个兢兢业业、富有远见韬略的形象便出现在我的脑海中。期待中带着些许忐忑，我敲开了杨老师办公室的门。“请进”，房间里传来略微沙哑的嗓音。推开门，一个中年男子的身影映入我的视线，中等身材，穿着朴素，笑容可掬。此刻，我原本略显紧张的心情也放松了下来。自我介绍后，杨老师将门轻轻关上，说：“我们就轻松地交流一下吧！”于是，就有了下面这段令我深受启发的访谈。

访谈实录

爱岗为责　促学为任

笔者：来之前，我想了许多问题。我们就从您所处的职业教育与社会教育处说起吧！请您阐述一下，社区教育与社会教育、成人教育的关系是怎样的？

杨向群：其实，江苏省教育厅设置的职业教育与社会教育处，之所以在当时没有叫做职业教育与社区教育处或职业教育与成人教育处，主要是考虑到江苏省的社区教育实际发展情况。江苏省在1999年就开始开展社区教育实验了，这在全国还是比较早的，尤其是在农村完成扫盲后，社区便成为成人教育的主阵地。但当时有一个问题困扰着我们，那就是它到底为什么样的成人教育培训服务？我们当时就认为成人教育必然逐步向社会型教育转型，或者说社区教育应该成为成人教育的强大生长点。因为在农村小城镇化建设的探索过程中，社区教育担任着重要的任务。从另一方面看，从大教育观来讲，虽然江苏省的学历教育还是比较发达的，但终身教育体系还是不够完善。比如欠缺家庭教育、社会教育等。所以，当时我们成立职业教育与社会教育处，就是为了构建终身教育体系，建设学习型江苏。事实上，社会教育的范围非常广泛，具体分成几块：第一是社区教育；第二是以非学历教育为主的成人文化技术培训；第三是民办非学历教育；第四是老年教育，即人生的顶点教育。江苏省从 20 世纪 80 年代中后期就进入了老龄化社会。如今江苏省有 1 216 万老年人，这么庞大的群体必须要有相应的教育跟进；第五是企业的职工教育。这一块难度还是很大的，因为现代社会经济形势的变化太快，我们的教育很难跟上发展的快节奏。但我们同样也会抓准时机，促进职工教育发展。就拿这次金融危机来讲，我感觉不但没有冲击到教育培训，反而使很多人增强了学习意识，并积极行动起来，大家纷纷通过各种途径来不断充电学习，这正是我们搞教育的每位同志所希望看到的。因此，我想社区教育是社会教育的重要方面，而社会教育是我们最终实现学习型江苏建设的重要力量。

我们江苏省的社区教育发展到现在已有 4 个国家级示范区（南京鼓楼区与玄武区、无锡江阴市、苏州金阊区），14 个国家级实验区，53 个省级实验区，38 所社区教育培训学院，142 个省级社区教育培训中心，还有一大批村民学校。我们现在总的工作思路是：第一步抓学习、抓认识。仅仅就什么是社区教育这一问题，我们就办了 30 多次省级学习讨论班。第二步抓实验，要让社区教育基层树立起项目管理的理念，掌握项目管理的方法。第三步抓典型经验推广。第四步抓资源整合。第五步抓农村与城市的分类批导。第六步抓课题研究。通过这几年的实践，我们越来越感觉到在工作过程中还存在很多薄弱环节，还需要我们不断研究、探索、思考和创新。

笔者：看得出，您和江苏省职业教育与社会教育处的每位老师都把促进学习型江苏的建设与发展当成了自己的重要使命。刚才您也谈了自己的工作思路，请问当前您重点关注的社区教育问题有哪些？

杨向群：我关注的问题还是很广泛的。第一，社区教育工作的本质是什么。有

人认为社区教育是重形式的，就是跳跳舞、唱唱戏之类；有人认为社区教育像一个筐，什么样的教育都包含在内；还有人认为社区教育部门就像是宣传部，工作重点是强调氛围。造成这些偏见或茫然的原因是多方面的。就教育主管部门而言，我国的社区教育至今没有在构建终身教育体系中独立明确出来，没有独立的管理机构，自然许多人就会不了解。而从另一角度讲，终身教育意识直到现在还没有深入人心，尤其是我们的高层领导是文件多、口号多、要求多，而政策执行少、针对少、效益少。面对诸多的不理解，我更喜欢用反思、批判的思维来思考这些问题。要被社会所认识与认可，首要的就是应该明确社区教育工作的职责。我认为，这些职责应该包括：(1)制定社区教育总体发展规划；(2)组织、协调、联络等系列管理；(3)培育专业及兼职的工作者队伍；(4)培育社区教育典型，进行专门业务指导；(5)开展理论研究，资源开发等等。

第二，社区教育在构建和谐社会中的作用。也就是我们要搞教育，如何从教育的角度来体现社会关怀的问题，用教育来消除社会的各种不平等。我认为我们社区教育可做的文章很大。我们可以开展丰富多彩的活动、培训等，促进全民愉快地参与到学习和活动中，使每个人都学有所获、健康快乐。通过这样的教育来利民、安民、富民、爱民、惠民，尤其在快速推进我国农村社区教育方面，更需要我们社区教育的同志好好创新。

第三，如何调动居民自主学习的积极性。对于这个问题，我认为培育社会组织，通过民间组织力量来培育居民自制力是一条很好的途径。就目前，需要一个“五力合一”的社区教育推动机制。其中，政府的推动力是首要的，而部门的协作力、社会的支持力、社区的运作力也是不可缺少的，居民的自制力是社区教育可持续发展的根本动力。

第四，社区学院到底起什么作用。社区教育学院是从国外经验中引进过来的，但对我们江苏来说，这种模式还是运作得不好，特别是在操作上存在很多问题。如学院如何向社区渗透，如何为社区开展培训，而指导社区工作也达不到要求，更谈不上进行理论研究了。我认为社区学院不仅要具备学历教育功能，还要承担资源开发、信息传播、理论研究、服务社区等重要职责。因此，江苏要重点发挥社区学院的龙头骨干作用，一方面要加强针对性培训，另一方面要树立一批社区学院的典型。

第五，怎样来开发社区教育课程资源。一种观点认为，没有必要开发课程，群众需要的就是课程。但是我认为，我们的职责应该是把这些资源开发成群众喜闻乐见的，符合时代要求、社区发展要求、居民自身要求的新形式。总之，引用陶行知先生的一句话：要编活的书、动的书、用的书。其实，我们已经编了不少课程，尤其是有关农村生活的读本丰富鲜活，有问卷式的、速读式的、讲解式的、动画式的等等，可以说是形象生动、通俗易懂。

第六，如何来加强载体建设。江苏要形成一个社区教育的发达体系，一来，我们在考虑以南京、苏州、无锡为中心成立社区大学，县市区成立社区学院，乡镇成立社区教育中心，村居委会成立市民学校，最后形成一个社区教育四级网络。二来，要建设江苏省终身教育远程网络体系，整合资源，建成江苏省远程研究生院、江苏省远程网络职业技术学院、江苏省远程网络教育中心，从而延伸到城市与农村的每一户家庭，形成一个天网、地网、人网“三网合一”的社区教育载体体系。

第七，社区教育应该抓品牌、抓特色、抓项目。江苏省首先启动了 50 个示范性社区教育乡镇和街道的建设。之所以选择这一级单位，我想区域如果太大，便不利于操作实施。而且我们还可以根据江苏省不同区域的不同特点，进行社区教育的分类指导。苏南提出的目标是形成结构合理、水平较高、覆盖全面的社区教育局面，他们要求苏南的每一个县（市、区）都要开展社区教育实验。现在苏州社区教育实验覆盖率已经达到 100%，无锡也达到了 95%以上。苏东地区的目标是实现大面积推进，形成以城市为龙头、农村紧随其后的发展态势。苏北的目标是在较发达的城区开展实验，从而实现以点带面。在实验过程中，对于一些先进单位，他们给予物质与精神的双重奖励，并将一些先进经验推广到其他区县和乡镇。

第八，以学习型组织的创建为切入点来推进社区教育的发展。我认为，学习型组织，一抓学习型机关为龙头。这个任务主要由组织部和宣传部来负责，它的着眼点是解决知识的瓶颈和本领的应用问题。我们每一个省级示范区都把建设学习型机关作为工作的重要任务与目标。二抓学习型单位为重点。这个主要强调管理更新、体制革新、学习创新。三抓学习型社区为依托。我们强调把建设学习型社区的工作重点聚焦到解决社区教育、社区发展的关键问题上，以

提高社区居民的生活质量为目标。四抓学习型家庭为基础。这块任务主要由妇联承担。

第九,社区教育档案管理工作。社区教育推进应该以史为鉴,把我们宝贵的经验记载下来。我认为,档案管理是一门学问、一门艺术,也是一门技术,是资源整合的一条重要途径。

第十,理论研究创新方面。如从人力资源开发角度来研究社区教育的本质问题,社区教育对教育公平的价值性问题,从构建终身教育体系、建设学习型社会角度研究促进社区教育发展的意义、社区教育学校管理、居民学习力、学分卡等问题。

总之,这些都是我在工作过程中,有着切身感受并竭力探求的问题。我住在鼓楼区,下班后经常在广场上散步,看到男女老少载歌载舞,看到大街小巷整洁如新,我想这其中也包含着我们每一位社区教育工作者的努力。

民生之基　教育为先

笔者:身为一个省的社区教育高层领导,能够拥有如此真挚的情感,将促进全民学习作为自己的重要使命,真的很值得敬佩。我发现,在您公开发表的文章里有不少从社会发展、人的自身发展角度来关注弱势群体教育的内容。请问,教育关怀是弱势群体的根本需求吗?

杨向群:中共十七大关于教育提出了不少创新思想,谈到教育是民族振兴的基石,教育公平是社会公平的重要基础,要加强教育的公益性,要建设人力资源大国等话题。这对我们转变教育观念,全面提高教育质量有着重要的指导意义。这些年来,我一直注重对弱势群体民生问题的研究。作为一个农民的孩子,一个从大山里走出来的学者,我永远怀有一种民生情怀,永远关注民生。2004 年的《成人教育》杂志中,我发表的《教育关怀:弱势群体的根本需求——当前社区教育的紧迫任务》一文,其聚焦点就是用教育的力量去改变人们的生存状况,消除人与人之间的不平等。比如社区教育中的残障人员教育问题,通过教育他们如何去维权、去掌握更多的技能,增强他们对生活的信心,提高他们生存的能力与生活质量。再如外来务工人员教育问题,通过教育帮助他们更好更快地融入城市生活当中。实际上有不少外来务工人员有着非常强烈的接受教育与培训的渴望。而且,无论是在教育培训过程中，还是在其他工作过程中，我们经常引导人们改变对这些外来务工人员的称呼，例如苏州一些社区教育培训单位就称他们为“新苏州人”。别看只是一个称呼上的改变，这会让他们感受到这座城市对他们的包容与尊重。

其实，对弱势群体的教育关怀上升到理性思考的层面，有着不同寻常的意义。通过教育，提高这些弱势群体参与主流社会的意识和能力，让他们转变成自信、自尊、自主的人。首先，从人类视角而言，这是国家和社会的现实需要。社区教育最重要、最核心的职能就是促进具体的、活生生的、作为个体的人的发展，而全面建设和谐社会的重点和难点也正是关注弱势群体的生存与发展。其次，从人权视角来说，这是社会民主、平等、进步的需要。教育关怀是一种人权观，每一个人都有权利通过教育改变自己的生存条件，这是整个教育思想的内在组成部分，也是维护社会精神公平的一种生动体现。再次，从人性的角度出发，这是激发人本觉醒的内在需要。教育关怀是用“以人为本”的理念，唤起弱势群体的觉醒，从而主动、积极地获得相应的生存本领。这种个体自主建构内部质的变化，必将导致生命境界的提升。最后，从人情的角度来讲，这又是构筑和谐社会的本质需要。社区对弱势群体的教育关怀是社会文明、人类进步过程中的锤炼，它是一种社会关爱意识、相互合作精神的社会美德的综合体现。由此可见，社区教育关怀并不是单向的“施舍”，而是双向互动互进的“施教”，这体现了社会和谐的文化底蕴。

笔者：无论是从您公开发表的文章，还是从您的话语中，我都可以感受到您身上一种深厚的人文情怀。其实，通过您先前发表的一些文章，也可以看出您对农村社区教育非常关注。请您谈一下您提出的“读懂成人性，要把农村社区教育建立在对农民深刻理解的基础上”这一观点。

杨向群：毫不夸张地说，读不懂农民，就读不懂中国。通过教育关注农民、关怀农民、服务农民就必须要深刻理解农民。首先，从自然人的角度来解读农民。我国农村长期处在封闭、落后、劣势的状态，形成了农民的生存伦理是“一切以生存为中心”的价值取向。他们首先考虑的是家庭“传宗接代”的需要，因此他们的行为逻辑是“安全第一”，力图规避对基本生存形成威胁的风险。缺少新技术、新岗位培训，缺少闯劲，害怕失败，甚至放弃追求收益的最大化，这些对他们来说就是为保障基本生存而作的理性抉择。所以，我们要解放农民的思想，就必须通过教育来培育他们求发展、求上进的意识。其次，从经济人的角度来解读农民。在现代化市场经济的环境中，市场化和商品化的推行，使保障农民基本生存的机制弱化。他们是弱势群体，他们既有脱贫致富、走向城市的迫切愿望，又有对土地收入长期稳定性和自在田园生活的无限留恋感。这一矛盾心理，造成农民对产业结构调整会采取顺应潮流的姿态以及边走边看的心理。因此，农村社区教育必须要以农民看得见、摸得着的切身利益为出发点。最后，从自主人的角度来解读农民。在农村社会中，农民同样是一个完整的人，他们有个性、人性，应得到尊重；他们有思想、观念，应关注解读；他们对教育培训的态度会根据各自的价值判断有选择的自主性。社区教育要解读他们的意愿，把准他们的思想脉搏，理解他们小农生活的观念与态度，创造社区价值规范与氛围，组织、引导他们参与，激发其不断进取、拼搏的精神，发挥其潜能，实现自动、主动地学习。只有这样，我们的社区教育才能更好地提升农民参与学习的自主性，实现其自我生命价值的提升。

与时俱进　探索发展

笔者：通过翻阅先前的一些资料，我发现您对社区教育发展的思考非常具有时代感与深刻性，例如中共中央提出在“十一五”期间要不失时机地实施城镇化战略，您就提出城镇化就是新社区形成的“造市”过程，也是教育资源集聚的过程。请您具体谈一下这一观点的内涵。

杨向群：近些年来，我们江苏省围绕城镇化战略的需要，确立了一批农村实验区，已经形成了与当地城镇化相匹配的省、市、县、乡、村的社区教育网络，并根据开展情况，应对与调适社区教育的发展。我认为：首先，城镇化战略是新社区形成的过程，需要通过社区教育用价值观来引导构建城镇的文化品位，从而积淀起城镇可持续发展的底蕴。因为城镇化不仅需要物质文明，更需要高度的精神文明，其有效途径就是实施科教兴市兴镇战略，而前提就是大力发展社区教育，提高市民素质，培育社区精神、人文内涵。其次，城镇化战略又是区域“造市”的过程，需要通过社区教育用人本观陶冶与培育新一代市民。城镇化最好的模式是关心人和陶冶人，是涉及全社会每个公民的系统工程，其实质是农民素质的大飞跃。最后，城镇化战略也是教育资源集聚的过程，需要通过社区教育用系统观重组、整合成相适结构，成为城镇可持续发展的智力支撑。社区教育在城镇化战略中，有着独特的区域、人文等优势，关键是要善于发现、挖掘、凝聚、整合、发挥它促进经济发展、促进人的发展以及协调人与自然的功能。

结合工作过程中的切身感受，我认为社区教育工作应着重以下三点工作思路：第一，围绕城镇化战略，用阶段推进的思路，进行整体规划、点上深化、面上拓展。我们江苏省按“实事求是，因地制宜”的原则，从城镇化的实际出发，有选择、有重点地确定省、市、县三级实验区，进行分区规划、分类指导、分步实施，让典型引路，收到了很好的效果。如作为全国农村社区教育实验区的江阴，不断探索构建社区教育中心模式，通过整合文化体育、图书阅览、科技信息、农业科技等社区教育资源，形成了适应城镇化发展需要的多功能、多门类、多形式的“教育大世界”。第二，围绕城镇化战略，用资源共享的观念来整体盘活社区教育的资源存量。其实，城镇的教育资源还是相对丰富的，但又处于一种分散、潜在的状态。社区教育只有通过资源共享的观念，把分散在各部门、各场合的教育资源，聚焦在城镇化战略这一共同目标上，真正实现共同参与、形成合力，才能整体盘活社区教育的资源存量，优化社区教育资源的结构。像我省教育厅、农林厅、劳动和社会保障厅等五个部门，就将农村劳动力转移培训作为联合实施教育富民工程的首项目标，提高了农民转市民的适应速度，保障了城镇的安定与发展。第三，围绕城镇化战略，用以能力为本的理念去整合社区教育，增强能力建设。社区教育在为城镇化战略服务过程中，最根本的是自身的能力建设。只有具备高水平的组织能力、计划能力、实施能力、适应能力、创造能力，才能提升社区教育为城镇化建设服务的水平。这些年来，我们省的许多社区都利用“村村通”的部署，加强了社区教育的现代化建设能力，使社区教育更加深入人心、更加蓬勃发展。

笔者：您对社区教育的研究除了非常具备时代性外，还特别具有理性色彩，并非将视野仅仅局限于表面。就您非常关注的社区教育发展模式而言，其研究的深远意义何在？从历史发展的视角来看，社区教育发展模式又发生了什么样的变化？最后，在社区教育建模过程中应该注意什么问题？

杨向群：之所以我一直以来都非常关注社区教育发展模式，是因为我们研究与建模的目的在于应用、指导社区教育的发展，其意义是非常深远的。其一，研究和建立社区教育发展模式的过程，其实质就是排除社区教育中次要的、非本质的部分，抽出其重要因素、关系、状态、过程，对社区教育发展的认识在理论上进行深化、升华的过程；其二，开展社区教育发展模式的研究，其实质就是理论与实践互相结合、推动的过程，从而寻求适合中国国情、适合当地实际的社区教育发展模式。总之，研究和建立社区教育发展模式，最终是促进社区教育的健康发展。

社区教育发展模式按发展阶段可以分成：第一阶段为改革开放后的随机萌生、散点培训模式。主要特点是散点于城乡社区的各类补偿性教育，用于满足广大民众的求知热、求职热，比如江苏省就出现了全国首家江阴申港成人教育中心；第二阶段为 20 世纪 80 年代初的社会自发、校社结合模式。其主要特点是学校借助社会力量开展校外教育，使青少年成长得到社会关注；第三阶段则为 20 世纪 80 年代中期到 90 年代初的双向开放、自然延拓模式。其主要特点是把受教育对象逐步扩大到社区全体成员的开放教育；第四阶段则是 90 年代中后期的政府参与、纳入规划模式。其主要特点是政府主动参与成为社区教育的主导，一批地方政府从社区管理与发展的实际需要出发，把社区教育纳入政府发展的总体规划中；而第五阶段则是从 20 世纪 90 年代末以来的理论导向、科学实验模式。主要特点就是以科学理论指导实践探索的社会系统教育。像我们江苏省教育厅早在 1999 年就下发了《关于选择社区教育实验点，启动实验工作的通知》。事实上，如今我们的社区教育已经进入到第六个阶段，就是以示范区的评选与确立为标志，进入快速发展阶段。

在社区教育建模过程中，我们需要特别注意辩证地处理好以下几对关系。一是在管理体制上不断探索处理好“政府统筹”和“社区自主”的关系。政府统筹是关键，也是由现阶段中国国情所决定的，是社区教育的组织保证；而社区自主活动是基本，也是社区教育的本质属性。这两者之间既有目标的统一性，也有运行上的相左性，在建模时我们必须根据社区教育发展的不同阶段、不同地域，因时、因地、因情制宜。二是在模式构建时不断探索处理好“弘扬特色”和“带动全面”的关系。对于一个社区来讲，“弘扬特色”是完全必要的，但并不能代表全部，必须遵循社区教育“全程、全员、全面”的特征，回归到发展社区的根本宗旨。此外，在模式运行时要不断探索并处理好“动态创新”和“继承传统”的关系。

笔者:在您关注社区教育发展的过程中,您曾提出“参与式”发展是传统社区教育发展模式的突破,请问您这样说有什么依据?

杨向群:其实,我们可以用科学发展观来对社区教育的“参与式”发展进行诠释与思考。可以看出,“参与式”发展的价值不仅在于哲学和方法论层面,它的重要意义更在于:第一,社区教育的“参与式”发展,是“以人为本”的具体实践。一方面,它体现了人的主体性,是教育社会性的回归。它是让社区人在参与过程中学会参与,是实现人与社区互动发展的协调,是吸引和开发人力资源的“教育场”。我认为,在社区教育活动中“参与”是用身体参加,而“参与式”则是用心灵参与,它为社区人提供了发挥主动性和创造力的广阔空间。另一方面,它体现了教育的民主化,是实现教育平等的途径。社区教育的“参与式”发展,使每一位公民都享有了平等的教育权,公平地获得社区教育的选择权、决策权和受益权,这是教育民主化和平等性的真正体现。第二,社区教育的“参与式”发展,是全面协调的生动反映。这也包含两层含义:其一,它是组织者与参与者合作协调的生动反映。事实上,社区教育的组织者不应是“布道者”凌驾于人,而应该是参与群众的合作者和辅导者,更是平等参与的行动者。而参与者在尊重和肯定的环境中,更容易发挥主动参与、独立思考和自我导向的主体精神。其二,社区教育的“参与式”发展,是在自由活动中转换对话模式的生动反映。本来社区成员的需求是有定向性和选择自主性的,他们希望在自由活动中获得自由发展,但自由既意味着有自主参与的权利,也意味着要承担社会发展的责任。只有“参与式”活动,才能使组织者充分解读参与者的水平状态、真实需求,从而有的放矢地实现资源共享,才能使社区成为协调发展的欢乐大家庭。第三,社区教育的“参与式”发展,是可持续发展的动力源泉。“参与式”需求是社区教育可持续发展的内部动力。社区教育的“参与式”与一般活动的“参与”的本质区别就在于“主动摄取”与“被动灌输”,它讲求的是参与者的激励机制,营造和培育使参与者需求得以实现但又永不驻足的思想境界,不断提升需求层次,这就成为参与者自觉主动、自律永恒的内部动力。此外,“参与式”机制还是社区教育可持续发展的外部动力。“参与式”发展是判断一个地方社区教育朝向螺旋上升、纵深发展的一个标准,这成为社区教育持续发展进入一个超越性阶段的外部动力。

总之,“参与式”不仅是停留在某些人对某种社会活动的参加,而且要充分考虑到全社区所有成员和参与者的利益要求,针对社区发展的具体情

况，从决策、组织、监控一直到最终评价，让参与者用具体行动全程参与，推动参与者和社区发展的实践。因此，“参与式”可以说是社区教育宗旨的回归。

勇往直前　共创未来

笔者：让我们站在发展的角度看未来。正如您所说，社区教育随着时代的发展而被不断赋予新的含义。如今，全国各地都在兴建数字化社区，您认为当前我国社区教育是否已经进入这样一个数字化的发展阶段？

杨向群：我认为这个问题可以从两方面来讲，一方面，数字化学习社区建设有没有意义？答案当然是肯定的。因为数字化社区要比传统社区更能适应社区居民多样的学习需求。事实上，你到基层就会发现，传统社区的学习方式、学习内容还是无法满足很多人的学习需求。这一点突出表现在年青人、上班族身上。他们一来没有时间参与，二来对我们的教学内容与形式不感兴趣。而通过数字化学习形式，我们可以更好地实现社区教育“全员、全程、全方位”的目标与要求，使社区居民时时、处处能够感受到社区教育的关怀。但从另一方面讲，当前我们的相关工作还要继续深入开展与努力探索。例如，电子课程资源整合发挥合力的问题，让更多的人了解与参与数字化社区教育的宣传问题，等等。当然，这个工作也得按部就班，而不是一蹴而就的。无锡市的许多社区都已经实现了“村村通”工程，上网学习已经成为很多人的习惯，不仅有老年人，高学历的学习者也很多。但在 2003 年，无锡市刚刚推行数字化社区建设的时候，面临的困难也是很多的。比如你想让老年人上网，可他们的技能根本不过关。为此我们专门组织了好几批的计算机网络培训。如今，我们已将整个江苏省的数字化社区教育工作指导思想定位成 16 个字：统分结合、层层推进、需求第一、能力建设。我们将利用好建设数字化社区这个契机，争取将江苏省的社区教育向前推进一大步。（杨老师坚定的语气，使我对社区教育的未来倍感信心。）

笔者：谈了数字化社区教育的问题，我还想问一个关于成人教育培训的问题。您认为中国的成人教育培训发展趋势是怎样的？

杨向群：成人教育培训是未来教育发展的一种重要趋势，因为人在社会生活中，要不断通过培训、学习，才能实现个人成长进步，适应时代发展需要。培训，对于从业者而言，它是一个事业，而对于国家经济而言，它又是一个产业。当然，培训的内容会随着时代与社会的发展而不断变化，培训的方式也是在实践探索中不断推陈出新的。但总的来说，从培训的趋势来看，成人培训定将由满足需求向引导培训转变，由适应国情向国际通用化转变，由知识培训向能力培训转变，由大众化、普及化向个性化、量体化的内容形式转变。

笔者：最后，关于社区教育、成人教育工作，您今后有哪些工作打算？

杨向群：第一，在上级的领导下，围绕江苏省的社区教育发展、建设学习型江苏的相关课题，做些研究、思考。第二，在创建学习型组织方面，做一些专业研究与实践探索。之所以非常关注，是因为我在思考中国的学习型组织应该是什么形式、我们的构建途径又有哪些这一问题。我认为先前多数研究多是借鉴国外经验，本土化和草根式的研究还是太少。当然，我国的社区教育比国外不少国家起步要晚，所以我们借鉴他人的经验也是非常必要的。但当我们的社区教育发展到一定阶段后，一定要考虑自己的本土特点，形成适合自己的学习型社区、学习型组织的理论。第三，研究社区教育与成人教育的本质内涵到底有什么不同。第四，将儒家、道家思想融入社区教育研究中。从孔子的“三人行必有我师矣”，道家的无为思想等进行研究。研究这些的主要目的是探索发展社区文化、发扬社区精神的方法。因为中国的古典文学博大精深，我们从中汲取精华定将会进一步促进社区教育事业健康快速地发展。

采访后记 / 曲连冰

结束了此次访谈，我深深地被杨老师身上那种足智多谋、沉稳大气的特质所吸引。作为一个省级成人教育、社区教育研究者，他贴近民众、紧靠基层，将建设学习型江苏作为自己神圣的使命，将促进与保障每一个社区居民便捷深入地参与学习作为自己光荣的职责。他既不是整日在象牙塔里埋头研究而缺乏实践的乌托邦的“守门人”，更不是蹲守在基层只求完成工作而缺乏思考的“机器人”。他的那种活力就像春天里那参天的大树，倾尽全部能量将储蓄了一个冬天的绿意撒向人间，他的那种坚毅就如伫立在急流漩涡中的磐石坚守阵地、纹丝不动，他的那种睿智就似雾山迷松在神来之笔下跃然纸上。顿时，那个普通而又不凡的身影再次浮现在了我的脑海中。

相关链接

杨向群主要著作与论文一览

1.《现代社区教育理论与实验研究》(副主编).北京：中国人民大学出版社，2006

2.《江苏省职工教育现状调查研究与对策思考》，载《中国成人教育》，1998年第2期

3.《城镇化战略中社区教育应对与调适》，载《职业技术教育》，2003年第25期

4.《当前开展社区教育的理性思考》，载《成人教育》，2003年第5期，第8–10页

5.《学习型社会视野下对高职院校的再认识》，载《职教通讯》，2004年第7期，第30–31页

6.《当前农村成人教育面临困难的深层原因》，载《成人教育》，2002年第12期，第10–12页

7.《教育关怀：弱势群体的根本需求——当前社区教育的紧迫任务》，载《成人教育》，2004年第1期，第11–13页

8.《参与式：社区教育最深层的发展——用科学发展观指导社区教育的思考》，载《成人教育》，2004年第12期，第8–9页

9.《渗透教育性　塑造文化魂》，载《中国社区教育》，2009年第3期

奉献 求真 创新

访上海市教育科学研究院党委书记季国强

季国强，男，1946年8月生，籍贯江苏南通，中共党员，研究员。毕业于上海师范大学教育管理系。1987年起，先后任上海市教育局普通教育处处长、上海市教育委员会政策法规处处长、中共上海市教育卫生工作委员会研究室主任、上海市第十届政协委员、上海市政协教科文卫体委员会常务副主任，2000年起任中共上海市教育科学研究院党委书记。

季国强从1987年开始从事社区教育的实践探索和理论研究。1992年起任上海市社区教育协会秘书长、常务副会长、会长，目前兼任上海市教育科学研究院社区教育研究中心主任。

讲台上的季书记儒雅博学，风趣幽默；讲台下的他谦逊随和，诲人不倦。当他指出真正推动社区教育发展的不是我们的领导和研究者，而是每一个社区教育的工作者，是人民群众时，台下掌声骤起，经久不息。当学员们对他的沪台社区教育比较表现出浓厚兴趣时，他临时增加了许多丰富的内容，详细介绍了最近一次去我国台湾交流的情况。讲座结束，学员提问不断，他也不厌其烦地一一作答。我怕他回去时间太紧，想阻止学员提问时，他笑着让我不要说。那一种自然流露的对每一个人的尊重和体贴，让我领略到一位学者不凡的修养，心中不由升起一股崇敬之情。

访谈实录

情有独钟　历久弥坚

笔者：您是从何时开始从事社区教育研究的？能谈谈您在这方面的经历吗？

季国强：接触社区教育是在 1986 年，我那时还是上海市教育局普通教育处处长，从事的是普通教育的行政管理工作。我和社区教育结缘，得益于一个很重要的人物——上海老一辈教育家吕型伟先生。1986 年 9 月，普陀区真如中学成立了真如中学社会教育委员会，10 多个企事业单位、部队和社区机构成为其理事单位，政府协调、学校为主、社会参与、共同育人，这在当时是一个值得研究的新兴事物，如今算起来已经 20 多年了。

这 20 多年来，我承担了多项社区教育课题的研究任务。“七五”时期上海市教育规划课题“社区教育委员会的功能研究”、“八五”时期全国教育科学规划课题(六省市参加)“社区教育的理论与实践研究”、“九五”时期全国教育科学规划课题(十一省市参加)“社区教育在构建我国现代化教育体系中的地位和作用”等课题，我承担了协调和总报告提纲设计、撰写、统稿等工作。“十五”时期全国教育科学规划课题(16 省市参加)“学习型社区建设与社区教育发展研究”，我担任课题组组长。因为参加的省市较多，情况复杂，社区教育发展也不平衡，给课题的协调和研究工作带来了很多困难。好在大家都有一颗热爱社区教育的心，所以能齐心协力，最终顺利通过全国教育科学规划领导小组办公室组织的通讯鉴定。应该说每一次的课题研究都是一次很好的学习与交流机会，也使我对社区教育的认识更加深入。更值得欣慰的是，这些研究为上海市的社区教育发展奠定了理论基础，起到了助推作用。

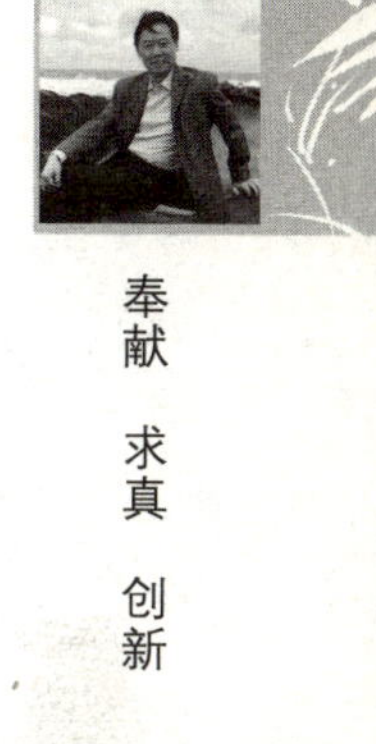

“十一五”全国教育科学规划课题“以实验项目为载体的社区教育发展研究”和上海市的教育科学规划课题“以社区教育实验项目为抓手，推进社区教育实验工作的研究”现在正在开展，还是由我担任课题组组长。上海的社区教育研究正从宏观走向微观，从理论走向应用。

笔者：是什么让您一直对社区教育研究保持如此浓厚的兴趣？您觉得在研究中获得的最大乐趣是什么？

季国强：社区教育从校外德育开始，到1990年社区教育的内容、对象扩大，面向所有成人。20多年来，我的研究精力大部分放在成人教育和社区教育上。2005年市委重视学习型社会建设，出台了关于学习型社会建设的指导文件。我承担了调研工作，担任调研组组长。2006年2月，我参与起草了上海人俗称“2号文件”的《关于推进上海学习型社会建设的指导意见》。这个文件凝聚着大量实践和理论研究成果，确定了终身教育的载体为社区教育。上海的社区教育认同度高了，普及面广了，社区教育的三级网络得到了建立，有关政策得到完善，研究水平越来越高，市委、市政府也越来越重视。教育部的态度也从不太明确到渐渐重视，教育中长期改革规划开始涉及终身教育问题。上海率先设立了终身教育处，在全国开了先河。理论研究从来就不是空穴来风，它始终扎根于社会实践，社区教育形势越来越好，发展前景一片光明，这也证明我当初的选择没有错。尽管在“八五”、“九五”期间有人提出异议，认为社区教育没有发展前景，但我对社区教育充满信心，也始终保持着浓厚的研究兴趣。

从 1992 年起，我先后担任上海市社区教育协会秘书长、常务副会长、会长，目前还兼任上海市教育科学研究院社区教育研究中心主任。这 20 年来我对社区教育情有独钟，尝尽了社区教育的酸甜苦辣，时间越久，感情弥深。

笔者：从基础教育到高等教育再到社区教育研究，您最大的感受是什么？

季国强：从基础教育到高等教育再到社区教育，我接触社会的面更广，认识的朋友更多了。前几年与我国台湾成人教育协会建立互访关系，与台湾的学术交流更加频繁。我的研究横跨了整个教育领域，这样的研究经历给了我更独特的研究视角。

我觉得，我国的基础教育经过多年的努力，模式、内容已经基本稳定，而社区教育是新领域，需要更多人去开拓、去创新，对每一个研究者来说都充满了挑战。社区教育接触面很广，全员、全程、全方位，需要协调统筹的问题比较多，研究起来也更丰富多彩。经过 10 年的高等教育研究，我发现高等教育的问题相对更加明确、单纯些。

从某种意义上说，普通教育、高等教育应该为社区教育提供资源，包括场地和师资，学校要与社区相结合，不能闭门办学。每一所中小学都应该成为社区教育的中心，只要我们积极去做，就会找到解决问题的办法。上海市杨浦区是上海市高校最多的区，社区、高教园区、城区三区融合，整体推进社区教育，成效显著。

非教育系统的资源也要为社区教育服务，上海 19 个区县每个都有“学推办”，解决的就是社区教育资源统筹问题。中国的国情决定社区教育资源需要政府、宣传部、精神文明办、教育部门的统筹协调，合力解决。所以我们的社区教育是有中国特色的社区教育，不像我国台湾，有 3/4 都是由民间组织推进的。

可以这样说，从事社区教育时间越长，对社区教育的感情就越深，酸甜苦辣中，甜味也会越来越浓。

见素抱朴　敢为天下先

笔者:您是怎样理解社区教育和学习型社区的?能结合上海的实践谈谈您的看法吗?

季国强:要理解社区教育,首先要厘清社区的概念。1887 年,德国社会学家滕尼斯在《社区与社会》一书中,提出了作为一种生活共同体的社区概念。今天较为通用的社区定义是:在一定地域内发生各种社会关系和社会活动,有特定的生活方式,并具有成员归属感的人群所组成的一个相对独立的社会生活共同体。人群、地域、设施、生活制度和管理机构、社会成员的认同感和归属感构成了社区的五个要素。

社区教育是在一定地域范围内,充分利用各类教育资源,旨在提高社区全体成员整体素质和生活质量,促进区域经济建设和社会发展的教育活动。社区教育具有"全员、全面、全程"的基本特征。世界各地的社区教育实践形式各不相同:社区学院(美国)、民众学校(北欧)、公民馆(日本)、社区中心(新加坡)、社教馆和社教站(中国台湾)……上海也建立了社区学院,但社区学院的定位和美国的有很多的不同。我们的社区学院更多的功能是社区学习中心。

目前,上海 19 个区县都建立了社区学院,所有街道乡镇都建立了社区学校,初步形成了以社区学院为龙头,社区学校为骨干,社区内中小学校、居民小区办学点、村民学校为基础的社区教育三级网络。除普通学校外,目前共有独立设置的成人中高等学历教育学校 87 所,社会力量举办的非学历教育培训机构 1 589 所,行业和大型企业普遍建立了培训中心。在市政府实事项目推动下,老年学校办学条件也得到了不断改善。

学习型社区是指以一定地域为特定空间,以学习者为中心,以终身教育体系为基础,以各类学习型组织为主要载体,能保障和满足社区成员学习基本权利和终身学习需求,以促进社区成员素质和生活质量提高、推进社区可持续发展为目标,形成人人皆学、时时能学、处处可学的一种新型社区。学习型社区的特征是学习进程的终身性、学习机会的开放性、学习者的主体性、学习型组织的普遍性、学习资源的共享性。

社区教育与学习型社区的关系密切，但两者存在着一定的差异。社区教育属于教育的范畴，是终身教育体系的重要组成部分，比较关注教育体系的完善和教育功能的健全；学习型社区属于社区建设的范畴，是形成学习型社会的基础，比较关注社区乃至社会的可持续发展。但两者更有其共性所在，社区教育和学习型社区建设的内涵有很多趋同性：社区教育和学习型社区建设都以社区为基础，都具有地域性，都强调教育与社区之间的互动、互促和互补；社区教育的教育对象和学习型社区建设的参与主体都是社区全体居民；都以终身教育体系为基础，强调进程的终身性、内容的全面性和空间的开放性；目标都包含了提高社区成员的素质和生活质量，促进社区发展。

要发展社区教育，就要处理好两者之间的关系。创建学习型社区是社区教育的深化和发展。一方面，社区教育是一种手段或途径，而学习型社区是一种目标或结果；另一方面，社区教育是学习型社区建设的基础，学习型社区是在这一基础上的发展。从社区教育到学习型社区建设，实现了两大突破：一是从教育到学习的突破，二是从教育活动到组织形态的突破。

笔者：您认为开拓创建学习型社区有哪些更好的新途径？

季国强：推进学习型社区建设是创建学习型城市的重要根基，要开拓创建学习型社区需要更多的新路径。首先要挖掘、整合社区学习资源，构建社区学习资源体系以满足社区成员多元化的学习需求。学习资源是学习型社区形成与发展的前提和基础，创建学习型社区需要丰富的学习资源作为支撑。在推进学习型社区建设的过程中，可从以下几类资源切入进行开发和挖掘：一是组织资源。社区内的党政机关、学校及其他企事业单位等都拥有丰富的学习资源。二是物质资源。如社区的文物、历史遗迹、风景名胜、文化中心、图书馆、影剧院、游泳池、广场、公园、操场等。三是信息资源。网络和媒体等传播渠道，在社区学习体系建设中都发挥着重要作用。四是文化资源。社区乡土文化是营造社区学习氛围，增强社区居民归属感的重要资源。五是人力资源。把社区中潜在的人力资源挖掘出来，盘活，整合，其作用是政府、市场所无法取代的。通过多个维度整合社区学习资源，才能使有限的社区资源发挥最大效用。在社区的组织协调下，社区有关部门从自身的职能特点和专业优势出发，把工作拓展到社区，在社区层面做到功能互补。

在组织领导层面和实际工作中加强合作，统筹社区资源，贡献自身资源。社区本身就是基于一定地域的社会生活共同体，社区资源的地域整合是要实现不同地域在资源上的优势互补，在更大的地域范围内发挥作用，形成更大范围的社会生活共同体。这主要靠行政部门的协调和组织：一是街道层面的整合；二是区以下、街道以上层面的整合；三是区一级的整合。

其次是改革学校制度。学校和社区是一个密不可分的共生体，社区是学校重要的外部环境，学校是构成社区的主要正式组织，两者密切联系、相互作用，在持续的互动过程中左右着彼此的发展。学校在学习型社区建设中具有重要的战略地位和作用。资源交换是学校与社区基本的互动模式，很多地方都鼓励学校打破传统的封闭状态，积极开放教育资源，同时也要求社区各方面努力配合，与学校一起担负起培养学生的重任，以实现学校和社区间的资源共享。全面援助是学校与社区的深层互动模式，是双方长期友好互动的结果。学校作为社区的重要组织成员，以建设学习型社区为目标，从社区的需求出发，把有关工作和任务纳入学校的整体工作计划之中，全面支援学习型社区建设。共同行动是学校与社区的理想互动模式，能形成最大的合力与效果。学校和社区能发现共同的目标，一起创造条件，在行动中促使双方共同目标的实现。

第三要提高社区教育的专业化水平。近几年社区教育正逐渐自成体系，专业职能也在不断加深和拓展。社区教育只有进一步提高专业化水平，才能提升自身品质，吸引民众的广泛参与。

第四要促进社区学习的组织化和组织学习的社区化。没有学习型组织作为基础，学习型社区只能是一座空中楼阁。组织的学习功能已成为现代社会组织生存和发展的基本要素，社区中各类组织只有转化成学习型组织，才能保证组织的可持续发展。同时，通过创建学习型组织，才能促进社区居民的全面发展。要重视社区团队建设、学习型家庭建设、学习型楼组建设、学习型企业建设。

第五要加强制度创新。制度是社会确认的社会关系规范与社会行为规范的总和。创

建学习型社区需要打破传统制度的束缚，实现制度创新，才能为社区学习创造更广阔的空间。按照"政府统筹领导、教育部门主管、有关部门配合、社会积极支持、社区自主活动、群众广泛参与"的社区教育管理模式的要求，建立条块协调共管的管理体制。突破传统的政府行政控制模式，引入了市场对资源配置的作用，实现资源共享机制的多元化。就目前来看，资源共享机制主要有三种：行政控制模式、互助交换模式、市场调节模式。在不断加大财政投入力度的同时，广开其他筹措渠道，形成政府、社会和个人相结合的经费筹措创新机制。社区居民参与社区学习或开展志愿服务都是自愿的行为，具有很大的选择性，因此需要通过创新制度，形成有效的激励机制，促使居民长期主动地投入到学习型社区建设活动中。

笔者：您认为我国目前社区教育实践过程中存在的基本问题有哪些？对解决这些问题您有何建议？

季国强：我国社区教育已经走过了20多年的风雨历程，在实践过程中确实有一些最根本的问题需要我们关注。首先是社区学院、社区学校的定位问题。在长三角地区，很多城市都建立了社区学院这样的社区教育实体机构，但直到今天它都是"名不正"的，所以有时也"言不顺"。只有解决好社区学院的龙头地位和能力建设问题，街道乡镇社区学校的办学目标和要求问题，社区学校分校、居民区办学点的作用问题，才能彻底解决社区学院、社区学校的定位问题。

其次是社区教育资源整合问题。社区教育资源的充分挖掘，社区教育资源的多维度整合是提高社区教育效能的关键所在，行政条块分割导致资源的重复建设和低效浪费。

第三是社区教育师资队伍建设问题。这个问题关系到人的能动性。社区教育师资队伍的管理，专职教师队伍的专业化发展，志愿者队伍的建设都是亟待解决的问题。社区教育专职教师的职称问题已经成为加快教师队伍建设的瓶颈，上海市正在加紧这方面的政策研究，相信在不久的将来可以得到妥善解决。

第四是社区教育管理体制问题。管理体制的创新、资源共享机制的创新、经费筹措机制的创新、激励机制的创新都需要我们不断在实践中去探索。

要解决这些问题，上海市的一个做法就是实验。通过实验区、实验街镇、实验项目的建立，在实践中探索经验，在实践中解决问题。从目前来看，成效显著。

奉献 求真 创新

笔者：提高社区教育的专业化水平是社区教育能力建设的关键，您能具体谈谈您的建议吗？

季国强：要提高社区教育的专业化水平，必须要提高社区学校的办学能力。社区学校是社区教育的细胞，是实施社区教育功能的专业机构，是推进学习型社区建设的重要载体。实现社区学校专业化建设，首先要实现社区学校的实体化建设，社区学校的实体化是社区教育发展的重要标志。其次是社区学校专业化建设。建设完善的课程体系是社区学校专业化的核心问题。课程体系的完善主要表现为内容体系化、多样化和实用性增强。社区学校以全面提高社区成员的素质为出发点，课程设置尽可能多元、多层次，满足社区每个成员的教育需要。第三是社区学校的网络化建设。社区学校要满足社区居民各种需求，为社区居民提供方便的教育机会，体现其全员、全程、全方位特性。只有通过纵向完善内部网络，横向建立社会化网络，才能保证教育功能的充分发挥。第四是社区学校的信息化建设。很多社区学校都能发挥现代信息网在学习型社区建设中的重要作用，通过互联网把各类社区学校相互连接，形成各具特色而又密切结合的共同体，充分共享社区教育资源。

当然，我们也要重视人的作用，提高工作者队伍的专业化水平。社区教育工作者队伍的专业化是促进社区教育科学发展的需要，主要体现在专职管理队伍的专门化、专职教学队伍的专业化、成立兼职专业队伍、组织志愿者队伍上。

任何教育都需要信息交流和传播，社区教育也不例外。出版各类专业刊物，加大社区教育知识和教育信息的传播交流至关重要。现在主要有社区资源手册、社区小报、社区杂志、乡土教材和专著等。在这方面我们的步子还可以迈得更大一点。

笔者：您主编了《社区教育实验与实验项目研究》一书，您能就上海市社区教育实验项目的开展情况作个简单介绍吗？

季国强：自1999年国务院批转教育部《面向21世纪教育振兴行动计划》提出"开展社区教育实验工作，逐步建立和完善终身教育体系，努力提高全民素质"的要求以来，教育部在全国范围内广泛深入推进社区教育实验，形成了"边实践、边研究、边推进、边出成效"的良好局面。

上海是全国最早开展社区教育的省市之一。自2001年起，上海积极贯彻落实教育部《关于在部分地区开展社区教育实验工作的通知》和《关于推进社区教育工作的若干意见》，首先在闸北区、嘉定区、浦东区三个全国社区教育实验区推进实验工作。按照"点上深化、面上扩展"的工作要求，不断在全市扩大实验范围，推进社区教育的发展。之后，随着全国社区教育实验区的增加、实验范围逐步扩大、实验内容不断丰富、实验效果日益显现，上海的社区教育实验工作亟须寻找新的有效载体。2005年，上海市教委率先提出了实验项目这一具有创新意义的工作模式，开始尝试以社区教育实验项目为抓手推进社区教育实验工作，这一模式很快得到区县政府和基层社区的高度认同和重视。

2007年上海市共设立社区教育实验项目127个，其中招标（重点）项目31个，一般项目96个。到2008年底，共有148个实验项目参加了验收，包括2007年立项的28个招标项目、91个一般项目及2006年立项的29个实验项目。最终有11个项目被市教委认定为"上海市社区教育示范实验项目"，23个项目为"上海市社区教育优秀实验项目"，113个实验项目顺利通过验收，仅有1个项目未通过验收。2009年初又确定了10个招标项目的牵头单位和参与单位，设立了38个重点项目和150个一般项目。

近4年来，上海市社区教育实验项目工作开展得有声有色，项目数量多、内容丰富、形式多样、参与面广，有效推进了社区教育实验工作。可以说，社区教育实验项目的提出顺应了上海市社区教育实验的推进要求，顺应了上海市社区教育的总体发展形势和要求。上海市社区教育实验工作之所以能走在全国前列，实验项目的开展至关重要。因为抓实验项目能使社区教育实验内容更明确、更有操作性，有利于发挥区、街道（镇）的各自优势，形成特色与强项，有利于促进社区教育的深化。社区教育实验项目的优势可以用"三个体现"来概括，即体现了实验探索和项目管理的结合、体现了科学性与时代性的融合、体现了改革精神与创新精神的统一。

笔者:近年来上海的实验项目工作不断全面推进,能具体谈谈您的看法吗?

季国强:上海的实验项目工作进展较快,实验项目的管理逐步规范化,多部门合力推进的局面正在形成,区域推进的效果日益显现,项目成果的总结和推广方式不断创新。呈现出以下几个主要特征:一是充分体现了实验项目这一载体的特征和优势。社区教育实验项目的核心理念是"工作项目化,项目实验化",是以一定的资源为条件,以一定的时间为界限,为解决社区教育实际问题而开展的社区教育实践和探索活动。实验项目强调实践,强调过程,是形成社区教育合力的重要途径,是对社区教育管理模式的突破。二是注重发挥项目管理对社区教育实际工作的作用。上海在推进实验项目的过程中,实验项目始终被作为社区教育实际工作的一只重要抓手。三是注重规范实验项目的运作程序来深入推进社区教育实验。上海在开展社区教育实验项目工作过程中,注重对社区教育实验进行总体规划和整体推进,在发挥社区教育实验区的示范和带动作用的同时,积极调动全市各层面参与社区教育工作、推进社区教育发展的积极性。四是注重实验项目成果的总结、应用和推广,充分体现和发挥社区教育实验的价值。

实验项目的工作机制也在不断完善。首先是有计划地组织申报工作。2005 年以来,上海社区教育实验项目通过有计划、有目的地组织项目申报,明确实验项目的参与单位、项目数量和实验内容等。其次是有目的地建立组织架构。上海市社区教育实验项目工作启动后,从市、区县直至街镇都相继建立了相应的组织管理和指导机构,初步形成了功能明确、职责分明、层级清晰的组织管理体系,为实验项目工作规范有序和健康发展提供了组织保障。再次是有步骤地建立管理体制。市、县两级的一系列管理制度构成了支撑上海社区教育实验项目发展的相对完整的制度体系,规范了实验项目的管理和运行,为处在探索阶段的上海市社区教育实验工作奠定了制度基础。最后是有步骤地扩展实验范围。上海先后有 10 个区被确定为全国社区教育实验区。2006 年上海市教委决定设立 56 个市级社区教育实验区、129 个社区教育实验项目,到 2009 年确定了 10 个招标项目、38 个重点项目和 150 个一般项目。实验的地域范围、实验单位和参与居民正在不断扩大。

通过三轮实验项目的推进和成果总结，上海市已经形成了涵盖面广、内容丰富、形式多样的实验项目成果，各类事物化、制度化、社会化的社区教育实验项目成果得到有效总结，社区教育实验项目工作取得了很大的进展，社区教育实验不断深化，促进了社区教育管理体制的改革与突破，促进了社区教育工作机制的创新，在办学网络建设、资源整合、队伍完善、社区教育模式创新、体制机制突破等方面积累了不少成功的经验，有效地推进了各层面社区教育的发展。开展实验项目所取得的成果真正表明了其是理论、实践和创新三者的完美结合，充分体现了社区教育的意义和价值。

笔者：站在研究的角度，您认为上海的实验项目开展还有哪些问题需要解决？

季国强：上海开展实验项目、推进社区教育实验得到了教育部的关心和指导，得到了上海市政府领导的高度重视，在上海市各级政府和教育行政部门、学校、科研机构、企事业单位、社会组织、社区居民的共同努力下，成就了上海市社区教育近几年来的蓬勃发展。但是，当今社会日新月异，形势发展瞬息万变，许多经验和做法还需要探索和完善，甚至需要进一步反思和考量。特别值得关注的是实验项目实施过程的科学性有待提高，实验项目的区域推进不太均衡，工作者队伍不够稳定，区域合作有待加强等。

因此，以实验项目为抓手推进社区教育实验工作这一工作模式还需要进一步探索和实践，让它在总结社区教育经验、发现社区教育规律、促进社区教育发展和学习型社会建设方面发挥更大的作用。

笔者：听说您刚从我国台湾考察回来，可以对台湾和内地的社区教育作个简单的比较吗？您觉得台湾的社区教育有哪些值得我们借鉴？

季国强：近几年上海和我国台湾的社区教育交流频繁，我就以上海为例作个比较。首先是社区教育的目的与价值不同。1997 年黄武雄教授揭示我国台湾小区大学的办学理念是提供成人接触现代知识的机会，充实人民生活内涵，开拓人民的公共领域，厚植民间力量，凝聚小区意识，发展台湾社会的新文化，提供另一取得大学文凭的渠道。社区大学将其学习场景嵌入小区，提供了居民参与小区公共事务、落实小区营造机会、建构公民社会雏形，这些绝非其他学习机构所能比拟。

上海市建设社区学院要以科学发展观为指导，着眼于提高城市文明程度、市民综合素质和促进人的全面发展，整合区域内各类终身教育资源，构建覆盖全区域、面向全体市民的终身学习平台，指导本地区开展各种学习活动，形成以社区学院为龙头，街道、镇社区学校为骨干，社区内中小学校、居民小区办学点、村民学校为基础的社区教育三级网络，促进"人人皆学、时时能学、处处可学"的学习型社会建设目标的实现。

其次是社区教育组织机构不同。我国台湾小区大学办理方式以民间自治为主。我这里有一组数据可以大略说明：县政府自行办理 5 所，委托社团法人办理 25 所，委托财团法人办理 23 所，委托高中职校办理 5 所，委托大学院校办理 9 所，委托宗教团体办理 3 所，乡镇市公所自行办理 3 所。

上海市的社区教育组织机构体现了政府职能和充分发挥社会力量的作用。以"市学习办"为平台，充分汇聚各方资源：党政部门、普通学校、企事业单位、区县街镇、社会团体、中介组织、民非机构、科研机构、专家学者、舆论传媒等。

再次是社区教育对象与功能不同。我国台湾成人与小区学习的主要对象是高龄社会与高龄者，移民社会与新移民，族群关系与少数族群，阶级社会与中下阶层劳工，知识经济社会与失业者，公民社会与公共事务参与者，非营利性组织与志愿服务者，全球化社会与小区价值守护者等。从个人学习到社会参与，从民众个体的养成到社会整体的改变，从公民教育到公民社会，我国台湾持续向上的原动力是其社区教育追求的主要功能。

我们的社区教育发展方向是农业发展与农民的终身学习，工业发展与职工的岗位培训，高龄社会与高龄者的教育，社区发展与社区学院的设置，乡村发展、乡村建设与乡民教育，城市发展与城市移民者教育。

值得一提的是，我们应该尽快明确社区学院的定位，促进社区学院功能建设，使其成为区域内成人高等学历教育的重要载体、职业技能培训的整合平台、社区教育的重要场所、市民终身学习的指导中心。

笔者：您为什么觉得尽快明确社区学院定位非常重要？您认为应该如何促进社区学院的功能建设？

季国强：建立社区学院是构建终身教育体系的需要，是完善社区教育网络的需要，是深入开展社区教育的需要。区县是推进学习型社会的基础，提供终身教育服务的资源有相当一部分在地区，要充分发挥区县的积极性，以建设“社区学院”为抓手，整合业余大学、电大分校、教育学院和社区学校等教育资源，构建上与开放大学衔接，下与社区学校贯通的，覆盖全市、面向市民的市、区县（行业）、街镇三级架构的终身教育系统。

多年来，不少区县有了很好的探索，发挥了社区学院的作用。下一步要明确社区学院的功能定位，它是政府举办、区县教育行政部门主管的提供市民公共教育产品和服务的公益机构。既承担成人教育等办学功能，又承担指导社区学校开展教育活动等功能；既是一个区域终身教育服务网络平台，又是管理评估区域终身教育服务质量的机构。要把社区学校和社区文化活动中心结合起来，加大提供终身教育服务的师资培训力度，组建各类学习辅导志愿者队伍，在社区学院的指导下使社区学校成为提供多种终身教育服务的重要载体。

前路漫漫　上下求索

笔者：您能谈谈上海市终身教育今后的发展方向吗？

季国强：终身教育理念是 20 世纪最具震撼力的先进教育理念之一，经过 40 年的演变与发展，它已逐步从虚幻的教育理念走向具体的教育实践。近年来，上海的硬件建设已经取得举世公认的成就，但软件建设有些滞后，忽视公德等与现代城市文明不甚相称的现象时有发生。如何提高上海市民的素质和城市文明的程度，如何倡导和培育上海城市精神、展示国际化大都市的良好形象，已经成为政府和社会共同关注的重大课题。

为了进一步推动终身教育全面深入发展，2007 年上海市教委按照市委、市政府《关于推进学习型社会建设指导意见》的要求，设立了终身教育处，使上海发展终身教育有了专门的管理机构，从而保证了上海终身教育能够持续健康地向前发展。这是上海发展终身教育的重要举措，在全国也属首创。

同时，终身教育的覆盖面也在不断扩大。全市 19 个区县的上海电视大学分校自 2000 年起每年的入学人数以超过 25%的速度递增，在校学生规模超过了 10 万人。“全民终身学习活动周”、“振兴中华读书活动”、“创建学习型组织，争做知识型员工”等全民性活动已形成品牌，影响深远。全市参加外语口译岗位资格证书培训和考试的人数超过了 20 万人，其中 1.5 万人获得了英语中高级口译岗位合格证书。

除了学校和教育机构外，包括电视、广播、卫星、网络都提供着学习信息和内容。目前已建成上海终身教育卫星网络平台 1 个市级中心站和 19个区县分中心，215 个街道乡镇建立了卫星接收终端，传送着 12 大类 2 700 多小时的终身教育资源。每天有 8 小时教学直播节目，同时将多集优质教学视频传送到街道、社区，供居民自主点播学习。

未来上海市发展终身教育的基本设想将包括六大方面：

一、推进制度创新。2009 年上海将进一步探索“学分银行”制度的构建，并开展试点工作。首先在非普通学校教育范围内尝试，计划纳入试点工作的学校有上海电视大学系统、各区县业余大学、普通高等院校的继续教育学院、部分普通高职、教育部认定的网络学院、非普通中等学校、社区学院（校）以及自学考试和经政府主管部门认定的职业技能与文化培训机构。通过这些机构之间的学分认定、学分互认、学分积累和学分兑换，在上海地区初步实行成人与非学历教育、普通与业余教育、高层级与低层级教育的衔接和沟通的“学分银行”框架体系，全面推进普通学校门户开放制度。高等院校要按照学识水平与经历相结合的原则，加快试行对具有一定工作年限和实际工作经验的人员适度放宽入学条件；成人高校、社区学院要率先试行“无障碍入学”，即具有高中阶段毕业学历者采取免试入学。中小学校要融入社区、扎根社区，在满足自身教学需求的前提下，为社区教育提供资源支持。

二、继续完善社区教育。加快社区教育网络建设，形成面向社区全体居民，涵盖文化补习、科普教育、法制教育、技能培训、休闲娱乐以及大、中、小学学生校外教育等各类教育文化活动的社区教育体系，为不同层次、不同年龄、不同职业的社区居民提高素质和接受终身教育提供条件。社区学院要转变办学模式，拓展服务功能，发挥龙头作用，在教材编写、教师培训等方面为社区学校提供指导与服务，促进社区教育的规范发展。鼓励各类普通教育学校和企事业单位积极介入社区教育，在提供师资、开放校舍设施等方面为社区居民接受教育创造条件，形成共建共管、全民参与的社区教育格局，为创建学习型城市奠定良好的社会基础。队伍建设是社区教育发展的关键，要建立和加强区、街、居委三级社区教育工作班子，在编制、待遇、职称评定等方面制定相应的激励机制和倾斜政策，形成一批经验丰富、指导有力的社区教育管理者队伍。

三、积极推进继续教育。推进继续教育运作的社会化和载体的多元化。坚持以市场为导向和运作社会化，充分发挥各级各类教育机构开展继续教育的作用，特别要发挥高等学校的重要作用，促进继续教育载体的多元化，形成政府规划监督、社会提供服务、需方购买服务的新格局，构建起一个比较完善的继续教育体系，适应人们不断学习、实现知识更新的需要。通过政策引导，增强企事业单位主动实施继续教育的积极性。企事业单位要依法确保教育培训经费的落实，确保专业技术人员必需的学习时间；增加政府对继续教育的投入，完善引导和鼓励企业开展继续教育的各项政策，不断增强企业竞争力。另外，还要提高继续教育服务水平。通过应用和推广以多媒体、网络为载体的现代教育技术，改变继续教育传统的教学观念和教学模式，拓展教学内容和教学空间。

四、大力发展职业培训。积极面向就业市场需求，注重开设与先进制造业、现代服务业相关的培训项目；注重加强对新生劳动力、转岗劳动力与外来劳动力的职业培训；注重高技能人才培训，提高劳动者的素质、增强就业竞争力。进一步加强公共实训基地的建设，精心组织实施“青年见习计划”。加快建立与现代企业法人制度相适应的自主管理体制、与现代企业人力资源开发相适应的企业教育制度，提供多形式、多层次的教育培训服务。强化教育培训中心的功能，支持行业和有条件的大型企业建成一批比较规范的行业性教育基地，中小企业要依托职业学校和培训机构进行职业培训。加强对职工特别是一线职工、转岗职工和中青年职工的教育培训，加大对高级技术工人、高级技师的培养力度，加快形成职工在岗和轮岗培训的制度。建立和完善“培训、考核、使用、待遇”相结合的激励机制。按照国家有关规定，要保障企业员工接受学习的权利和义务，激励员工积极向上、主动学习、不断进取。全面推进职业资格证书制度，加快实施从业人员“持证上岗”制度。发展社会化培训，拓展职业技术培训业。适应上海对技能型人才，特别是高技能、紧缺型技能人才的需求，鼓励社会多种力量参与职业技能培训，培育并发展教育培训及服务市场。同时，进一步优化政府补贴购买社会培训服务的政策和优惠扶持政策，为社会化技术培训机构的生长和发展创造良好环境。

五、关注老年教育。培育一批办学条件好、教学质量高、管理制度健全、规模较大的示范性老年大学、老年学校。力争使每个区县至少有一所相对独立的老年大学，所有街道、乡镇都有老年学校可依托的社区学校或成人学校，市区街道的居委和郊区的村建立老年学校办学点。充分利用广播、电视、互联网等现代信息技术手段发展远程老年教育，在现有的“空中老年大学”、“网上老年大学”的基础上，进一步提高应用现代信息技术水平，基本形成覆盖城乡的远程老年教育体系。重视和加强老年教育的理论研究和课程开发，充分依托成人教育研究机构和各级老年大学，集中力量开发一批适合老年人需求的课程。

六、加强对外来务工人员的教育。各级职业学校和成人学校可结合自身条件和专业特色，按照“实际、实效、实用”的原则，面向外来务工人员开展职业教育高中阶段教育。在招生上，以求学者持有的初中毕、结业证书为依据，取消年龄限制，简化入学手续，实行注册入学，一年多次招生。中共中央政治局委员、国务委员刘延东同志在教育部2009年度工作会议上的报告中指出“要正确处理各级各类教育的关系，构建现代国民教育体系和终身教育体系”、“建设全民学习、终身学习的学习型社会”，这为上海终身教育的改革和发展指明了方向。可以预计，在市委、市政府的领导下，上海市终身教育一定会有更大的发展前景。

笔者：最后，您对我们的社区教育工作者有哪些寄语？

季国强：社区教育发展的形势会越来越好，它不仅具有文化传承、职业培训的功能，也具有凝聚人心、稳定社会的功能，发展的内涵会越来越丰富，受到的重视程度也会越来越高。社区教育的课程建设、模式创新、信息技术应用、师资队伍建设、管理体制、质量评估等问题，都值得每一位社区教育工作者去实践与研究。

总之，社区教育是一项开创性的事业，要锲而不舍地坚持实践，因为实践比理论研究更重要。我希望有更多的有志青年加入到社区教育行列中来，为社区教育美好的明天贡献一份力量。

采访后记／张灵仙

第一次和季书记约定访谈时间，正值他在我国台湾带团考察，我们通过短信进行了沟通，约定了大致的采访时间。尽管没有见面，但从短信中，我可以感受到他的平易近人。

尽管在我从杭州赶往上海采访季书记的那天，他遇到突发事件需要处

理，但还是在百忙之中接受了我的采访。采访结束，当我向他辞行时，他特地从隔壁办公室拿来一本书送给我，是由他主编的全国教育科学"十五"规划重点课题成果《学习型社区建设与社区教育发展研究》，30多万字，16个省市同步进行研究，这对于中国社区教育是一件幸事。季书记作为课题组组长，我可以想象他的工作量是多么的大，组织协调工作又是多么繁琐，如果不是像他所说的那样对社区教育情有独钟，是无法做好这些工作的。

和季书记的第二次见面便是他应邀来杭州做讲座时。我有幸在美丽的西子湖畔，听了季书记题为"社区教育理论与实践的若干基本问题"的讲座。讲座深入浅出地帮助我们认清了社区教育一系列基本问题，对于一些有争议的问题，季书记也毫不避讳，鲜明地亮出了自己的观点。他提出要建设具有中国特色的社区教育，我不禁从心底敬佩他敢于创新的气魄。这次讲座，对于我们这些社区教育一线工作者来说，可谓受益匪浅，不仅开阔了学员们的眼界，更鼓舞了学员们的士气。

回来没过几天，我就收到了他专程给我寄来的由他主编的新书——《社区教育实验与实验项目研究》，扉页上写着："灵仙同志雅正。季国强，09.7。"捧着书，我很感谢，也很感动。既感谢他对我这个只有几面之缘的社区教育后辈的厚爱，也感动于其谦谦君子之风。我想，中国的社区教育正因为有许多这样尽心尽责、敢为天下先的领军人物，才会有今天的繁荣局面。

相关链接

季国强主要著作与论文一览

1. 《社区教育实验与实验项目研究》.上海：上海高教电子音像出版社，2009
2. 《学习型社区建设与社区教育发展研究》.上海：上海高教电子音像出版社，2008

做社区教育星空的仰望者

访杭州市下城区教育局局长周培植

周培植，男，1957年生，汉族，浙江诸暨人。杭州市下城区教育局党委书记、局长，中央教科所下城教育生态研究中心主任，中国教育学会中小学整体改革专业委员会副理事长，中国教育学会教育实验专业委员会理事，中国成人教育协会社区教育专业委员会理事，中国推进社区教育发展专家委员会委员，浙江省人民政府兼职督学，浙江大学、杭州师范大学兼职硕士生导师，浙江师范大学兼职教授，下城区社区学院院长。从事教育行政管理十余年间，一直致力于区域教育生态理论研究与实践。他以区域教育生态理论为引领，使下城社区教育成为下城区社会发展的“金名片”。

很荣幸能采访周局长，他是我们这本访谈录中浙江省的唯一代表。访谈的时间虽不长，但他总能用精练的语句表达自己的思想。面对面的距离，使我们对他传奇般的经历、睿智的思想、宽广的视野有了更深入的了解。现在就让我们一起仰望周局长的社区教育星空。

访谈实录

构建“金三角”的重要一环

在终身教育、终身学习的理念初露端倪的7年前，下城区就率先成立了社区学院，时任区教育局局长的周培植兼任院长，致力于构建学习型城区。立足于国际视野的教育新思路，他把社区教育放在和基础教育、学前教育同等重要的位置，主张社区教育与学前教育、义务教育相互依存、并重发展、共生共长，全力打造下城区教育“金三角”，努力构建三类教育“高密度、低重心、网格式”的发展模式，在区域内构筑起一张“人人皆学、时时能学、处处可学”的终身教育学习网。

笔者：您担任教育局局长期间，下城区的社区教育在全国产生了巨大影响，下城区在发展社区教育上有什么样的思路？

周培植：社区教育的开展不能脱离本地的经济社会文化特点，换个角度讲，就是它具有一定的区域特性，必须由适合区域实际的、科学的理论来指导。正是基于以上考虑，我们提出了教育生态观，经过9年的“理论指导实践、实践丰富理论”的过程，形成了下城区特有的区域教育生态理论。它的核心理念是生命观，主要特征是多样性、协同性、自主性，终极目标是为了人、为了人的发展、为了人的全面发展。它既是一种教育理念，也是一种教育实施策略。尤其是在2008年我们借助全国首个教育综合改革实验区落户下城区的契机，举办了全国首届教育生态理论研讨会，会同中央教科所、全国教育科学规划办公室以及有关专家对下城区区域教育生态理论的研究与实践进行了全面点评和论证，由我主持的课题“以教育生态理论促进区域教育现代化的实践研究”也获准成为全国教育科学研究“十一五”规划 2008 年度立项课题，这是该年度 68 项国家级立项课题中唯一一个由县区级教育行政单位申报的课题。我相信随着教育生态理论的不断成熟，它对下城社区教育的发展必将产生更为强大的引领力和支撑力。

在教育生态观的目标指引下，我们提出了社区教育“三步走”的发展战略，也就是从“抱着走”、“牵着走”到“放手走”。第一步“抱着走”，就是在政府部门的主导下建立起社区教育基本的组织架构，完成社区教育的基本设施建设，形成社区教育发展的框架。这一步在下城区已经完成。第二步“牵手走”，这正是下城社区教育现在所处的阶段。这个阶段“牵”是关键，“走”是保障。也就是说，这个阶段中政府要逐步转变职能，从原来的大包大揽到适当的放手，政府的职责就是制度的建立、经费的投入。政府将不再是社区教育最主要的依靠力量，社区教育必须走上自我完善、自我发展的轨道。第三步“放手走”，它是我们的目标，我们必须使社区教育的市场化、社会化程度不断提高，同时使政府职能在社区教育中的作用不断弱化，逐步使政府职能角色由管理型向服务型转变。“三步走”的主要目标就是实现社区教育的自我发展和自我完善，提升社区教育的市场化、社会化程度，逐步使政府职能角色由管理型向服务型转变。这就是下城社区教育跨越式发展的主要思路。

笔者：社区教育作为下城区教育“金三角”的一环，您能谈谈在社区教育“三步走”战略实施过程中下城社区教育发展的一些创新举措和具体做法吗？

周培植：如果说下城社区教育在全国的率先崛起，靠的是超前的意识和过人的胆识，那么下城社区教育的发展壮大，靠的则是锐意改革和创新。我认为下城社区教育发

展中的亮点都是改革与创新的成果。自2001年下城区被确定为全国社区教育实验区之后,下城社区教育先后经历了三轮大的改革和创新。

第一轮从2001年开始,根据社区教育实验工作的需要,下城区成立了社区教育实验工作领导小组和区创建学习型组织领导小组,形成了“五力合一、六线并举”的社区教育运作模式,启动了“1765”工程,推出了学习型社区、学习型企业、学习型家庭评估指标体系,社区教育工作在组织领导、基地网络建设等方面奠定了坚实基础。

第二轮从2003年开始,借下城区教育机构改革之际,将学前教育指导中心、青少年活动中心、青少年健体中心、德育研究室、家长学校、社区学院整合成立了“下城区社区教育中心”,实现了校外教育资源的大整合,队伍充实了,职能扩大了,管理轻松了。

第三轮则从2005年开始,在充分总结和提炼社区教育实验工作经验的基础上,结合下城区实际,走上了特色项目引领之路,以项目引资金增投入,以项目集聚各方要素,以项目促进下城社区教育的整体优化,做大做强下城区作为中央商务区独有的特色与优势。

回首下城社区教育发展的20年,我们有了教育超市、教育公园、市民大课堂、“一街一品”特色工程、国际教育创新大会、学习型社团、社区亲职教育、经典学堂、青少年才艺体验营、“智慧家教进社区”直通车等等众多特色载体。同时,许多工作走在了全市、全省乃至全国的前列,如全国首家区级志愿者学校、在全国试点向社区拓展青少年空间、全国首家区级教育质量监测中心、亚太地区社区学习中心资源库、杭州市首个社区“老年学堂”、杭州市首家专门培训流动人口的明珠社区分院、首届长三角社区教育发展论坛等等。这些品牌和特色载体经过理念引领、制度创新、载体设置、评价跟进,成为一种精神引领,既呈现主题化、核心化的简约,促成思想、行动、追求的高度统一,减少大量教育资源的浪费,也使我们的社区教育呈现出蓬勃发展的生命力,促进社区教育健康、和谐和可持续发展。

笔者:请您从管理层面的角度谈谈当前社区教育存在的问题有哪些?对于这些问题又该如何解决?

周培植:不可否认,在社区教育发展比较快的地区,社区教育发展出现了一些瓶颈问题,比如社区教育内涵定位不明、社区居民学习意识不强、社区教育发展用力不均、志愿服务与回报不均衡、社区教育法律法规不健全、社区教育评估不科学等问题，它们值得我们去认识和思考。我认为，要解决这些问题，必须实现下面几个转变。

第一，在社区教育管理上，实现从政府推进型向居民自主参与型转变。目前，社区居民对社区教育的参与意识比较薄弱，从参与人数和参与人员的结构来看，主要是社区闲散人员，包括学龄前儿童和离退休老人，中青年居民还没有经常参与到社区教育活动中来。而驻在社区内的企事业单位的参与就更少了。这主要还是观念问题，多数人仍认为教育是政府的事情，被动参与的观念很强。我认为，政府确实是社区教育的倡导者和管理者，但不应是社区教育的组织者和实施者。靠政府推进社区教育，在短时期内会有一定的成效，但没有社区成员的积极主动参与，特别是中青年社区居民和驻社区单位的参与，就很难巩固这些成果。下城区的学习型社团创建活动正是为解决社区教育发展中政府主导和居民主动参与之间的矛盾所采取的一些举措，仍然需要我们进一步去探索。同时，在志愿者参与方面，我们要积极改变志愿服务与回报不均衡的现象，探索通过“志愿者银行”等举措让志愿者取得合理回报。

第二，在社区教育内容上，实现从满足需求向引领需求转变。课程建设是社区教育健康发展的重要环节，也是社区教育的核心领域，是社区教育规范化的重要标志。过去我们认识到，解决群众日益增长的精神文化需求和有限的文化供给之间的矛盾是社区教育的重要使命，因此，我们围绕市民需求做了大量工作，在学习需求调查分析的基础上，对课程开发投入大量精力。现在我们认识到，解决群众需求问题不能仅仅盯住需求的满足，更要发挥“引导”和“引领”功能。社区学院必须在全面了解本地区社区居民学习需求的基础上，系统地抓好社区教育课程建设，先是从课程设置入手，进而组织力量编写一系列适合社区教育实际状况的实用教材，使之系统化、规范化，使学者有其书。

第三，在社区教育形式上，实现从传统模式向现代化模式转变。从教育模式来看，我国社区教育大多采用传统教育模式，如讲座、业余文化活动、橱窗宣传等。但在一些新建社区，已经开始推进和普及教育信息化，以信息化带动社区教育实验工作。除了有效利用传统的画廊、宣传橱窗、黑板报、阅报栏、电子屏、公益广告灯箱外，还利用互联网及时向市民通报和宣传社区教育。发展社区教育要充分利用现代信息技术，拓展现代信息技术的教

育功能，发挥网络教育等现代远程教育的作用，直接为社区成员服务，将社区学院的社区教育网页建设成为社区教育的信息资源库。亚太地区CLC资源中心的建成将会有效弥补下城社区教育在这方面的缺陷。

第四，在社区教育资源上，实现从区域共享向全域共享转变。社区教育的社会属性决定了开展社区教育要立足于现有的各级各类社会教育资源。下城区的安吉路社区市民学校地处杭州市区中心地段，虽然有丰富的教育资源，如杭州第十四中学、安吉路实验学校、武林幼儿园等文化教育单位和省团委、省血液中心、省建筑设计院、市疾病控制中心等机关事业单位，但随着学校教学工作成效的提高，不断有居民参与到学习中，从而导致学校的现有资源不能满足本社区潜在教育需求和慕名而来的其他社区居民的教育需求。安吉路社区市民学校的发展事例说明，社区教育的发展需要更多的资源共享。

教育生态：从观念引领到行动推进

早在5年前，周培植就"生造"了"教育生态"这一专业词汇，在各种场合反复倡导以"生命"视角来观照教育的理念，提出以"生命观"为教育生态系统发展的核心，构建和谐、人本、开放、可持续发展的高品质教育生态。2005年12月，周培植主编的《走进高品质教育生态》一书正式出版，正式"注册"下城区"教育生态"品牌。社区教育作为教育生态价值观中的重要组成部分，"教育生态"已成为下城社区教育发展的主要理念。

笔者：近年来，您把教育生态理论从理念变成了行动，使下城社区教育赢得了创新争先的先发优势、后发先至的高位优势和科学发展的持续优势。那么，社区教育生态价值观的内涵具体是什么？

周培植：在从事教育工作过程中，我一直倡导营造高品质的教育生态环境。通过实践我发现，大力发展社区教育正是教育生态思想的很好体现。要使社区教育和义务教育一样成为主流教育，就必须营造一个高品质的教育生态系统。我们认为这个高品质的教育生态系统应包括政府生态、经济生态和投入生态。

所谓政府生态，从某种意义上讲，在社区教育中一个学习型组织的政府就是一个面向民众、面向公务员、面向世界的"生态政府"。政府怎样将角色由管理型转变为服务型，政府是否顺应市场化、社会化需求的发展，将影响社区教育的合理定位。而经济生态，就是社区教育的发展需在观念上"登高望远"，以良好社区教育生态环境招商引资，把"生态绣球"抛起来，引入"生态型"项目，提升一个区域的竞争力，最终使社区教育融入生态型经济发展大循环中，达成自力更生、自筹发展的生存平台。至于投入生态则是指政府在对社区教育的投入上，一方面应加大社区教育的基础设施建设，另一方面应强调社区教育自身的普及、造血功能，帮助社区教育确立公益与效益之间的正确关系，从而逐步减少对社区教育的投入。只有以上三个生态处于良好互相兼容的状态，才能营造一个良好的环境，使各个子系统呈现多样化，学会自我调节，促进可持续发展。

笔者：在教育生态理念引领下，作为区教育局局长，您如何理解社区教育与教育的关系？

周培植：教育是一种有目的的培养人的活动，是贯穿人一生的社会实践活动，它是一个生命体，也存在着"生态环境"。如果我们来到一片原始森林，便可以看到一种安然的生态景象：各种树木交错林立，各类花草间隔其中，各式藤蔓缠绕其间、高低错落、井然有序，呈现出一派和谐的大自然景象。其实，教育也应该如此，让这个世界的每个人如同森林里的花草树木、飞禽走兽一样，按其自身的多样性规律和特性，尊重、理解、满足他们对教育的期望和需求，这个社会才会呈现出一派繁荣安详的和谐之气。

然而,现实中传统教育赋予人们的观念是:教育几乎等同于学校教育,忽视了教育的多样性、终身性、全民性和发展性。目前,国际社会正兴起一股教育生态发展的趋势。自 1976 年美国哥伦比亚师范学院院长劳伦斯·克雷明在《公共教育》一书中首次提出"教育生态学"以来,国际社会的一些专家学者开始从尊重生命本体、关注生命本体成长环境的角度来思考、理解、研究复杂的教育问题,从可持续发展的战略高度来指导教育实践。1994 年,联合国教科文组织正式提出"全纳教育"概念,强调整个社会必须要有很好的接纳性,尊重所有生命本体,尊重多样性,让所有的人都在这个社会中有受优质教育的机会,同时能对所有人的教育需求和期望做出积极回应。联合国教科文组织提出的"全纳教育",就是向国际社会倡导和推行彰显公平、张扬个性、协调发展、可持续的教育生态理念。

营造高品质区域教育生态的一个显著标志是终身教育。它不仅是教育系统层面的幼儿教育、基础教育、职业教育、成人教育和特殊群体教育,而且还包括社区教育。这些年来,下城区一直致力于这方面的探索和实践。比如,根据区域实际,率先启动"托幼一体化"工程,在 3 岁以下的幼儿教育工作中积累了许多成功经验。全国首创督评"一室两中心"的组织架构,即区督导室、学前教育督导评估中心、社区教育督导评估中心,逐步完善适合区域终身教育体系的督导评估体系,开展教育发展性评估,教育质量增量评估,推动校园自主发展。率先成立了社区学院,并以社区学院为载体,为在职和转岗的社区成年人提供专科、本科学历层次教育和多层次、多类型、多样化的非学历教育等。

笔者:请您结合下城社区教育发展的实际谈一谈社区教育的内涵特点。

周培植:总体而言,我认为社区教育是全民、开放、以人为本、促进社区发展和逐步走向法制规范的教育。

第一,社区教育是全民的教育,既跨越了从出生到死亡的一生,也覆盖了下岗人员、转岗人员、失业人员、流动人口、残障人员等各类人群。

第二,社区教育是开放的教育。表现在三个方面:一是时空开放,社区教育的时间与空间已经不再局限于正规学校教育所固有的场所和固定的时间表;二是内容开放,从学历教育、在职在岗教育、下岗再就业教育到休闲教育无所不包;三是资源开放,本着同为提高本区域全体社区居民的素

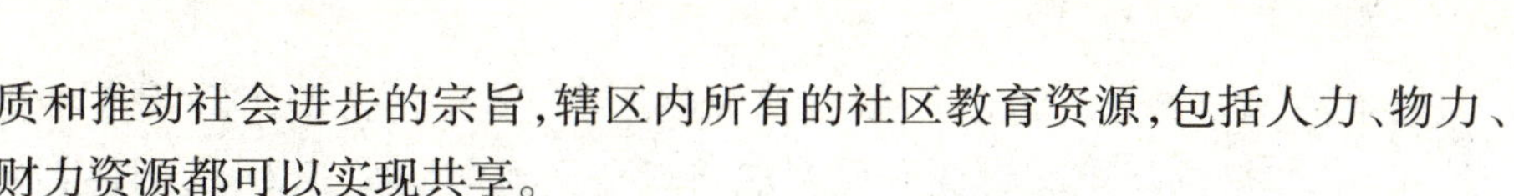

质和推动社会进步的宗旨，辖区内所有的社区教育资源，包括人力、物力、财力资源都可以实现共享。

第三，社区教育是以人为本的教育。社区教育以为社区建设和社会进步服务为宗旨，最终都要落脚于人的素质的提高上。为此，社区教育必须本着满足社区居民终身教育与学习的需求来进行课程开发、活动开展以及组织协调，将着力点放在人的素质提高上。为此，下城区根据形势的发展提出了新时期市民素质提升工程的方案。

第四，社区教育是促进社区发展的教育。人的素质提高是着力点，最终目标是促进社区的发展，进而实现社会的整体进步。因此，社区教育必须姓“社”，必须以社区的和谐和可持续发展为目标，通过提高社区成员的素质，培养他们的社区意识，发展他们的社会责任感，形成促进社区发展的合力。

第五，社区教育是走向法制规范的教育。从社区教育实际运作中反映出的问题来看，涉及的情况十分复杂。由于无法可依，社区教育工作开展得好坏往往直接取决于当地政府的重视与否。因此，今后对于迫在眉睫的社区学院的建制问题，我国势必要在管理体制、组织形式、法人地位和经费筹措渠道等方面进行法律上的补充。

社区教育工作者应仰望星空

21世纪初的一次出国考察让周培植体味到社区教育的魅力，回国后他提出了“学校与社区资源共享”的理念。虽然阻力重重，但他仍坚持不懈地进行实践。周培植说，创新、思考应该是一种常态，是一种基本品质，是一种自然而成的习惯。温家宝总理的诗作《仰望星空》让他深有感触，这是一种对理想矢志不渝的追求，每个社区教育工作者都应该学会仰望星空。

笔者：在社区教育还未引起社会、政府充分重视的时候，作为一位区教育局局长，早在几年前，您就已经深刻地认识到了社区教育的重要性，并自觉地开始了对下城区社区教育的探索和实践。可以看出您对社区教育有着深厚的感情和坚定信仰。您能谈一谈当初的想法吗？

周培植：21世纪初，在一次出国考察中我发现许多国家的学校是完全

开放的，没有围墙，人们在不知不觉中就走进了校园，这给了我很大的触动。正在这时，杭州市教育局开始考虑将学校场地向社区开放，这刚好和我的想法不谋而合，于是市政府现场会就放在下城区，借此机会我在全区教育系统提出了“学校与社区资源共享”这一理念，刚开始的时候许多学校都不理解。当然，任何一项新生事物有着不同的声音反响是再正常不过的了，社区教育同样如此，一些地区、一些老百姓甚至一些领导对社区教育认识不够也是在所难免。在下城区也是这样，社区教育发展初期，领导不重视、派去从事社区教育的工作人员不乐意、居民群众不了解，这些阻力我们都碰到过。我自己主抓学前教育和社区教育，对这一点深有体会，这一路走来有怀疑、有阻力，非常的艰辛。

从学校角度看，学校开放势必会带来管理上的难度以及硬件设施的损耗，另一方面学校开放也会产生各种安全问题。这个时候要在眼前利益与长远利益之间做出选择确实是件很难的事情，如果没有超前的意识就往往会做出错误的抉择。因此，我一连召开了三次校园长会议，积极控制住这种抵触情绪，我向这些校园长阐述了一个理由：“教育经费来自于纳税人，那学校又有什么理由拒绝为纳税人服务呢？”同时，我们也积极制订具体的实施方案让学校通过向社区开放，获得相应的回馈；我还把校社互动作为对学校进行年终考核的重要指标，最终这些学校变消极被动为积极主动，形成了“学校中有社区，社区中有学校”的和谐景象。目前，下城区的学校开放率已经达到100%。可以说，这项工作我们取得了阶段性的成功。

在建区社区学院的过程中，我也曾思考：社区学院应该是一所建在社区中，为社区居民学习服务的公共教育机构。因此，经过多方协商，在2000年初，下城区在国都公寓建成了社区学院，并努力把这所学院塑造成一所“没有围墙的学校”。同时，在下属的8条街道也同步建立了社区分院，并在70余个社区里建立了社区学校。我希望通过社区学院的网络体系，发挥服务社区群众的功能，使其成为一个集群众的学习、娱乐、休闲、健身等多种功能于一体的公共教育机构，推动下城社区教育的发展。

笔者：您对下城社区教育今后的发展有何设想？

周培植：推动社区教育发展，创建高水平的全国社区教育示范区，既是一种与时俱进的理念，也是一项富有创新的工作。我们会按照“发展要有新思路、改革要有新突破、开放要有新局面、各项工作要有新举措”的要求，不断创新工作思路，狠抓落实各项措施，让更多的人体验到学习是一件非常美好的事情。

一、注重思路有创新，实施“南精北快”的社区教育发展战略。“南精北快”是我区关于城市发展的重要思路，与之相适应的社区教育也要根据南北不同区域的经济发展和居民素质与学习需求的特点，由南向北，由中心区向城郊结合部不断拓展社区教育发展空间。“南精”，就是要充分发挥南部社区教育发展比较完善的单位和社区的作用，在立足已有优势分析的基础上，重点打造社区教育和学习型组织的精品，发挥这些精品和品牌的典型示范作用，带动全区社区教育工作的提升。“北快”，就是抓住城市化推进的重大机遇，着力于结合“城中村”的建设，大力完善社区教育基础设施建设，同时寻找社区教育发展新的增长点，开展富有城乡结合部独有特色的新型社区教育品牌，重点解决好外来务工人员文化生活“孤岛化”现象，帮助他们走出城市的文化沙漠，维护好他们的教育与学习权益。

二、注重载体有创新，探索学习型社团管理与服务新机制。下城区学习型组织的创建经过几年的探索与实践已经积累了丰富经验，取得了较好的成效，以学习型机关、社区、学校、家庭、企业五大类学习型组织为主体架构起来的学习型网络也日渐成熟。学习型社团作为五大类学习型组织之外的重要延伸，各相关部门包括区社教办、区文体局、区民政局、各街道等要加强协调，共同商议和制订切实可行的学习型社团创建工作计划和方案，并及时组建学习型社团创建指导小组，建立学习、交流、表彰等相关制度。同时，各单位和部门要在学习型社团创建的经费投入、辅导教师队伍和场地、设备、设施等方面给予积极的配合与支持，保证学习型社团创建活动的有效、有序进行。

三、注重品牌有创新，培育具有下城特色的社区教育项目。没有特色就没有灵魂和生命力，社区教育也同样如此。一个地区的社区教育工作是否有特色，重要的一条标准就是这个地区是否有响亮的品牌，这个品牌是否在全国有着广泛的影响力。下城区一直非常注重社区教育品牌的打造，陆续推出“五力合一，六线并举”、“1765 工程”、“市民大课堂”、“一街一品特色工程”等品牌，这些品牌的形成不仅拓宽了社区教育的发展空间，促进了社区教育的深入发展，也为下城区赢得了许多全国性的荣誉。因此，下一阶段各相关部门仍要在实践中注重品牌的培育与创新，要做到因地制宜，加强分类指导，进一步开发和深化如“一街一品特色工程”这样的具有区域特色的社区教育项目，发挥这些品牌的典型示范作用。对承担单位要加强经常性指导，及时总结和发现新的特点和亮点，促进社区教育整体工作水平的不断提升。

四、注重内容有创新，不断满足各类人群的教育学习需求。随着社区教育工作的不断推进，我们必须在学习内容的创新上下工夫，在学习的针对性上下工夫，在学习形式的多样性上下工夫，在学用结合、学以致用上下工夫，使学习渠道更广、途径更多、内容更新、成效更明，进一步增强工作的生机和活力，增强社区教育的吸引力和感召力。其中劳动保障、妇联、经贸、外经、科技、教育等相关部门要重点抓好对在职在岗人员、就业与再就业人员、失业人员、失土农民以及流动人口的职业技能培训，将培训与生存质量的提高、社会地位的提升、自身职业生涯的规划紧密结合起来。

五、注重理论有创新，不断推动学习型组织的新发展。首先区民政局、区总工会、区教育局、区妇联、区机关党工委五大牵头单位要注重培育和宣传学习型组织建设的典型。要在广泛宣传过去几年来下城区涌现出的学习型组织示范单位、先进经验、先进个人的基础上，大力培育与新形势、新任务要求相适应的典型，发挥典型引导和激励的作用。区委宣传部等相关单位要协调区外媒体，加强对学习型城区整体形象的宣传，提高下城区的知名度和美誉度。要精选课题，形成高质量的研究成果。整合理论研究力量，围绕学习型城区建设组织理论骨干和社会科学工作者进行专题研究，力争推出一批有质量、有水平、对实践具有指导意义的理论研究成果。要加强对学习型组织创建的宣传和研究阵地建设。加强理论骨干队伍的建设和管理，充分发挥其理论支持的作用。探索建立学习型城区的专门网络阵地，使之成为各类学习型组织建设的信息交流平台，形成具有现代气息、快速便捷的学习型载体，彰显下城区学习型城区建设工作的特色。

笔者：您对从事社区教育工作的青年们有什么希望和建议？

周培植：首先，我认为我国目前社区教育的发展水平与发达国家相比差距还很大，比如美国的社区学院比例非常大，对于社区教育的作用非常明显，就我国目前的发展水平还差之甚远。所以，我国的社区教育事业任重道远，需要一代代的社区教育工作者不懈努力。因此，对于从事社区教育工

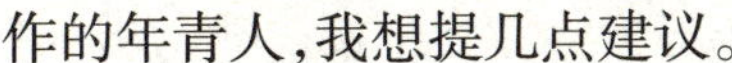
作的年青人，我想提几点建议。

一、要有人文情怀。我们的社区教育毕竟不同于基础教育、高等教育等，我们面向的对象是最广大、最基层的社区居民，不论是男的、女的、老的、少的、穷的、富的，都是我们的教育对象，这就需要我们有着一份特殊的人文情怀，能够真心诚意地去为这些人服务。

二、要有专业能力。都说有作为才能有地位，终身教育体系的构建任重道远，实践探索和理论研究都不可或缺，这需要年青人充分发挥他们的聪明才智，既能深入基层开展活动，也能有效反思、及时总结，进行理论升华。

三、要有创新意识。“创新”一词我们一提再提，这两个字虽然很直白，但却是我们在工作中必须奉行的原则，尤其是年青人，对于工作中的一些亮点要及时进行总结，并能够举一反三，在实践中不断创新，形成自己的创新点。只有创新，才能有特色，也才能树立品牌。

青年工作者是我国社区教育事业发展的未来和希望。在艰巨的责任驱使下，从事社区教育工作的青年要不断增强自己的使命感、责任感，提高自身素质，掌握事业发展的脉搏，树立正确的世界观、人生观、价值观，明确自己的奋斗目标，积极投身于社区教育，树立创新精神，不断激励自我取得成功，并由此及彼、由点到面、由弱至强、由慢变快地推动我国社区教育事业的深入发展。

采访后记 / 林晓

一个优秀的教育领导者，必须具备远大的教育理想、深邃的教育思想和卓越的教育实践能力，周培植三者兼具。作为一名区域教育行政管理者，他亲自分管社区教育。他领导下城区开展社区教育的经验以及今后的设想，对省市乃至全国推进社区教育都是一种很好的经验借鉴。他也是一位“学者型官员”，他非常重视教育理论研究，积极寻求与中央教科所、浙江大学教育学院建立合作关系，聘请、邀请省内外的教育专家指导区域教育课题研究，并且自己积极带头参加课题研究。他认为，教育发展具有一定的区域特征，不能脱离本地的经济社会文化特点。区域教育要实现科学、和谐发展，必须要有适合本土实际的、科学的理论来引领。

周培植平时最大的兴趣就是读书。他觉得，在一个由“热心向学”、“潜心治教”的教师群体构成的团队之中，一个不爱读书的领导总是缺乏魅力的。作为教育行政部门的领导，首先应该是思想的领导。思想从何而来？读书是必由之路。一直以来，读书就是他生活的重要组成部分。不管多忙、多累，他都坚持每天挤出时间用于读书、学习。我国台湾的出版人郝明义曾经提出“越界阅读”的概念，就是说阅读要超越爱好的局限、跨越职业的领域。周培植读书的范围非常广泛，既有行政管理、法律法规、教育科研等“主粮”，也有时事政治、生态哲学、人物传记等“杂粮”。他山之石，可以攻玉，“越读”的过程，不仅丰厚了他的理论底色，提升了他的管理智慧，也促使他能够在不同的思维碰撞中，跳出教育看教育。

作为“一班之长”，周培植在加强自身学习的同时，也非常注重带动整个团队的学习。在杭州市下城区教育系统一年两次的基层干部大会上，他都会精心准备，为基层干部作兼容行政管理和学术研究视角的主题报告，和大家共同分享自己的读书收获和思考积淀。在下城区的每一位校园长看来，每一次的基层干部大会，都堪称一场思想的盛宴，一次精神的洗礼。

工作之余，周培植喜欢邀上三五个好友去打羽毛球。当初，因为共同的兴趣爱好，他和一些朋友组成了羽毛球业余兴趣小组。一路走来，许多球友因为各种原因陆续退出，而他一打就是16年。不管工作多么繁忙，不管严寒还是酷暑，他每周都会挤出时间打上两三个小时。充满活力的体育运动，不仅帮助他释放了工作压力，也使他养成了坚韧的品质，从而可以从容应对工作中的困难和阻力。

相关链接

周培植主要著作与课题论文一览

1. “探索优质多元的亲职教育新模式——杭州下城区早教示范园区的改革”，2005年度浙江省基础教育优秀科研成果一等奖，2006年3月
2. “以教育生态理论促进区域教育现代化的实践研究”，全国教育科学研究“十一五”规划2008年度立项课题，2008年8月
3. 《走进高品质教育生态》（专著）.杭州：浙江教育出版社，2005
4. 《实施嫁接办学　区域推进教育集团化》（专著）.杭州：中国美术学院出版社，2005

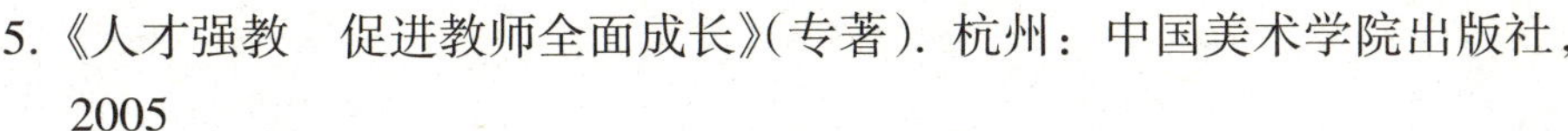

5.《人才强教　促进教师全面成长》(专著). 杭州：中国美术学院出版社，2005

6.《核心竞争力:教育文化战略建构与实施》(专著).杭州:中国美术学院出版社,2006

7.《改变未来:教育自主创新之实践》(专著).杭州:中国美术学院出版社，2006

8.《以教育的多样性促进教育和谐的若干思考》,中国杭州第五届国际教育创新大会交流材料,2007 年 10 月

9.《探索教育科学发展之路　追求教育和谐发展理想——建立与实施基础教育质量监测机制的思考与实践》，中国杭州第五届国际教育创新大会交流材料,2007 年 10 月

10.《课程改革:牵动区域教育改革创新与科学发展》,中国杭州第五届国际教育创新大会交流材料,2007 年 10 月

11.《教育生态观下的教育特色品牌建设》,中国杭州第五届国际教育创新大会交流材料,2007 年 10 月

12.《本土化　特色化　品牌化——下城区以项目推动社区教育发展的行动策略与思考》,第六届长三角社区教育发展论坛专题报告,2008 年 10 月

13.《浅谈下城区终身教育创新的实践与思考》,全国全民终身学习活动周建设学习型社会论坛专题报告,2008 年 10 月

14.《社区教育，使全体人民学有所教——从下城社区教育 20 年发展路径探究未来发展面临的挑战与对策》,纪念成人教育改革发展 30 周年论坛暨 2008 中国成人教育协会年会专题报告,2008 年 11 月

15.《关于区域教育生态理论创新的价值思考》,中国杭州第六届国际教育创新大会交流材料,2008 年 11 月

16.《奠基人生,奠基区域教育现代化——以教育生态理论促进区域学前教育均衡发展的实践与探索》,中国杭州第六届国际教育创新大会交流材料,2008 年 11 月

17.《构建共享优质教育——基于区域教育生态理论的集团化办学实践与反思》,中国杭州第六届国际教育创新大会交流材料,2008 年 11 月

18.《科学发展视野下教育局长的社会责任及其实现》,中国杭州第六届国际教育创新大会交流材料,2008 年 11 月

无悔的选择 不辍的求索

访中国成人教育协会社区教育专业委员会秘书长胡凤英

胡凤英，女，1945 年生，江苏南京人。1968 年毕业于南京大学中文系，曾任江苏省教育厅高等教育处副处长、成人教育处处长。现任中国成人教育协会理事、江苏省成人高等教育专业委员会副会长、江苏省成人教育协会副会长、中国成人教育协会社区教育专业委员会秘书长。2002 年被聘为教育部社区教育专家组成员。

初夏的天气渐显热情，路边的树上传来阵阵蝉鸣。我与胡凤英秘书长约见在其办公室。轻声走近办公室，只见一个伏案忙碌而又腰杆挺直的中年人的背影。当我叩响半掩的房门的一刹那，一位皮肤黝黑、笑容可掬的中年妇女匆忙转身站了起来。眼前这位社区教育前辈，简洁的服装搭配给人一种朴实干练的感觉，而握手之际她右手食指上厚而硬的茧子更是深深地触动了我。一番寒暄之后，我环视眼前这个并不宽敞的办公空间，地上横竖堆满了有关成人教育、社区教育的书籍和刊物，一张办公桌上摆放着不少杂志、文件资料。带着敬重与些许好奇，一次社区教育心路探寻之旅便这样开始了。

访谈实录

扬风逐浪求本真

"怀揣一颗诚挚的心，用开阔的思维、发展的眼光及不懈的追求去思考、去研究，才会做出真学问。"这是访谈中，胡秘书长说她在工作中一直坚持与努力的方向。虽然只是简短的一句话，但其中既饱含着她对社区教育的热爱之情，又体现出她乐于钻研、善于钻研、勇于钻研的可贵品质。诚如她所说，每个人能力大小不同，但如果你热爱自己的事业，并且用行动来表示，这就是自身能力的体现。在从事社区教育的日子里，无论是与几位志同道合的同志组成临时讨论小组讨论什么是社区教育，还是退休后参与教育部"十五"规划重点课题思考社区教育评价问题，胡秘书长一直深入社区教育实践，关注着社区教育的重要理论研究问题。下面就让我们一道去感受她那风雨岁月中的所思所想吧！

笔者：胡老师，我们知道"社区教育"这一概念是从第二次世界大战后才开始被正式确立与使用起来的。而我国社区教育工作起步也不过是在二十世纪八九十年代，许多人对什么是社区教育还是没有一个清楚的认识，那您认为什么是社区教育呢？其内涵又是怎样的？

胡凤英：事实上，国际范围内的社区教育的兴起与发展已有较长的历史，我们国家关注社区教育，我认为应该是从 1999 年教育部在《面向 21 世纪教育振兴行动计划》中提出“开展社区教育试验”的观点之后，社区教育才作为成人教育新的增长点蓬勃发展起来的。1999 年，我还在任江苏省教育厅成人教育办公室的主任，负责省级成人教育管理工作。作为地方各级社区教育工作的指导者与管理者，要想将社区教育实践工作紧紧围绕上级部门提出的要求，生动有力地开展起来，首先我们这一层面的人就必须认真学习并领会有关文件精神。但当时，不仅社会上的普通民众对社区教育基本毫无认识，就连我们这些教育工作者对社区教育的认识也是非常片面与狭隘的。这些都成为我们进一步开展社区教育工作的重大阻碍。我清楚地记得，有一次去天津开会，我们几个成人教育工作者自发组成了一个临时讨论小组，追溯我国社区教育走过的路程，展望社区教育发展的方向，从而为我们当前的社区教育工作理清脉络。当时，我认为社区教育从外延上讲就是在社区范围内开展的各种教育活动的总和，但社区内的学校教育已经包括在普通教育中。所以，社区教育应该是在社区范围内，除普通学校教育外，所有立足社区、发展社区的教育活动的总和。

然而，社区教育又是一个时代概念，随着科技的发展、社会的变化，其内涵也在不断丰富与完善，我们对它的认识也是越来越深入透彻。就我目前所理解的，我认为社区教育就是一种人本教育、一种平等教育、一种民主教育、一种生活教育。具体来讲，社区教育首先是一种人本教育，是一种关爱人的教育。人人都可以成才，通过教育把社会中每个人的潜能发挥出来，这就要求社区教育不仅要关心每个社区人的物质生活，更要关注他们的精神需求。其次，社区教育是一种平等教育。我认为教育公平不应该仅仅局限于学校学历教育，每个老百姓非学历的自身教育需求，同样也要受到关注，并努力满足这些需求，而社区教育就是一种实现真正公平的、平等的教育。再次，社区教育也

是一种民主教育。社区教育的任务之一就是要培育人民对生命价值实现的自觉意识与能力。结合具有中国特色社会主义的国情，我们当前社区教育的追求应该是教育行政管理组织的决策与基层普通大众的民意充分结合起来。江苏扬州有一个社区在培养社区居民的民主意识方面就积累了不少好的经验。有一次我去开会，该社区的社区教育负责人向我介绍说：前段时间，社区要进行街道绿化改造，然而到底什么地方应该栽什么样的树，我们给每户居民都发放了一台一次性照相机，收集群众意见，发动群众讨论，实现民主决策。事实上，这就是一次很有成效的培养居民自治意识的社区教育活动，而且也是社区教育与社区建设密切结合的一个范例。最后，社区教育是一种生活教育。陶行知先生也曾说过：生活即教育，教育即生活。我们要开展社区教育活动就必须要与老百姓的生活紧密相连，只有这样，我们的社区教育才会真正拥有生命力量。我相信，社区教育作为发展终身教育的有效载体与理想途径，一定会在广大理论研究者与实践探索者的共同耕耘下，开出新的花、结出新的果。

笔者：的确，"社区教育"是一个与时俱进、不断完善的概念。您刚才提到，社区教育的发展必须要立足社区、发展社区。请您具体谈一下这一观点的深层含义。

胡凤英：简单地讲，这句话包含两层意思：第一层是发展社区，可以说，努力服务于社区发展、促进社区繁荣是社区教育的基本任务。具体而言，社区教育应具有以下功能：通过举办各类文化活动营造社区良好文化氛围；通过社区教育活动，提高社区居民文明素养；联结家庭、学校、小区、社会等，促进学习资源的整合化、学习环境的一体化等。可以说，社区教育对社区经济发展、社区精神文明建设、社区生活环境的改善、社区文化生活的丰富都具有举足轻重的作用。第二层是立足社区，即社区发展是社区教育价值的源头活水。我国社区建设的出现是因为社会主义市场经济体制的提出，打破了原有计划经济体制下的社会组织管理体制格局，大量"单位人"转变成"社会人"、"社区人"，而社区发展呼唤着教育的社区化，自然而然地，承载着服务社区发展作用的社区教育就成为教育与社会、教育与社区紧密结合的产物。

社区教育的责任与使命是光荣而艰巨的。随着社会的发展，我们又该以一种什么样的价值取向来发展社区教育呢?我个人认为,我们必须要用发展的眼光看待这一问题。当前我国已经进入一个坚持物质文明、政治文明、精神文明、生态文明全面、科学发展的新阶段,而社区作为一个国家重要的组成单元,其发展的全面性要求社区教育必须树立起一种全面服务观。就我个人的理解,最关键的就是要培养有觉悟、有文化、有能力、善于自治、善于管理的新型社区人。要实现这一目标,社区教育必须在服务功能的完善性、服务体系的健全性、服务方式的自主性、服务品质的文化性、服务绩效的增值性等方面加强建设,从而提高自身综合素养。

笔者:通过翻阅以前的一些资料,我了解到您对社区教育评价也是非常关注的。您认为评价对社区教育的功能有什么作用?您倡导的社区教育评价创新的主要内容是什么?

胡凤英:其实,我想一个合格的社区教育工作者,必须要怀揣一颗诚挚的心,用开阔的思维、发展的眼光及不懈的追求去思考、去研究,才会做出真学问。不过,我知道自己做得还不够,我一直在努力。关于社区教育评价,我是在2000年机构改革,自己退休后才逐渐关注起来的。记得在一次会议上,教育部职业教育与成人教育司成人继续教育处张志坤处长找到我,想让我担任“十五”规划课题“推进我国社区教育的实验研究”的秘书处组长,一方面负责组织协调工作,同时也参与到这项课题的研究当中。当时,我就负责了社区教育评价这一部分,后来,我又从事社区教育评估标准研究。虽然当时的社区教育评价走的是行政路线,而没有采用具体的社区教育评估标准,但在那段日子投入研究的过程中,当然也包括现在,我都认为关注社区教育评价是推进具体工作的重大举措。所谓社区教育评价,其实是与社区教育发展相伴相生的,是建立在社区教育工作基础之上,根据一定的指导思想,对社区教育工作的现状及其发展趋势做出客观、公正的评价和正确导向的过程。一般来说,社区教育有什么样的发展观,就应该有什么样的评价观。社区教育工作的基础决定着社区教育评价的基点;社区教育发展观的与时俱进,又会对社区教育工作产生影响,同时也是社区教育评价创新的着眼点。

而我所倡导的社区教育评价创新,是在现有社区教育评价的改革中,以创新的理念、思想、方法为指导来弥补和调整社区教育评价的缺失,变不完善为较为完善，以回应不断发展的社区教育的需求和挑战。关于创新任务，2005 年 9 月的《职教通讯》杂志刊发了我的一篇名为《论社区教育评价的创新》的文章，其中论述了一些对社区教育评价创新的相关理解。概括地说，社区教育评价创新任务主要包括：(1)促进快速发展的创新——现状性评价与发展性评价并举；(2)引导民主自治的创新——行政评价与社区居民评价并举；(3) 呼吁自觉意识的创新——集中评价与分散评价并举；(4)鼓励特色的创新——综合评价与分项评价并举；(5)加快资源建设的创新——自有资源评价与整合资源评价并举。这里，我重点谈论其中两点。一是行政评价与社区居民评价并举，我们知道根据我国现阶段国情，社区教育主要由政府来推动，自然评价便应由政府来负责，其表现形式就多为上级评下级。但这种单一主体的评价使社区居民更多地游离于社区教育发展之外，这也与社区教育的本意大相径庭。只有当社区居民广泛参与到社区教育评价当中时，社区教育走向民主、自治的希望才会变成现实，所以目前应鼓励一些起步较早、发展较好的地区进行这方面的试点。另一点我想说的是自有资源评价与整合资源评价并举。一方面是要强调社区内教育资源的整合，特别是社区内高等学校的有效资源如何有序向社区教育开放，依然是实践工作中的难点。另一方面，社区教育毕竟有着不同于学校教育的对象，社区教育发展也需要一些独特的适于居民学习活动的资源。因此，自有资源评价与整合资源评价必须双管齐下，才能使社区教育资源建设开展得快速顺畅。总之，社区教育的评价要着眼于解决社区教育发展中的问题，以便推动社区教育更好更快地发展。

风雨兼程勤实践

“每个社区教育工作者都必须扎根社区基层、了解社区基层、把握社区教育发展方向，在行动中思考，发挥聪明才智来推动社区教育实践。”这就是一个思路清晰、自觉探索实践的社区教育民间组织工作者对自己的要求。风雨中，她从未停歇过探索前进的脚步，面对管理体制的不顺，她鲜明地指出要用“四力”来加强建设；面对纷繁的工作，她明确地阐述要把握社区教育重点；面对全国各地风风火火的社区教育实验项目，她带领我们重新认知了项目的本质，明确如何开展实验。

笔者：接下来，让我们聚焦社区教育实践。我们知道，社区教育是一项需要多部门共同协作、意义重大的利民工程，您认为如何才能有效凝聚各个部门的合力去推动社区教育事业的发展？

胡凤英：领导与管理体制问题，关系到社区教育体系构建的组织保证。记得教育部在《全国社区教育实验经验交流会议纪要》中提到：要继续探索和不断完善"政府统筹领导，教育部门主管，有关部门配合，社会积极支持，社区自主活动，群众广泛参与"的社区教育管理模式。

这一框架的提出，为社区教育管理实践指明了方向，但具体实践则是一个漫长而曲折的探索过程。记得前几年，江苏省教育厅与省委宣传部、省民政厅、省文化厅联合下发了《关于推进社区教育实验工作的意见》(苏教职〔2002〕34 号)。在个别实验区，有的社区教育领导小组成员单位多达 10 余个，看起来挺重视的，也似乎都齐抓共管了，但实际上，教育部门的"主管"基本都成了"全管"，独立运作有余，部门配合的合作机制却大大不足。如文化部门在进行精神文明教育、劳动部门在进行技术技能培训等等，这些活动的目的是给社区居民以知识和技能，其实这些都是社区教育应承担的责任，但这些部门间缺少合作，造成了很大程度上的资源浪费。说到底，这与中国长期沿袭下来的计划体制有很大关系，我们可以形象地将中国的计划体制形容为一个"井"字，每个部门都各自分管自己的职责，但对于一些需要通力协作的工作则往往我行我素。因此，我们在制定相关文件、召开相关会议之际，都会突出强调要加大社区教育力量的整合，从而营造一个相关部门间统筹、合作的运作管理环境。但事实上，作为教育部门一级是很难单方面调动起社区教育所有相关部门通力协作的，但我们一直不遗余力地努力着。

我曾于 2002 年就此问题写过一篇文章，其中提出要形成"四力"来推动社区教育发展：一是同心协力，即对社区教育达成共识，大家的事大家

办，从思想观念上统一大局意识、合作意识；二是各尽其力，即按角色定位，以角色明职责、担任务；三是凝聚力，即以制度为纽带，共同把握社区教育现状，研究商讨需要解决的主要问题，共同开展一些大的活动，尤其注意策划有利于多部门参与的活动；四是统筹力，即政府应加强统筹力度，重视过程，重视结果，有布置，更要有检查、有考核，从而发挥强有力的组织保障作用。

笔者：刚才我们更多的是从组织机构保障层面来探讨社区教育实践的，那就社区教育实践这一本体，您认为应该如何开展社区教育实践呢？或者说，通过您这么多年的社区教育管理实践，您认为在实践中应该注意哪些问题？

胡凤英（胡秘书长没有马上回答，而是不停地翻阅书柜里厚厚的杂志、资料）：这里有一篇文章，是2003年12月我在《职教通讯》杂志发表的《对如何开展社区教育的思考》一文。当时，关于社区教育实践，我提出要注意七大问题，这里我结合当前社区教育发展现状重点讲五个问题。

第一，要积极开展高质量的社区教育实验。教育部在《面向21世纪教育振兴行动计划》中将社区教育工作定位于"实验"，正确把握了我国社区教育整体发展态势。为什么这样说呢？一方面，就社区教育内涵而言，需要通过实验进行探索。从20世纪末，我国社区教育无论在内涵还是外延上都开始由囿于中小学校外德育工作向全员、全面、全程——"三全教育"转型与拓展。要全方位服务于社区，社区教育的许多工作都处于实验探索阶段。另一方面，就区域发展不平衡的现状而言，采用实验区推广的方式也是现实之选。其作用不仅在于能够充分实现经验共享，加快社区教育推进速度，也在于其能发挥激励作用，形成你追我赶的良好氛围。当然，实验的意义还在于培植科学精神和严谨忠实的工作作风，抵制浮躁、功利，从而保障社区教育能够深入、实在地开展。这几年每次到省内外考察社区教育工作，我都会重点关注社区教育实验开展的现状，帮助他们不断去发现问题、总结提升工作经验，有的社区我还会继续跟踪了解实验的进展情况。

第二，要关注社区教育对象的全员性与重点性问题。学习型社区的形成不是一蹴而就的，而是有一个循序渐进的过程。因此，结合当前社区教育发展阶段的特点，我们应该注意两点：一是处理好目标与阶段的关系，即依据发展需求确定目标，让每一阶段向既定目标迈进。二是从实际出发，找准突破口。当前我们既要从方向、目标上把握服务的全员性，同时还要突出以正规教育关照不到的弱势人群为服务重点。

第三，遵循一定原则开展各种形式的教育活动。这些原则包括教育活动的主体性、广泛性、生活性、享乐性、普及性、提高性、多元性、生动性等。

第四，要树立大文化观和大教育观。要在更为广阔的文化视野中深入开展社区教育，以丰硕的社区教育成果增加社区文化的积淀，使教育与文化合璧，共营文明和谐的社区氛围，共塑健康向上的社区精神。

第五，要将学习型组织的创建纳入社区教育工作当中。教育部在推进社区教育工作时提出要广泛创建学习型组织，并希望全国各地的实验区重点培育、扶持一批学习型组织。可见，创建学习型组织是社区教育的重要工作内容与目标。然而，在现实操作过程中，由于管理体制等原因，社区教育由教育部门主管，而学习型组织则由政府或经济部门负责。事实上，两者间是相辅相成、互补共赢的。社区教育的深入开展可为学习型组织的创建营造良好的社会氛围，而学习型组织的创建更有利于为社区教育增添抓手。因此，在政府统筹下，在开展社区教育工作时要很好地研究学习型组织，协同有关部门共同做好组织、指导、督查工作。

说了这么多，这些都是我在工作实践过程中的一些感受。社区教育实践中存在的问题是多种多样的，每个社区教育工作者必须要扎根社区基层、了解社区基层，把握社区教育发展方向，在行动中思考，发挥聪明才智来推动社区教育实践。

笔者：感谢您与我们分享了这么多宝贵的实践经验。从1999年起，我国进入社区教育的实验阶段，各个城市中的社区都蓬蓬勃勃地开发了很多项目，我想了解一下您对项目实践的一些看法，又该如何开展社区实验项目？

胡凤英：自1999年国家提出开展社区教育实验的要求以来，教育部于2001—2007年先后四批共确立了114个全国社区教育实验区，目的是通过这些区域实验，积累在社区教育的管理体制与运行机制、教育资源的配置与建设、教育培训网络的建立与多样化等多方面的经验，使社区教育在构建我国终身教育体系、促进人的全面发展中作出应有的贡献。而社区教育实验要进行项目实践有重要的意义：一是缘于社区教育实验的性质与要求。

实验的目的是为了成长，实验区必须要有强烈的实验意识、过程意识、积累意识。通过项目的设计与组织实施，能够更好地抓准实验中的重点，突破实验中的难点；二是缘于项目的规定性和特殊性。项目与一般工作的最大区别在于它的刚性和成效性。社区教育实验采用项目实践策略，有利于丰富实验内涵，提升实验水平，同时也有利于社区教育的有序管理，从而推进其科学、可持续发展。

虽然全国各地的社区教育都在努力开展实验，但我个人认为，2007 年我国实施的社区教育实验项目大多不能称之为项目。邀请我去指导工作的人也不多，但一旦让我去指导，我当然就会直言不讳。（这句话一出，我问她："你就不怕得罪人，人家以后不请你了！"她却哈哈大笑起来："这有什么好怕的，我一直都是这样的啊！做工作就应该认真嘛！"）我经常告诉他们，这些"项目"都不具备项目的基本属性，它的管理规范性和执行的刚性都没有在操作中得到很好的贯彻。我认为，要开展社区教育项目实验，必须要做好以下几点：一是实验必须要有项目意识。必须要时时记得强调项目的规定性、刚性，做到针对要解决的关键问题立项，而立了项就要有责任，而且要将责任落实到具体个人。二是要选准项目。一定要结合某个社区的特点、难点，妥善处理，必须集中力量与精力解决关键问题。切忌跟风似地看别的社区开展什么实验项目，自己也开展什么项目。三是要加强项目管理。科研必须要有一个管理制度，要有计划，每个阶段都要有特定任务，要进行细节管理，要进行档案建设管理。四是要对项目进行绩效评价。

笔者：您刚才提到要选准社区教育实验项目，我感觉这是一个难点，请您具体谈一谈该如何确定项目和管理项目？

胡凤英：关于项目确定的方法，是一个不能一概而论的问题。每个社区都有不同的生存发展环境，很难说什么方法是最好的。但以下几个原则还是可以供大家参考的：第一，价值原则。也就是说要确定的项目是否符合社区教育发展的宗旨，是否是本区域社区教育实验工作的迫切需求，并有利于突破难点、打造亮点。第二，目标原则。项目的总目标和子目标一定要清晰明了，即项目实施的不同阶段要有不同的研究和实践重点，切忌笼而统之。第三，绩效原则。这是衡量项目质量水平的试金石。项目成果要体现项目选定的指导思想，与预期目标基本相吻合，获得社会的广泛认可。

对于项目管理的内容则应该包括：一是制度管理。这里的制度既包括项目推进的进程管理制度，也包括项目评定制度、项目监管制度、项目效益评估制度等。二是监测管理。就是过程管理，即对项目由始至终的全程管理，避免重批轻管、管而粗漏、重头轻尾、有名无实。三是评价管理。因为项目评价不仅涉及项目的效益，也是管理中人文管理的体现。通过评价可以产生激励作用。四是档案管理。档案不仅是项目实施过程中真实情境的再现，更承载着以史为鉴、继往开来的重任。

矢志笃情心不悔

“直到现在，我骑着自行车在下班回家的路上，也经常会感受到社区教育（成人教育）那股强有力的脉搏。尽管前进的道路布满荆棘，但它与国家、社会发展的关联度、密切度是那么清晰可见。因此，我认为我当初选择、坚持的是一项无比光荣的事业。”这铿锵有力的言语中，无处不透露出胡秘书长对社区教育事业的信心与热情。

笔者：您将自己生命中最宝贵的时光贡献给了成人教育事业，如果当初再给您一次选择的机会，你会如何选择？”

胡凤英（胡秘书长不假思索地说）：我会坚持我当初的选择。1993 年前，我从事的是高等教育管理工作，之后因工作需要转岗到成人教育工作岗位。而 2000 年因年龄原因退下来的我，说实话，当时舍弃了其他单位的聘请，而依然心甘情愿地选择了困难重重的成人教育协会，身边的一些家人朋友都很不理解，甚至有些人反对。但我认为，当时我是做出了明智的选择。因为，我认为成人教育事业是一个充满着无限希望、孕育着强大力量的事业，它与高等教育有着太多的不同点，如自身发展环境不同，推动成人教育的发展举措不同，面向的服务对象也不同。20 世纪 90 年代是我国产业结构调整最大、各类矛盾频繁爆发的一个时期，我们成人教育担负起了许多其他教育都无法承担的责任，不仅为各行业发展培养了大批人才，也为全民素质的提高、社会的稳定发展作出了重大贡献。直到现在，我骑着自行车在下班回家的路上，也经常会感受到成人教育那强有力的脉搏。尽管前进的道路布满荆棘，但它与国家、社会发展的关联度、密切度是那么清晰可见。成人教育与社会发展是一种天然的联系，它完完全全地响应社会变革。所以，我认为我当初选择、坚持的是一项无比光荣的事业。虽然我现在已经60多岁了，但我还是会继续从事成人教育工作，因为每次走到社区看到大家乐此不疲地开展着各项活动，每次开研讨会看到大家积极踊跃地献计献策，我都会有一种分外激动的感觉。（胡老师在细诉着自己的情怀时，眼睛里分明散发出一种斗志昂扬的神情。而且，有一个小细节我也特别留意到了，那就是胡老师那双看似柔弱的手，此时也紧紧地握了起来。）

笔者：其实来南京前，我看到您在《中国成人教育》2002年第8期上发表了一篇名为《无悔的选择》的文章，里面有一段话让我很感动。我带来了原文，我们一起回忆一下您当时的所感所想：

这一选择是情与爱的浇铸，是追求的难以忘却，是依恋、信念和无尽的向往。是啊，经历过拓荒历程才知丰收的来之不易和对热土的眷念、难舍，跨过沟沟坎坎才深感开阔地的无限风光令人陶醉、流连忘返。如今，目睹国际化、全球化巨浪涛涛，沐浴着终身教育、终身学习而不断丰茂的成人教育，在市场经济大潮中尽管还会遭遇风雨，但无疑将在新的起点上更加有所作为，必创造出更为辉煌的壮举。有生之年，厮守于此，穷微薄之力，为其奉献，休戚与共，难道不是一件乐事，不是有意义、有价值的选择吗？

心有千千结，永系成教魂。虽然我与成人教育结缘以来，酸甜苦辣咸，五味俱全，但我情有独钟，无法剪断，为今日之选择无悔，在无悔中继续纺织和放飞我与成教的共同希望。

您现在听来，又有什么样的感受？

胡凤英：这篇文章是正值《中国成人教育》创刊十周年，《中国成人教育》的主编让我写一篇从事成人教育工作心路历程的文章。这已经过去六七年了，但现在听到这些当时心里的话，我依然会心潮澎湃。说实话，我是一个比较重感情的人，从踏入成人教育实践工作岗位那天，我就不断培养自己对成人教育的感情，而对社区教育，则更有着深厚的感情，因为社区教育就是终身教育的一方践行土壤，每一个在这里辛勤劳作的人怎能不热爱这片热土呢？所以，这些年来，我们社区教育专业委员会每年都会发起组织成人教育或社区教育研讨会，我都会负责具体策划，而日常的科研、会议工作也是忙得不可开交。但我一直都在"默默无闻"地做着，这可能也秉承了我们江苏人吃苦耐劳的精神品质吧！这不是嘛，马上又要召开海峡两岸成人教育会议了，我们办公室一共就两个人，从一一联系参会人员到寄发邀请函，再到联络会议召开单位、商讨会议主题等等，许多事情都等着我们去做呢！（就在访谈期间，我在胡秘书长拿来的一本书中发现了多年前她写的一首诗歌。这或许就是一种她对工作、生活无比热爱的表达方式吧！）

大树·小草

——颂成人教育工作者

你是大树，
生长在山谷里；
她是小草，
生长在山峰上。
你虽高耸却不被人知晓，
她虽娇小却使人一目了然，
因为座座高峰将她衬托。
终于有一天，
人们走进深山峡谷，
发现了你——大树，
赞扬你挺拔、伟岸，
在贫瘠土壤中生存，
在奋力开拓中成长。
我突发奇想，
大树与小草，
各有品格，
各展精神，
各竞风采。

我赞美小草，
尽显绿的风貌；
更赞美大树，
身在峡谷默默无闻，
不求显露知晓，
这不正是成教工作者的写照?!
托起伟大的成教事业，
永不居功自傲。

采访后记 / 曲连冰

访谈结束了，我的思绪却依然停留在这位无怨无悔、甘心付出的民间社区教育前辈身上。最后，我特地要求给她拍一张展现她日常工作风貌的照片放到访谈文章中。照片中的她，俯首写作、聚精会神，岁月的面孔写满的是心无旁骛、不求名利，那种专注让人不由心生感动。

返程的路上，我再一次回味起那首诗歌《大树·小草》，这不正是胡秘书长的工作写照吗?那字里行间无不流露着她对成人教育(社区教育)工作的热爱。不，那不仅仅是对工作，更是对人生的热爱。工作中，她时时追随社会，找亮点，找生长点，经常捕捉社会发展信息，找准信息，从而寻找社区教育的生长点。生活中，她对人的热情、对事的认真也是那样令人敬佩。回味与这位中国社区教育的“包身工”促膝相谈的整个过程，便是自己的一次心灵洗礼。也许，对于一个刚踏入工作岗位的年青人，从中收获的远远不只是几个观点或想法，而是一种态度，一种对待生活与工作的态度。看着车窗外湛蓝的天空，我耳边回响起一首动听的歌，一首默默奉献、不辍耕耘的歌。

胡凤英主要著作与论文一览

担任主编的著作

1.《普通高校成人教育管理》.南京:河海大学出版社,1998
2.《星火燎原——江苏省广播电视大学发展 20 年》.南京:东南大学出版社,1996
3.《风雨兼程二十年》(成人高教).苏州:苏州大学出版社,1999
4.《风雨兼程二十年》(成人中专).苏州:苏州大学出版社,1999
5.《学习创造创业》.南京:东南大学出版社,2000

2000 年以来发表的主要论文

1.《成人教育改革与发展:聚焦终身教育和学习化社会》,载《盐城师范学院学报(人文社会科学版)》,2000 年第 20 卷第 03 期
2.《构建终身教育体系必须大力发展成人教育》,载《盐城师范学院学报(人文社会科学版)》,2001 年第 1 期
3.《知识社会呼唤成人教育结构性改革》,载《江苏广播电视大学学报》,2002 年第 13 卷第 02 期
4.《成人教育发展的基本经验及启示》,载《职教通讯》,2002 年第 2 期
5.《论新世纪成人高等教育的发展战略》,载《中国成人教育》,2002 年第 5 期
6.《论成人高教的教育创新》,载《盐城师范学院学报(人文社会科学版)》,2003 年第 23 卷第 1 期,第 118-121 页
7.《对如何开展社区教育的思考》,载《职教通讯》,2003 年第 12 期
8.《在全面小康目标中解读成人教育》,载《江苏广播电视大学学报》,2003 年第 4 期
9.《论构建农村教育重中之重的保障机制》,载《镇江高专学报》,2004 年第 17 卷第 3 期
10.《理解“重中之重”中的农村成人教育》,载《江苏广播电视大学学报》,

2004 年第 15 卷第 4 期
11.《社区教育发展的发展观》,载《盐城师范学院学报(人文社会科学版)》,2005 年第 25 卷第 1 期
12.《论社区教育评价的创新》,载《职教通讯》,2005 年第 9 期
13.《论独立学院内部管理体制建设》,载《民办高等教育研究》,2006 年第 4 期
14.《建设社会主义新农村与农村成人教育创新》,载《江苏技术师范学院学报(职教通讯)》,2006 年第 10 期,第 47–50 页
15.《建设新农村,呼唤新农民》,载《江苏广播电视大学学报》,2007 年第 3 期
16.《社区教育价值与社区教育发展》,载《职教通讯》,2007 年第 7 期,第 15–18 页
17.《高校校外教学点与成人高教事业的发展》,载《盐城师范学院学报(人文社会科学版)》,2008 年第 3 期
18.《关于成人高教校外教学点的几点思考》,载《江苏高教》,2008 年第 1 期
19.《解读项目实践:社区教育深入发展的策略选择》,《江苏技术师范学院学报(职教通讯)》,2008 年第 6 期
20.《坚持“两条腿走路”建设学习型社会》,载《成人教育》,2009 年第 1 期
21.《学习型社会与成人教育主流价值》,载《继续教育研究》,2009 年第 3 期
22.《成人教育主流价值嬗变的困难及对策》,载《江苏技术师范学院学报(职教通讯)》,2009 年第 24 卷第 9 期
23.《终身教育体系构建与成人教育发展》,收于《扣开学习化社会的大门》,苏州:苏州大学出版社,2001
24.《终身教育与成人教育发展研究》,收于《构建江苏终身教育体系研究》,南京:东南大学出版社,2002

荆楚大地上社区教育的坚守者

访武汉市教育局职业教育与成人教育处处长莫占祥

莫占祥，男，1957年生，河南陕县人。1982年毕业于新乡师范学院（现河南师范大学），取得理学学士学位。1990—1992年在华中师范大学硕士课程班攻读现代教育技术学。1976—1978年任民办教师，1978—1982年在新乡师范学院物理系学习，1982—1986年在河南省平顶山市卫校任教，1986年调至武汉教育学院任教。1987年至今一直在武汉市教育局（教委）工作，现任武汉市教育局职业教育与成人教育处处长。

当我与莫处长第一次联系说明访谈意图时,他反复强调:“我真的没有什么好值得采访的,全国社区教育的专家领导有很多,还是不要采访我了!”后来,我跟他说明采访他是为了让更多的人对武汉的社区教育有更多了解,让更多的人关注武汉市社区教育的发展。如此,他才勉强答应了此次采访邀请。可当我前后两次向莫处长约定具体访谈时间时,都正值莫处长在外地调研考察。就在此次访谈的当天上午,他又去了武汉市的一个区检查、指导教育工作。所以,此次访谈真的可谓是来之不易。下面,就让我们一起走近这位荆楚大地上社区教育的杰出代表。

访谈实录

结不解情缘

自古以来,荆楚大地就是一片人杰地灵、能人异士频出的宝地,从战国时期著名的诗人、政治家屈原到中国早期青年运动的领导人、中国共产党政治活动家、教育家恽代英,再到曾任中共中央政治局委员、国务院副总理的吴仪,等等。此刻,我们将目光从历史的长河中聚焦到当代武汉社区教育领域,我们亦发现了这样一位勇于作为、乐于作为的社区教育领导——武汉市教育局职业教育与成人教育处处长莫占祥。

笔者:莫处长,感谢您在百忙之中抽出时间接受我的采访。我知道您工作繁忙,我们就直接进入主题吧!首先,您是如何走上社区教育管理与研究的道路的?

莫占祥(听罢这简短的问题,人高马大、着一身简朴工作装的莫处长,笑容可掬地说):真的不好意思,我们约见了好几次,我都太忙了。要说起我是如何走上社区教育管理道路的,就要从我的那些压箱底的陈年往事讲起了。1986 年,我从河南的一个卫生学校调至武汉市教育系统工作,一直从事

成人教育工作。1997 年我在教育局正式开始接触社区教育，屈指一算已有十二三年了。我认为无论在武汉还是在全国其他省市，在教育局或其他教育部门将社区教育作为一项独立的工作任务来规划及实施前，我们就已经在不知不觉中开展了这项工作。事实上，我们成人教育一直在搞的市民教育、干部教育、职工教育等许多内容都涵盖在社区教育的范畴中，只是像市民教育这一块，我们重视与投入的相对少一些而已。回首我国的成人教育发展，其经历了一个从侧重学历教育到重视非学历教育、从城市职工培训到大力发展农村成人教育的过程，在不断的本土探索与西方教育思潮的影响下，社区教育逐渐在我国显露出旺盛的生命力。自然而然，我们的工作就与社区教育联系了起来。这十几年来，无论是教育局还是我个人，都一直关注与思考着社区教育今后的发展。因此，走上社区教育管理的道路，更多的是教育发展带来的工作内容变化所致。

笔者：回首这十几年来，您对社区教育的这种坚守是出于对组织的服从、工作职责的履行，或是还有其他情感？

莫占祥：如果说开始接触社区教育主要是出于工作的需要，那对于社区教育的情感则是随着工作的变化而不断变化的。但有一点是可以肯定的，就是我对社区教育的感情是越来越深了。有的时候我在想，社区教育就像一个可爱的婴孩，从呱呱坠地到咿呀学语、从懵懂无知到探讨求知，这怎能不让我们有心做教育的人去关爱她呢？之所以我会伴随着社区教育工作的开展而不断对其产生感情，也是有其他原因的。

首先，就社区教育的价值追求而言，它是一种有别于普通教育，旨在提升居民素质、提高生活品质的教育，其内容更加丰富，形式更加灵活，所以只要我们把握好发展方向，有好的思路、好的做法，就可以有无限的空间去施展才华。因此，从某种程度上来说，社区教育是一项能够充分发挥工作者想象力的工作，不

怕有好的创意，就怕你将思路囿于特定的框框内，限制住发展的脚步。所以，无论是在外地出差，还是在休闲放松的假期里，我的脑海中都会时刻思考着在社区教育工作中出现的问题。

其次，从社区教育的发展环境而言，它经历了一个从不被了解、不被接受到逐渐被理解、被认同的过程。记得我刚踏入社区教育管理这个领域时，也就是在20世纪末的时候，普通大众、政府部门，甚至是我们教育系统内部从事社区教育的同志都不清楚究竟什么是社区教育、发展社区教育有什么意义。然而十几年过去了，随着我国政治经济的不断发展进步，国家从社会发展的战略高度为社区教育的发展指明了方向。如今我们武汉市教育局，甚至是政府部门都对社区教育非常重视，不仅每年都会设立专项经费，更重要的是政府部门也会主动统筹整个工作，从而为实际工作扫除了很多障碍。前些年，我们区教育局许多负责及参与社区教育的科长，他们原先都是在账务科、人事科工作，从事的都是管钱、管人的工作，刚转到我们这个部门时，感觉是被“贬值”了，但几年过后，他们每个人的感觉都不一样了，记得在一次研讨会上，有几位同志就说，他们现在的工作干得是既有“味”又有“位”。的确，以前不想干、不愿干的事情，现在我们都是抢着干、争着干。因为，社区教育已经可以说是能够代表武汉教育的一张名片了。在这样的环境下，我们怎能不热爱这项利国利民的事业呢？

数荆楚家珍

武汉地处长江与汉江交汇之地，素有“九省通衢”之称。作为拥有3500多年建城史的华中地区特大城市，其宏伟雄奇的自然风光、底蕴丰厚的民俗文化、日新月异的城市风貌在中国中部城市群中尤为耀眼夺目。同样，在我国新时代的改革大潮中，武汉市的社区教育在国内外社区教育理论与实践强力拓展的态势驱动下，采取了吸收借鉴与本土探索两条腿并行的发展策略，取得了令人瞩目的成绩。这其中固然少不了无数基层实践与理论研究人员的辛勤劳作，更少不了一个深谋远虑、着眼全局的教育行政管理者的努力。就让这座城市社区教育的“领头羊”带我们一览这方土地上的社区教育风采吧！

笔者：在了解了您是如何走上社区教育管理与研究之路后，我特别想请您介绍一下武汉市社区教育的概貌。

莫占祥（话音刚落，只见莫处长的眉宇间突然多了一丝喜悦，他开始慢条斯理地说）：与我国东部地区社区教育发展较好较快的城市相比，我们武汉市的社区教育起步也是比较早的，它起始于20世纪80年代的“家长学校”，由中小学生校外德育为主要内容向市民精神文明教育拓展，逐渐发展成为今天的社区教育。经过十多年的探索与实践，我们武汉市的社区教育已形成了自己的发展特色。我们可以将武汉社区教育的基本情况概括为“1、2、3、4、5”，即一元投入、两个体系、三支队伍、四类对象、五大特点。一元投入，其实这一目标我们早已实现，武汉市13个区的社区总人口为830万人，社区教育年经费投入800万元，就已经接近人均1元经费的目标与要求了。而2007年全市社区教育专项经费已经达到721.1万元，而且经费来源渠道也在不断拓宽，从主要由政府投入扩大到社会各界积极为社区教育筹款资助（我顺口插了一句：“有了钱好办事。”莫处长笑着说：“是的，有了钱要办好事。”）。两个体系，其一就是我们武汉市社区教育已经形成“三级委员会、四级管理”的组织机构体系。通过建立市、区、街道（乡、镇、场）三级社区教育委员会及市、区、街道（乡、镇、场）、社区四级管理体系的组织机构，来对全市社区教育进行统筹规划、综合协调和宏观管理。而且，区社区教育委员会主任、副主任都是由区委、区政府领导担任，办公室则一般设在区教育局，由教育局局长兼任办公室主任，如青山区社区教育委员会主任就是由区委副书记担任，副主任由区委常委和分管教育的副区长担任，这一管理机制有效地整合了党政部门共同参与社区教育工作的力量。其二是武汉市的社区教育网络体系已初具规模。除了组织武汉市一级的社区教育学院外，我们的社区教育学习型组织网络体系也已初步建成，并在不断发展壮大。据近两年的统计资料显示，共创建了学习型家庭、学习型企业、学习型单位等各类学习型组织约7.44万个。而近两年，由管理队伍、师资队伍、科研队伍组成的社区教育队伍的发展建设进步明显。2005年“三支队伍”的总体规模为3 681人，到了2008年，这一数目已经上升到20 456人，特别是志愿者由原先的1 921人增加到现在的15 084人。仅仅3年的时间，就有越来越多的人认识并参与到社区教育当中，从中我真切感受到社区教育那种蓬勃的新生力量。（此时，只见莫处长的嘴角微微上扬）四类对象主要

是指培训对象。武汉市社区教育每年培训人数达67万人次,主要涉及对象为在职人员、失业人员、外来务工人员以及老、少、妇女人员,可以说社区教育在逐步建立和完善终身教育体系、努力提高全民素质方面作出了巨大的贡献。最后是五大特点,即党政统筹领导与教育部门主管相结合的工作管理机制;目标管理、规范推进的发展理念;因时因地、树特色社区教育品牌;长远规划、分解目标的社区教育发展推进策略;千方百计、关开并举的资源建设举措。这些特点,也是我们引导各地社区教育发展的工作思路与经验之谈。

笔者:刚才您在简要介绍武汉市社区教育概貌的过程中,提到全市各个区都因地制宜不遗余力地打造着自己的社区教育品牌。接下来,能否请您介绍一下其中一个区的社区教育工作情况?

莫占祥[听完此话,莫处长忽然皱起眉头,没有马上回答(这种情形让我感觉有些尴尬,正打算换个话题),莫处长似乎觉察到我的想法,浅浅一笑]:我是在想到底该介绍哪一个区的情况。虽说武汉的社区教育与上海、北京的社区教育还有一些差距,但我们13个区的社区教育还是有很多亮点的。像武昌区采取"1、2、3、4、5、6"的做法开展的心理健康教育,新农村建设中汉南区农村成校建设等都是武汉社区教育发展的亮丽风景。新洲区立足农村、服务农业、面向农民,积极探索农村综合改革与社区教育的有机衔接,也形成了自己的特点,还有青山区、蔡甸区等等。如果非要介绍其中一个区,那我就讲一下武汉两个国家级社区教育示范区之一的硚口区吧。

硚口区的社区教育探索自20世纪80年代末就开始了,1998年成立了区社区教育委员会,2000年把社区教育纳入全区经济社会发展总体规划之中,并成立了全市首家区级社区教育学院。2008年,硚口区教育培训市民达 269 267 人，其中外来务工人员培训 38 625 人，青少年教育 77 123 人，老年人教育 79 343 人，超额完成了区委、区政府于年初下达的社区教育培训任务。本着"贴近工作、贴近生活、贴近群众"的工作要求，硚口区近两年开展了许多内容丰富、形式多样的教育培训活动。像荣华街就专门组建了社区青年理论学习小组，成立社区读书小组，并在"党建进门栋"活动的基础上，成立了"门栋学习小组"，从而激发起居民参与学习的积极性。他们打造的"十万市民进课堂"、"开展四百四十创建活动"两大社区教育品牌，更是取得了令人瞩目的成绩。

这些成绩的取得得益于各条战线上社区教育工作者的齐心协力、共同奋斗。首先，领导重视，精心策划，确保社区教育工作健康开展。为了能够加强对街道社区教育工作的领导，2008 年硚口区的好几个街道都调整了街道社区教育领导小组。如今这个区已经形成了党政领导亲自管、部门领导具体管、社区群众直接管的组织管理体系。其次，采用课题研究、项目跟进、科研引领的方法推进社区教育向纵深发展。"武汉市硚口区创建学习型家庭案例研究"作为教育部"十一五"规划重点课题的研究项目，得到了教育部职业教育与成人教育司张志坤处长的指导，如今这个项目不仅成为一个重点研究项目，借此契机，硚口区还将科研成果社区化、家庭化，这些好的方式与经验有崇仁街的门栋延伸扩展式、宗关街的社区家庭联动式、宝丰街的典型示范导向式、汉正街的知识创业激励式等等，这种以科研促实践、以实践带科研的方式，为社区教育的可持续发展注入了动力。（说到此处，莫处长起身走到了那个排满了各类工作资料及书籍的柜子前，他说要给我看看这几年硚口区及整个武汉市"全民终身学习活动周"的热闹场景。那双粗大的手穿梭在一份份的宣传材料、一张张的活动照片之中，并不停地介绍着每张照片的内容。）

笔者：通过您的介绍，我了解了武汉市城区社区教育发展的基本情况与特色，但据我所知，武汉市在农村社区教育发展方面也有很多探索实践，尤其是近两年总结出了不少农村社区教育的发展模式，请您选择其中几种模式为我们介绍一下。

莫占祥：建设社会主义新农村，大力发展现代农业，都离不开有文化、懂技术、会经营的新型农民，而要培养出符合时代要求，具有较高素质的新型农民，则离不开农村成人教育。近几年，我们在保证城市社区教育快速发展的同时，注重通过政策支持与加强研究的方式来引导与帮扶农村社区教育基层总结经验，归纳总结出不少适于本地的教育发展模式。这里我给你介绍几种比较典型的模式。

第一种是“学校—服务站—农科办”三方联动模式。这种模式是在乡(镇)所辖行政区域内，由农科教办公室、成人文化技术学校、涉农服务站三者相结合，进行资源重组、优势互补，组织、实施、吸纳农民参加社区教育活动。这一活动的主要运行特征就是资源共享与自觉结合。第二种是“用人单位—职校—成校”订单操作模式。这种模式是职业教育与成人教育学校参与社区教育的重要形式。它是社区或用人单位根据自身建设和发展的需要，列出教育项目“菜单”，驻区内的职业教育与成人教育学校依据“菜单”组织开展社区教育培训。这种模式的突出特点就是教育培训项目的针对性强，培训方式灵活、见效快。比如，新洲区旧街镇向区成人中专提交培训林果栽培技术人员的“菜单”，区成人中专迅速拟订培训方案、组织教材，一年内完成了近 100 人的培训任务。当年的培训人员有的在当地林果栽培业已经号称为“王”了。第三种是“基地—项目—农户”效益共长模式。这种模式是全国农民实用技术培训的主要形式。这种模式主要是通过建立示范基地、寻找重点项目、带动农民共同致富奔小康的形式来组织与开展社区教育的。每次我们走入示范基地，都会感受到广大农民的生活正发生着翻天覆地的变化，那里的农民都非常欢迎我们这种教育培训模式。

当然，农村社区教育发展模式是多种多样的，这些模式的探讨都是建立在区、乡(镇)、村党政统筹，农、科、教有机结合，“普、职、成”协调发展基础之上的。其实，这些模式的构建都体现了我们主体多元、网络配套、市场需求的办学导向，达到以提高全体社区居民素质为目标的综合发展目标。

品沉思异彩

访谈间，莫处长笑言道，若要让他说说武汉社区教育的话题，那恐怕说一天也说不完。虽然在这些收获与成绩中，他也付出了许多努力，但莫处长总是谦虚地谈之甚少，甚至避而不谈。所以，为了能够更加深入地了解这位市级社区教育领导者的所思所想，我们将话题转入理论探究。于是，开始了这段应该

算是此次访谈的一个高潮，其中既有莫处长异于他人的对社区教育概念的另类解读，也有贴近工作实际谈如何制定社区教育发展规划的真知灼见，更有站在历史的长河中探寻成人高校发展脉络的精彩沉思。

笔者：接下来，我们将视野从武汉市社区教育实践转向一个基本理论问题，那就是您是如何理解社区教育这个概念的？

莫占祥：这是一个有难度的问题。（这让我有些诧异。于是，我就转换了一个角度，让他结合工作来随便谈谈对社区教育的认识，可是没想到他的回答还是让我大吃一惊。）要说概念呢，社区教育即在一定区域内利用各种教育资源，以区域内的全体成员为基本教育对象，不分年龄、性别所开展的、旨在提高社区全体成员整体素质和生活质量、以服务区域经济建设和社会发展为主导的各种教育活动。

这是从理论层面给社区教育下的一个比较精准的定义。但我要更多地说一下现实中人们对社区教育的误读与误解。有不少人认为，社区教育应该是由专门组织开展的，一定要有固定班级、专任教师的教育活动。事实上，这种认识是将思维限定于传统制度化教育的定势当中了，社区教育不仅仅是课堂教学。例如，前两天，我中午吃饭遇到一个社区的老太太，她跟自己的几个老朋友说自己做了一道非常可口的菜肴，于是几个人就在一起讨论如何做菜的话题。在我看来，这就是一种典型的社区教育。当然，我并非将所有的正式教育都排斥在社区教育之外，现在我们的社区教育更多的还是在政府推动下开展的，这是由我国政治、经济、文化环境及社区教育自身发展阶段决定的，也是当前社区教育工作推进的有效工作机制。所以从这两方面讲，要非常具体地给社区教育划定一个范围，操作起来是非常困难的，而且我认为也是没有任何意义的。这就像一个没有具体解的方程式，其值只能有一个大的范围。因此，社区教育是一个包融性很强的概念。

在这里，我还要特别指出我们经常听到的一句话：社区教育是发达地区搞的教育，落后的地区不适合搞社区教育。这种观点，我认为是明显错误的。一方面，发达与落后只是相对的，地区间存在一定程度的贫富差异是正常的，这些差异都是相对的。有人说我国中西部地区经济实力弱，不适宜发展社区教育，那么，经济困难就不要搞社区教育了吗？这显然是错误的。我认为社区教育发展的核心还是社区基层民众的需求，穷人有穷人的需求，富人有富人的需求。所以，我们应该思考与探索社区教育到底要搞什么东西，如何开展。就像我们武汉市，几个区的经济发展水平也存在比较大的差异，但每个区都立足于自己区的居民需求去开展社区教育，像新洲区是外来务工人员工作生活集聚较多的一个区，他们就将社区教育的重点放在外来务工人员技能培训上。而武汉市委、市政府所在地的江岸区则更加强调"学习型机关"的创建活动。每个区开展的社区教育内容、所采用的社区教育形式都各有各的特色，因此可比性也就非常有限了。我说的这些都是我自己的粗浅看法，有许多地方也不一定对，仅供参考而已。

笔者：您真是谦虚！感谢您理论结合实际与我分享了您所理解的社区教育。下面我们将话题进一步深入到具体的社区教育发展规划之中。作为一个市的社区教育领导者，您认为制定社区教育发展规划时应重点把握什么？

莫占祥：关于这个问题，我们在2005年对社区教育规划问题曾经进行过详细的研讨。社区教育发展规划决定着社区教育发展的方向与规模，它既能激发广大社区教育工作者为实现目标而工作，也能有效、有序地推进这项复杂的系统工程。因为它具有重要性与复杂性，在制订发展规划时，我认为尤其要把握以下原则：

第一，前瞻性原则。这主要是指社区及其领导组织在制定发展规划时应充分考虑到社区未来发展的趋势，要注重当前社区教育发展现状与未来发展方向的契合度。在制订规划时，必须在深入了解、准备把握当地社区教育发展状况的基础上，提出符合实际而又超越现状的目标，从而对整个推进工作起到导向作用。总之，前瞻性也是社区教育发展规划与其他社区教育工作的重要区别之一。

第二，可行性原则。这主要体现在，我们在制订规划时不仅要充分了解基层民众的教育需求，更要注重目标与规划的可行性。事实上，不同地区的社区教育因其所处的经济、文化环境各不相同，其社区教育发展的规划也不能一味地、不切实际地去"你追我赶"。这里我举上海和武汉的例子。众所周知，上海是一个经济实力强、包融性强、开放程度大的国际型大都市，它将社区教育发展规划定位于科教兴市、建设学习型城市的目标上，这都是基于其社会化大生产及城市综合竞争力的基础之上的。而武汉市由于其经济发展状况及居民收入状况都要落后于上海，所以社区教育发展就要处在与武汉的实际相适应的基点上。

第三，多元化原则。社区教育发展规划要随着时间、地点及基础条件的变化而变化，切忌盲目追求统一。例如，武汉市汉阳区由于历史文化的沉淀比其他几个区更具厚度，我们就将这个区的社区教育发展规划定位于打造一个居住环境优美的旅游区。因此，在实际工作中我们就特别注重形象教育、“脸面”教育。而新洲区作为武汉市的郊区，其社区教育的发展目标就是建立终身教育体系，实现教育与社会一体化，特别强调以农村社区经济建设为中心的教育。

第四，人道主义原则。随着以人为本理念的深入人心，整个社会越来越关注人的全面发展，而教育责无旁贷地担负起这一重任。因此，社区教育同样也要遵循人道主义的原则。从某种意义上讲，社区教育的成功正在于它能使每个社区成员个人的能力和创造力得到充分的开发，培养社区成员正常健康的人格也是社区教育的价值追求所在，这些无疑都体现出社区教育发展规划要凸显人道主义的特色。

第五，协调性原则。也就是说，在制订规划时要考虑社区居民的需求、社区教育的投资环境、社区教育的领导管理机构建设及社区内部人力资源的现状等等。只有将各种要素协调互动起来，才能实现社区教育的良性运作发展。

笔者：制定社区教育发展规划是一项立足现实、旨在发展的重要工作，可见良好的预见能力是一位成人教育工作者，特别是一位领导者所应具备的重要素质。早在 2003 年，您就曾在《成人教育》杂志上发表文章认为“成人高校必将走向历史的终结，代之以高等职业技术教育”，这其中的原因是什么？

莫占祥：成人高校作为成人高等教育的重要载体，是特定历史条件下的产物。随着社会政治、经济、文化的不断发展，各类成人高校的学历补偿教育的历史使命已经终结，转型发展势在必行。成人高校大致有职工大学、教育学院、管理干部学院、函授学院、农民大学及广播电视大学。那为什么说成人高校的改革是势在必行的呢？首先是管理体制问题。仅从名称上，我们就能感受到各类成人高校代表着一种“出身”或“身份”，带有鲜明的计划体制色彩。这就容易造成各部门办学垂直领导、缺乏横向沟通的重大问题，与社会主义市场经济体制格格不入。事实上，只有政府通过强有力的统筹，打破部门界限、整合教育资源，才会使其重新找回发展的动力。其次，成人高校培养目标也应适时改变。在计划经济体制下，行政事业单位的广大干部是相对于工人而言的，干部与工人的身份是非常固定的，特别是只要你成了干部，就不可能再成为工人了。而随着社会主义市场经济体制的不断发展与成熟，企业中干部与工人间的跨越变得不再像以前那么困难，要想得到晋升，更多的要靠竞争。这时的成人高校，以“干部”为培养目标的方式已经无法给企业输送适应社会政治经济发展的合格人才了。从根本上讲，“干部”角色已经渐渐在历史的潮流中消失了。而放眼当前的成人高校，或是选择了与普通高校合并的道路，或是走上了高等职业教育的道路。

但成人高校的发展或转型之路何在呢?在正式回答这个问题前，我们先审视一下整个教育生态环境。当前，我国的普通教育已经形成了完整的从基础教育到高等教育畅通无阻的通道，而我国的职业技术教育却仍在尝试探索建构一个相对完善的体系。一方面面对着人才相对过剩的大学生就业难问题，另一方面又面对着高级技术人才紧缺的现状，这使得各类成人高校同时面临机遇与挑战。事实上，随着社会的不断进步与教育水平的不断提高，我国的教育逐渐出现由“单轨制”向“双轨制”多样化发展的趋势。近些年来，我国越来越重视职业教育工作，尤其是高等职业技术教育的发展与建设，其中成人高等院校规范转型为职业技术学院就是一大举措。这一转型不仅使部分成人高等教育学校名称发生了改变，其培养目标与管理制度也都发生了很大的变化。更具有重要价值的是，这一转变试图解决不同教育类型间的沟通问题，使教育类型结构体系得以进一步完善。

行走向未来

听着莫处长条理清晰、思路深远的慷慨陈词，我立刻明白了武汉市社区教育之所以能够发展目标明确、工作开展井然有序，是因为有眼前这位质朴而又善想敢做的领导者。访谈进行到此，莫处长起身要给我添水，我忽然意识到访谈已近两个小时。所以，最后我将话题定位到社区教育的未来发展上。

笔者：与您谈话的时间似乎过得特别快，我们最后再简短谈论两个关于社区教育未来发展的话题吧。从宏观上讲，您认为社区教育的未来发展趋势是怎样的？

莫占祥：我认为，社区教育的未来发展可以归纳为四句话，就是从无序到有序、从封闭到开放、从分散到一体、从单一到终身。

首先，由于社会正处在历史转型期，聚焦在一个社区的教育对象异质性更大，这给社区教育的推进分散了力量，增加了困难。同时，社区教育管理机构本身也还处于无序状态，社区教育的权限、政策、制度都难以理顺。社区教育有序协调的发展应体现在社区教育促进人的全面发展及社区教育与其周边环境的协调发展上。社区教育要从无序向有序发展，就要按照社区教育的要求去进行协调，使受教育对象、受教育群体、城乡居民之间、社区教育领导部门间的关系走向有序化。其次，当前我国社区教育在一定程度上存在着封闭性的弊端，如国际与国内、城乡间、社区教育内部的办学体制、社区资源等方面都存在封闭性问题。而社区教育的未来是与时代特点、社会发展趋势相一致的。这种开放性，体现在面向世界、加强国际间的社区教育合作与交流方面，也体现在立足国内、推进城乡间的互惠合作、资源共享方面。第三，从分散到一体的问题。目前，我国社区教育处在力量分散化状态，社区实践与科研活动结合仍不够紧密，与企业的合作联系更是少之又少。从社区教育发展的长远来看，一体化道路将是其可持续发展的不二选择。所谓社区教育一体化，就是指社区、学校、企业、科研等多种力量有机结合为一个整体，从而使多方组织互惠互利、互相促进。最后，就是由单一走向终身的问题。虽说社区教育有别于传统而单一的国民教育体系，但受陈旧保守的教育观念影响，其难免在教育内容、形式、方法等方面表现出单一性问题。而社区教育从单一性走向终身化已是社会发展的必然，早在党的“十六大”报告中就提出要形成终身学习的学习型社会。我们可以预见，我国终身教育及社区教育终身化的春天已经到来。（话至此，莫处长不自觉地将手握紧，虽然只是含蓄地一握，但从他的眼神中，我看到了那份坚定的自信。）

笔者：作为统筹规划武汉市社区教育发展的主管领导，请您为我们描绘一下武汉市社区教育的发展目标吧！

莫占祥（莫处长淡淡地笑着，随手从桌上拿起了一份文件）：你看看这个文件，是我们武汉市人民政府于2009年9月10日下发的《关于转发2008—2012年武汉市社区教育行动计划的通知》。文件下发到政府各部门及社区教育基层工作单位，这既是对我们工作的肯定，也是为我们开展工作扫除了一些不必要的困难，从而加快社区教育发展前进的步伐。具体来说，我们这次制订的5年社区教育行动计划是站在构筑全民终身学习服务平台，充分发挥社区教育在建设"和谐武汉"、"创新武汉"及"两型社会"重要作用的战略高度上的。5年内，我们武汉市要通过大力开展多种形式和内容的社区教育培训活动，使每年有30%的市民进入终身学习大学堂；通过推进数字化教育，建立市、区两级终身学习网络，提升社区教育信息化水平；通过整合社会教育资源，健全社区教育网络系统与功能，形成一批起骨干带头作用的社区学院和社区学校；建设一支规模在6万人左右的社区教育专兼职和志愿者队伍；开发一批社区教育优质课程；形成一批社区教育品牌项目，为市民学习提供便利。通过创建学习型组织，培育一批先进典型，发挥先导示范作用，为建设学习型城市奠定基础，有效推进全民终身学习，使我市社区教育达到国内同等城市先进水平。

为实现这些目标，我们制订了系统的行动计划，包括全民终身学习培训计划、社区教育网络基地建设计划、社区教育队伍素质提高计划、社区教育示范项目和示范街道打造计划和学习型组织创建计划等。最后，我想说的是，社区教育前途是光明的、道路是曲折的，需要我们为之坚持、为之奋斗、为之拼搏！

采访后记 / 曲连冰

近两个小时的访谈在莫处长对社区教育美好期盼与为之拼搏奋斗的铮铮誓言中结束了。离别之际，莫处长连声盛情邀请我下次一定要去看看武汉市的社区教育基层，看看那里的工作开展情况，并亲自送我下了电梯，这着实让我一个后辈感动不已。

访谈间，他告诉我说："要做好社区教育工作，你必须要了解基层社区

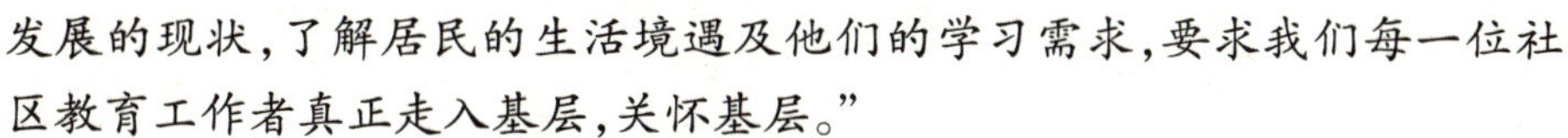

发展的现状，了解居民的生活境遇及他们的学习需求，要求我们每一位社区教育工作者真正走入基层，关怀基层。”

武汉一行，让我感受到了莫处长的人格魅力，这位既平凡又肩负重任的社区教育园丁在这片热土上用自己的行动表达着对社区教育的无比热爱。在他身上，我清晰地看到了所谓的“武汉”性格。虽然他不是一个土生土长的武汉人，但在这片土地上工作与生活了20余年，使他原本北方人的豪爽性格依旧，同时也练就了南方人的精细。看着渐渐远去的黄鹤楼，无限感慨涌上心头：

腕挥荆楚志为赋，汗洒云雾情以出。
与君齐舞度春秋，回望险阻近朝路。

相关链接

莫占祥主要著作与论文一览

1.《试论职成学校在农村劳动力转移培训中的作用》，载《中国电力教育》，2008年第1期，第50–51页
2.《经济结构调整与武汉市成人高中等教育改革和发展研究》，载《武汉市经济管理干部学院学报》，2002年第2期，第5–12页
3.《论成人高校的历史终结》，载《成人教育》，2003年第1期，第7–10页
4.《21世纪初武汉市社区教育发展研究》，载《武汉市经济管理干部学院学报》，2004年第18卷第1期，第9–21页
5.《武汉创建学习型企业研究》，载《武汉市经济管理干部学院学报》，2004年第18卷第2期，第5–12页

社区教育不了情

访上海师范大学黄云龙教授

黄云龙，男，1934 年生于江苏省海门县。毕业于南京师范学院教育系，现为上海师范大学教育科学学院教授，主要研究方向：教育管理学、行政管理学和社区教育。他是我国最早从事学校管理学研究的学者之一，也是我国 20 世纪 80 年代最早参与社区教育研究的知名学者之一。多次承担国家与省、市级教育研究课题，先后出版过《现代教育管理学》、《校长思维方式》、《社区教育管理与评价》以及《社区教育文论——我的社区教育观》等多部著作(专著或主编)，其研究成果曾多次获得国家与省、市级教育科研成果一、二等奖。

"我是农民的儿子,我这辈子能有今天,全是党和国家给予我的,我把我的一生都奉献给教育,就是为了报答党和人民的恩情。"

"我从事社区教育研究,不为名,不为利,就是为了在我有生之年多为中国的教育出点力,也为自己的晚年生活过得更充实一点,更有乐趣一点。"

——黄云龙

情系教育　毕生追求

上海师范大学教授黄云龙先生早年毕业于南京师范学院教育系。在考入南京师范学院教育系深造之前,他就已经积累了6年小学执教经验。大学毕业后的40多年时间里,他先后在江苏教育学院、上海大学政治学院和上海师范大学等院校从事教育管理工作,担任过教研室主任、系主任、教导主任、校长等职务,也曾担任过《中小学教育管理》的副主编、《上海师范大学学报(教育版)》的副主编等职务。

在50多年的教育工作生涯中,无论是在哪个岗位,担任何种教学任务,黄云龙教授始终坚持不懈地开展教育理论的研究,涉猎甚广。他对教育学、普通心理学、教育心理学、教学论、比较教育以及行政学、社会学、人事管理学等多门教育学科都有着深入的研究。他从教育心理学的视角,运用教育观察与教育实验相结合的方法,把长期扎根在基层学校第一线所获得的教育认识与体验升华为一种理念,将其对教育的一腔热情都凝结为一篇篇研究文章和一部部理论著作。他曾出版过《学校管理学基础》、《现代教育管理学》、《校长思维方式》、《社区教育基础》等多部著作,其合作研究成果《超越"围墙"》、《学校流程管理》、《探究学习》、《教学范式的转换》等曾获得全国与省、市级教育研究一、二等奖。即便退休了,黄云龙教授仍笔耕不辍,在花甲之年写下了《社区教育管理与评价》、《社区教育文论——我的社区教育观》等著作，还发表了《关于社区教育本质的思考》、《中国社区教育的两个飞跃》等50多篇社区教育方面的研究论文。

同时，黄教授心系基层，曾先后担任苏州国际外语学校、浙江兰溪市聚仁学校以及上海市江宁学校、上海市实验小学、浦东新区竹园小学等学校的教育研究顾问，并长期深入社区、街道第一线，进行“蹲点”指导，开展社区教育的调查研究。采访中，当被问及为何对教育如此情有独钟时，他动情地说：“我是一个农民的儿子，家境清寒，13岁时父亲辞世，16岁时母亲也离开了我，是党和政府把我送到了一个老解放区从而当上了一名小学教师，之后又送我上大学深造，读完了教育系，最后又把我培养成了一名大学教授”，“我只有把我所学的都奉献出来，才能报答党、国家和社会对我的培养。”黄教授说：“我从事教育工作已有57个年头了。我现在虽已是古稀高龄，但身体硬朗，没有器质性疾病。我有一个愿望——能健健康康地从事教育工作60年。”

下马种花　实践为本

“理论是灰色的，实践是常青的。”这是黄云龙教授的座右铭。黄教授认为：“理论的价值只有放到实践中才可能得到检验，才可能发展，才可能具有‘常青的’生命力。”在教育生涯中，黄教授始终以实践为本，在实践中开展研究。1986年9月，黄教授看到了关于“普陀区真如中学建立社会教育委员会”的报道，他兴奋地说道：“真是一个好消息，教育与社会的融合才是真正的人民教育。”第二年，他就被调到上海师范大学教育管理系执教，在上海市教育局和学校的大力支持下，他带领几个学生，对长宁、闸北、普陀、闵行、嘉定5个区县的41个单位进行社区教育的专项调查研究，完成了对社区教育委员会的形成与发展，性质、宗旨与职能，组织机构、工作内容与方法等方面的调研，还起草了《上海市社区教育委员会章程》的讨论稿。1991年，他领衔上海市高等教育局重点项目“大城市社区教育发展”的课题研究工作。之后，他又连续以主要成员身份参加了国家“七五”、“八五”、“九五”、“十五”规划的社区教育课题研究工作。他还担任过国家第一个农村社区教育研究项目——“农村城镇化进程中社区教育问题研究”的总顾问。

退休后，在社区教育研究领域已颇有成就的他，走出书斋，抛开儿孙绕膝、赋闲自在的生活，仍奔波、活跃在中小学和街道社区教育的第一线，全身心地与他们开展长期的“蹲点式”合作研究，热情指导和帮助社区干部和教师，为创建学习型社区出谋划策。2006年冬，他受命担任上海市教委社区教育实验项目指导小组成员，为各社区教育示范区、实验区和街道乡镇社区学校提供社区教育咨询指导服务，排忧解难，受到各区县教育局领导和社区学院、社区学校的好评和欢迎。他与其他专家共同努力，有效地促进和推动了上海10个区县的实验区、4个示范区以及56个实验街道乡镇实验项目的开展，为上海社区教育的发展作出了突出贡献。在20多年的社区教育实践研究中，他先后担任上海市普陀区真如镇、普陀区长寿路街道、闸北区天目西路街道、芷江西路街道、徐汇区漕河泾街道、徐家汇街道和康健新村街道、杨浦区五角场街道等社区教育的指导专家与顾问。

黄云龙教授走出书斋，深入学校与社区开展合作式教育研究的做法，深受合作单位的欢迎。在上海市江宁学校召开的“走科研创新促学校发展之路——黄云龙教授来校指导教育研究十周年纪念会”上，上海市教委基教处、上海市教育科学研究院、上海市教育科学规划办以及上海师范大学教科院等单位的20多位领导和专家学者给予了黄教授很高的评价：“一个学校的发展离不开专家的指导，一个专家的研究离不开学校的土壤。黄云龙教授是一个下马种花的教授，他将教育理论与教育改革实践相结合，在江宁培养了一大批科研人才，产出了一大批科研成果。”《国家教育行政学院学报》于2006年第11期以《“一位下马种花的教授”——黄云龙教授的学术思想与发展道路述评》为题，对其作了1.2万字的长篇报道。黄教授从自己走过的学术发展道路深刻地体验出“根深才能叶茂”的“树根理论”，并将其作为开展教育科研的一条科学真理。如今，已古稀高龄的他仍在上海市闸北区、嘉定区、浦东新区、徐汇区、闵行区、杨浦区、静安区等教育部社区教育国家实验区担任社区教育指导专家与顾问。这种“蹲点式”的研究，使黄教授的理论与实

践紧紧地融为一体，具有浓厚的生活气息和生机活力。正是怀揣这样一颗赤诚的心和强烈的社会责任感、使命感、紧迫感，黄教授在社区教育的研究领域甘于奉献、勤于钻研、乐此不疲。其学术生命的成长与其对教育生命体验的深化紧紧融合在一起，并凝结成他学术生涯发展道路上的一个“情结”。

勤于思考　理论提升

黄云龙教授作为我国最早投身社区教育研究的知名学者之一，其在社区教育理论上的建树，同样也引起了学术界的瞩目，并产生了深远影响。他对社区教育的本质、我国社区教育的发展历史、社区教育管理体制、模式与机制的组织理论、评价理论和社区教育文化、社区教育发展的基本目标以及新农村社区教育发展理论等都有自己独到的理解与研究。

在“社区教育本质”这一问题上，黄教授说，社区教育的本质在于把“社区生活、社区发展与社区教育有机结合起来”，把“人的社会化”、“社会教育化”作为社区教育的逻辑起点与归宿，这是建构科学的社区教育基本理念的根本。社区教育就是要形成社区居民“生活学习化、学习生活化”、“工作学习化、学习工作化”、“学习社会化、社会学习化”的自觉意识与行动。他认为，我国现代社区教育的基本任务就是在于沟通教育与社会的联系，使“教育社会化，社会教育化”。黄教授以较高的视角从社区教育的本质以及社会经济发展的时代高度去解读社区教育，丰富了社区教育的基本理论。

关于社区教育发展的基本目标，黄教授则认为应该包括三个层面：一是教育目标，通过社区全民终身学习，促进人的社会化、人的全面发展，不断提高社区成员的生活能力、生活质量和文明素养；二是组织目标，通过社区教育发展建构终身教育体系，形成各种类别的学习型组织，充分满足社区成员终身学习需求，营造学习型社区（社会）；三是社会目标，通过社区成员终身学习，在达成社区教育目标与组织目标的过程中，弘扬社会公德、倡导文明精神、提升社会（社区）文化品位、促进社区可持续发展与社会文明进步。黄教授的这一理论，将原来的社区教育“双目标”发展为“三目标”，增加了一个社区教育发展的组织目标，即把所在社区建成“学习型（化）社区”。这就使社区教育发展的“双目标”有了一个可以依傍的实体目标。

在我国社区教育发展历史这一问题上，黄教授撰写了《中国社区教育的两个飞跃》(1994 年)和《我国社区教育的嬗变、发展态势及其实践策略》(2006 年)两篇专论文章。他鲜明地指出，探索社区教育演化发展阶段，应当把它放到人类文明进化史的大背景中去作整体性分析，在分析和处理人类与自然、人类与社会、人类与自身发展这三者的基本关系时，寻找社区教育发展的标志性事件，这样才能把社区教育发展阶段与社会经济发展阶段有机统一起来，才能昭示出我国社区教育发展的规律。

黄教授认为，中国社区教育的现代化发展有三次标志性的飞跃：

第一次飞跃的标志是 20 世纪 80 年代社区教育委员会的普遍建立，使社区教育从自发形式走向自觉组织。这一飞跃，改变了我国传统的封闭式垂直分叉教育体制的单一模式，改变了“学校—社区”、“教育—社会”互相隔离的状态，构建了学校、家庭、社会互动融合的教育新格局，优化了教育环境，促进了教育社会化。

进入 20 世纪 90 年代后，为适应我国社会主义市场经济发展和现代化建设的需要，在北京、上海、天津、沈阳、南京、武汉、成都、杭州等大城市涌现了各种形态的社区学校(院)，形成了社区学院、社区学校及其教学点的三级网络，这是我国社区教育第二个飞跃阶段的标志。它反映了我国现代化社区教育由组织化进一步深入发展到以实体化、形式化为标志的新阶段。社区学校(院)的广泛建立为我国学习型社会和终身教育体系建设寻找到了新的生长点和有效的途径与载体。

进入 21 世纪，随着全面建设小康社会的开展与和谐社会的发展，各地以教育部于 1999 年提出的《面向 21 世纪教育振兴行动计划》所要求的“开展社区教育实验”为契机，以党的十六大提出的“形成全民学习、终身学习的学习型社会，促进人的全面发展”为社区教育的战略大目标，教育部先后分四批确立了 114 个全国社区教育实验区，形成了社区教育区域推进的态势，从而出现了中国社区教育以“建设学习型社会”为标志的第三个飞跃阶段。黄云龙教授关于“三个飞跃阶段”的社区教育发展阶段论，从科学发展观的理论高度总结了社区教育发展的经验，也从社区教育的发展态势上把握了社区教育发展的未来，有效地帮助了广大社区教育工作者树立起社区教育的科学发展观，引领社区教育向着构建学习型社会目标方向前进。

在黄云龙教授的研究中，如何增强社区成员的学习内驱力，满足和保障社区成员日益增长的终身学习需求，一直是黄教授关注的重点。他认为，

中国特色的社区教育应把陶行知先生的生活教育理论作为科学基础，建构生活教育理念，这才有助于使社区教育成为“平民”、“草根”的教育。在《陶行知生活教育理论与社区教育》一文中，黄教授提出，“为满足全体社区成员日益增长的终身学习需求，在推进社区教育发展过程中，要采取以更新知识、提高技能、发展‘三力’（学习力、竞争力、创新力）为重点的社区教育培训行动策略。在教育培训的对象上，力求满足各种不同类型人群的学习需求，重点是在职在岗人员、社区居民和那些进城务工的弱势人群；在教育培训的方式上，力求形式多样、内容贴切，尤其要充分发挥社区教育非学历继续教育、补偿教育的特点和优势，开辟社区学校学习、网络学习和自学等多样化学习渠道，形成全民学习、终身学习的公共教育资源平台；在教育培训的组织上，根据各类人员群体的阶层特征，开展创建学习型社区、学习型家庭、学习型团体、学习型企业（事业）和学习型机关等活动，以促进学习型社会的生成；在教育培训目标上，以提高参加学习培训对象的学习力、竞争力和创新力为基本目标，学习重点放在更新知识、提高技能、完善素质上，使学习者能适应快速变化的社会发展的需要。”这些观点都反映了黄教授对当前社区教育培训的深度思考，也是黄教授对社区教育实践的一种理论提升。

近年来，教育部已先后分四批在全国确立了 114 个社区教育国家实验区和 34 个社区教育示范区，全国各省市先后创建了 300 多个省市级社区教育实验区，形成了我国社区教育区域推进的跃进态势。在这种大背景下，如何全面推进学习型社会建设，更有力地促进社区教育发展，成为黄云龙教授进一步深入思考与研究的重要内容。

1994 年，黄教授在《中国社区教育的两个飞跃》一文中，为我国率先引进了“学习型社会”的科学概念，并向我们预示：“学习型社会”将是社区教育发展的社会大目标。21 世纪以来，我国社区教育发展进入了以“建设学习型社会”为标志的第三个飞跃阶段。黄教授认为，我国在建构学习型社会的发展过程中，尽管呈现出良好的发展态势，但也面临着一些阻碍和制约社区教育发展的瓶颈性问题。

一、社区教育在终身教育体系中的体制地位、作用失衡的问题。我国的社区教育在终身教育体系中至今没有确立它应有的“体制层面”上的地位和作用。诸如社区教育还没有被确立为独立的教育板块，还没有专属职能管理机构（它只隶属于教育部职成教司与职成处管理），社区学院（校）在国民教育体系中还没有取得应有的编制认可等。这些瓶颈性问题的解决，对于社区教育的可持续发展至为迫切、至为重要。对此，黄教授认为，教育部可以考虑恢复社会教育司的建制，各省市教育厅(教委)可设置社会教育处。社区学院(校)基本上属于非正规、非学历教育系统，它可以隶属于社会教育司(处)实施编制管理。这样，社区教育就有了专门的职能机构管理，既有助于避免把社区学院当成正规性高校来管理，也有利于社区教育成为独立的教育板块，有利于促进学习型社会的构建。

二、关于如何构建终身学习认证制度的问题。终身学习认证制度指的是通过终身学习证书的申领、发放以及对社区居民参与终身学习的状况、文化知识能力水平的考核、登录、确认的一种社会认可与保障制度。建立与推行终身学习证书的认证制度，旨在为社区居民广泛提供自主学习、多元学习和终身学习的机会，使“一证在握终身学习”，激励“活到老学到老”的终身学习精神与行动。黄教授非常重视、倡导终身学习认证制度的推行。1999 年春，在普陀区长寿路街道建立“社区学习中心”时，他就提出了一个“关于建构终身学习认证制度的设想”的建议，并指导进行建构终身学习认证制度的实验探索，形成了一套制度性框架与实施办法。在他看来，如果人们参与社区学习，其学习成果得不到社会认证时，就会滋生“学习无用”的消极心理，进而会压抑并淡化终身学习的内在需求，随着时间的推移，将逐渐演化为一种“制度性障碍”。在社区居民终身学习的心理需求弱化的同时，社区教育的持续发展就会受到阻碍，进而妨碍学习型社会的形成。黄教授指出，社区教育属于一种非正规、非学历教育，不像普通教育、职业教育那一类正规性学历教育建立认证制度来得容易。但不容易不等于不可能，这就需要突破浮躁心理，克服畏难情绪，扎扎实实地进行区域性的实验，在取得实效、取得实证经验基础上，再加以推广实施。

三、社区教育专职教师的职业化与专业化的问题。黄教授在与一些专职辅导员的深度交谈中隐隐约约地感觉到在他们身上潜在地滋生着一种职业倦怠心理。这个负面心理源于专职教师“职业化、专业化”问题的现实。因为目前所有的社区教育专职教师只是一种“工作的调配和安排”，还不是他们的“专业化职业”。定期或不定期的流动制度容易产生“不稳定”的倦怠心理。因此，“职业化、专业化”问题已是亟待解决的一个重要问题。对此，黄教授提出了相应的政策性思考意见。如把“社区教师”职业作为与中小幼教师职业并列的“社会教师”职业来构建，其编制可以转到“社会教育处(科)”

(或目前的职成科)管理。其专门职业与编制的认定须经过相应的“政策法规”的立案批准,而不是一般的工作调动。将“社区教育专职教师”作为一个新的教师职业问题来解决,这个问题的解决有一个制度构建的发展过程。黄教授认为当前可以考虑以“社区教师准入制”和“职级制”作为突破口,进行试点实验。这既有利于社区专职教师队伍的稳定,也有利于其专业培训与培养。

黄教授对社区教育的文化价值也作了深入的研究。他先后发表了《社区教育文化使命》、《创新文化:社区教育发展的不竭动力》、《和谐文化:社区教育发展之魂》等多篇文章。以“社区教育文化使命”为主题,系统论述了育人、立人、化民成俗的社区教育文化价值观和社区教育的“场域”、“融合”、“辐射”与“提升”的文化功能论,深入地阐述社区教育依托文化,并对文化选择编整的辩证关系和融合吸收、编整重组、归谬排斥的选择方法,以及和谐、创新的社区教育文化发展观。黄教授从方法论原理上系统论证提升社区教育文化品位的理论主张与实践路径的探索,对社区教育的发展产生了广泛而深远的社会影响力,值得我们引起重视和进一步深入研究。

此外,黄教授在我国社区教育学的学科建设以及全民教育、终身教育体系的构建方面也提出了许多有价值的理论主张。如在社区教育组织理论上,他原创性地提出了社区教育管理组织(如社区教育委员会)的性质是“中介性组织”的观点,提出了社区教育管理组织的体制、模式与机制的多元要素整体协调运作的理论主张,构建了我国社区教育管理组织理论的基础。在学校、家庭与社区教育互动融合的理论与实践研究上,在农村城市化与学习型社区建设关系的研究上,以及社区教育评价、资源整合与课程开发等研究上,他都有独到的见解。

从黄云龙教授20多年的社区教育研究实践过程中可以看出,他从社区教育的本质、方法与历史发展到社区教育的目标、组织体制、模式与机制;从社区教育的管理行为到社区教育的评

价，始终是按照“全员、全程、全方位”的“三全”思路去研究社区教育，其研究范围广、研究思路宽、研究视角高、研究目光远、研究内容实，为我国社区教育理论的丰富与发展作出了突出贡献。

聚焦热点　不懈探索

关于今后的社区教育研究方向和关注的焦点，黄云龙教授说，他主要致力于四个领域的研究与思考。

第一个领域是社区教育管理体制与模式的研究。他在《建构学习型社会若干问题的政策性思考——基于社区教育发展中的三个瓶颈问题》一文中曾深刻指出：“为了全面推进学习型社会建设，更加有力地促进社区教育发展，亟需解决好三个制约和阻碍社区教育发展的制度性与体制性问题，即社区教育在终身教育体系中‘体制层面’上的地位与作用问题、建构终身学习认证制度问题、社区教育专职教师的职业化与专业化问题。”

他身体力行地深入南汇区大团镇、普陀区长寿路街道指导开展社区教育终身学习认证制度的实践探索研究，他系统总结了上海社区教育管理体制的“优势功能整合”等模式。他指出体制转化为特定的模式后才能转化与产出体制性的机制效应。这三个典型的优势功能组合的社区教育管理模式就是：以闸北区为代表的“政府主导引领式”，即以政府教育部门为主导，充分发挥社区学院、社区教育指导中心以及各民间组织的主体作用，引领社区教育的区域性发展；以浦东新区为代表的“社会主体参与式”，即在新区社发局的统筹规划、决策授权下，以社区学院、社区教育指导中心为主体，联合学会、协会等民间组织的力量，独立自主地组织社区教育实验，进行社区教育管理，促进社区教育发展；以徐汇区为代表的“一体两翼推进式”，即在区社区教育委员会与教育局的决策主导下，设立社区教育管理办公室，具体负责社区教育的组织、协调、沟通、服务工作，分管社区教育日常管理工作，这是一翼。另一翼为区社区学院，在区社区教育委员会、教育局决策主体授权下，具体负责社区教育研究、实验、培训和社区学校业务指导等业务管理工作。“一体两翼”的协同推进管理模式，有效地促进了社区教育的可持续发展。

第二个领域是探讨以信息化推进社区教育的全面发展。他在《跨越鸿

沟，加快学习型社会建设》一文中指出，只有站在信息化带动社区教育现代化发展的战略高度上来加快学习型社会的建设，才能十分有效地跨越三大鸿沟，实现社区教育现代化。近几年来，他深入徐汇区漕河泾街道，蹲点指导开展“信息化网络化在社区教育发展中的应用”项目实验课题，从信息化社区教育管理与信息化网络学习圈的构建两个层面展开实验探索，并取得了阶段性的成效。该项目被树立为上海市社区教育示范项目。漕河泾街道参与网上学习的居民已达2000多名，组成了480多个网上学习小组，有效地推动了信息化网络学习的发展。

为了有效有序推进数字化学习社区的创建工作，黄教授在接受《上海社区教育》与《徐汇社区教育》两家杂志记者的采访时，有针对性地提出：“跨越三道坎，抓好五个节点的工作。”具体是：一要破“拦路虎”，跨越数字化学习物质基础与技术坎；二要跨越数字化学习网络体系坎，形成静态学习圈与动态学习圈的融合；三要跨越困难群体、弱势群体普遍参与数字化学习的坎。为了顺利地跨越“三道坎”，需要抓好五个节点的工作，即：一是在理念上要充分认识到在数字化网络学习社区营造过程中可能出现的“二元结构”问题。需要重视对弱势群体与困难群体数字化网络学习的关怀、支持与帮助，防止扩大与加深优势学习群体与弱势学习群体之间数字化学习的鸿沟，造成新的教育不公平；二是在信息资源开发上，要十分重视“信息资源库”的“适用、效用”，不求“海量”而求有效、有用，降低信息资源开发与使用的成本，提升信息资源的效能与效用；三是在倡导网络化学习过程中，要按学习需求与兴趣，做好数字化学习的管理服务与组织服务工作，建构动态学习圈，使传统的静态学习圈与动态学习圈有机结合起来；四是在网络学习的教育与管理上，要着力建构数字化网络学习的道德伦理。在营造数字化学习社区过程中，一开始就要十分重视网络学习道德与社会伦理的教育以及学习道德自律的倡导，培养网络伦理的自主选择意识与自控自律能力；五是在学习方式、路径与手段的选择上，要遵循网络学习与课本学习的“能量守恒”定律。网络学习与课本学习不应是此消彼长的关系，而应是互补、互动、共进的关系。在建构学习型社会的过程中，一方面要倡导数字化现代学习方式，同时要传承与弘扬传统的课本学习的优势。

第三个领域是关注社区教育评价模式的改革与改进研究。黄教授是我国改革开放以后最早开展教育评价研究的专家之一。1982年，在全国教育管理研究会成立会上，他提供的一篇题为《试拟教师教学工作质量评审量表》的研究文章，可能是我国改革开放以后第一个教育评价指标体系。20世纪90年代中期，他协同闸北区教育局和普陀区长寿路街道社区等单位合作设计了上海市最早的"学习型社区"、"学习型楼组"、"学习型家庭"的评价指标体系。21世纪以来，他先后在黄浦区与闵行区参与和指导《创建学习型城区评价指标体系》和《学校与社区教育互动式评价指标体系》的编制与设计的实践探索研究工作。在长期的教育评价探索研究过程中，他吸取了"泰勒模式"的评价优点。他认为，泰勒模式追求的核心价值是检测"教育目标的到达度"，它有助于从整体上综合评价教育发展的状况，帮助管理者建立优胜劣汰的选拔机制，受到了普遍欢迎，开创了现代教育评价发展的一个新阶段。但是，随着时间的推移，"泰勒模式"重结果、轻过程，被评价者完全沦为被动的评价客体等固有的缺陷，越来越受到教育界的关注与重视。因此，在二十世纪六七十年代，就出现了教育评价的形成性评价、发展性评价等新模式。

黄教授对我国社区教育评价的改革十分关注。他认为，现行的社区教育评价基本上属于总结性、鉴定性评价的"泰勒模式"。他指出，在强烈的政绩意识驱动下，现行的"评价模式"有助于政府或单位职能的加强与改进，但也出现许多"评价病"，主要为：一是形式化倾向。设定的评价指标项目追求面面俱到，条目繁多，靠直觉判断，出现形式化的做法；二是随意化倾向。评价过于追求量化的分数，数据资料缺乏规范，甚至有掺假水分，再加上评价者的"主观滤波情感效应"，往往使评价出现虚假性与随意化倾向；三是功利化倾向。评价重在评定等级优劣，政绩意识的强烈驱使助长了评价功利化追求的倾向。

因此，黄云龙教授强烈呼吁社区教育职能部门要重视社区教育评价的改革、改进与研究工作。2005年冬，上海市教委开展国家社区教育实验区、社区教育模式研究，黄教授担任了"社区教育评价与统计"子课题的组长。经过一年多的调查研究，他完成了《发展性社区教育评价实施方案（试行稿）》，并在《教育发展研究》（2006年第24期）杂志上发表了《关于建构发展性社区教育评价模式的设想》的研究文章，第一次鲜明地提出社区教育评价的指导思想要以发展为魂，以科学发展观为指导，以社区教育发展规划及其发展过程状态与发展水平效应为评价主线，以社区的自主评价为基础，以评价者与被评价者的主客体评价互动融合为主要手段，以发展状态的定性与定量相结合的评等量化的差异比较法为基本方法，通过多元、多层、多角度的社会评价，在动态生成过程中，促进社区教育发展目标的实现。黄教授的“发展性社区教育评价模式”不仅与国际社会第三代、第四代社区教育评价模式联结了起来，提升了社区教育评价的当代品位，而且具有鲜明的社区教育评价改革与改进的现实针对性，具有很高的创新价值。我们期望这个方案能付诸实践。

第四个领域是系统地探讨了社区教育理论与实践的关系。他在《提升社区教育软实力》一文中指出，现在的社区教育还不能算是成熟的学科、独立的专业。因此，为了加强社区教育自身的专业建设，必须正确处理与解决好社区教育理论与实践的关系，实现社区教育时代性、科学性与实践性的融合，在发展过程中把社区教育锻造成一门独立的学科。他认为实现“融合”的基本途径就是以社区教育实验项目为抓手，开展项目实验与课题实践研究，探寻规律，解决问题，提高规律性认识，促进社区教育发展，不断提高社区教育时代性、科学性与实践性的融合度。长期以来，我国社区教育发展主要依靠行政推动的办法，很少应用实验的方法。2005 年冬，上海市教委职业教育与成人教育处开始了以“工作项目化、项目实验化”为特点的社区教育实验项目的试点工作，并于 2006 年成立了上海市社区教育实验项目指导小组及办公室。3 年来，先后批准了 353 个实验项目的立项与申报工作。黄教授作为指导小组成员，几年来先后深入上海市 17 个区县和 50 多个街道与乡镇，进行社区教育项目实验的调查研究与咨询指导工作。在此基础上，黄教授进行社区教育项目实验工作的经验总结。他在《中国教育》2008 年第 2、3 期发表了专论文章《社区教育实验的基本环节》，系统地总结了上海市开展社区教育实验的规律性经验，强调开展社区教育项目实验要有五个鲜明的实验意识，即：问题意识、创新意识、目标意识、过程意识和效应意识；而要确保实验成功，一定要把握三个基本环节。第一个环节：要选择好实验项目的题目，制定好实验方案（主导性环节）；第二个环节：要从问题出发，环环紧扣问题节点，展开实验过程（中心环节）；第三个环节：要撰写好课题项目的实验报告，努力提升实验报告的实践性社会价值与理论品位（标志性环节）。

采访后记／李品

第一次见到黄云龙教授，是在他家所在的小区门口。老远就看见他穿着一双帆布鞋，健步朝我们走来，尽管瘦削，但精神矍铄、神采奕奕。

在黄教授并不宽敞的家中坐定后，他的第一句话就饱含深情："我是农民的儿子，我这辈子能有今天，全是党和国家给予我的，我把我的一生都奉献给教育，就是为了报答党和人民的恩情。"言语中充满感激之情。从访谈中我们了解到，黄教授是从1987年开始研究社区教育的。时值上海市普陀区真如中学社区教育委员会成立不久，他旋即从上海大学政治学院调至上海师范大学教育管理系执教。从那时候起，他便与社区教育结下了不解之缘。他走街串巷，奔走于街道与社区，蹲点、调研、指导、提供咨询，与街道、社区的同志打成一片，始终与基层保持着密切联系。黄教授说，社区教育应是一种平民教育、生活教育，关注社区居民的学习生活，为社区居民提供教育服务，满足社区居民终身学习的需求，是社区教育的应有之义。也正是这种理念，使他摒弃书斋式的研究，扎根于实践。退休后，黄教授并没有像大多数退休人员一样，赋闲在家尽享天伦之乐，而是继续跑社区、访街道，笔耕不辍，乐此不疲。他说："我从事社区教育研究，不为名，不为利，就是为了在我有生之年多为中国的教育出点力，也为自己的晚年生活过得更充实一点，更有乐趣一点。"如今，20多年过去了，伴随着上海市社区教育的不断发展，黄教授对社区教育的认识也在实践中积累、升华为理论，并变成一篇篇文章、一部部著作。长期的关注、思考、研究，使他在谈起社区教育时滔滔不绝。从社区教育的本质、目标到我国社区教育的发展历程，再到当前社区教育面临的问题与瓶颈以及社区教育今后的研究方向，黄教授都有着自己独到的见解。采访中，大多数时候都是他在说，我们在一旁静静聆听。从这位年逾古稀仍干劲十足的老人身上，我们看到一位老一辈学者对教育的无限热爱，看到他对学术、对研究、对教育理论与实践孜孜不倦的追求以及那朴实、务实、淡泊名利、严谨治学的精神。这些，足以使我们心怀敬仰。

如今，75岁高龄的黄教授仍保持着极为朴素的生活习惯。在养生保健上他独有一套，每天坚持用冷水洗脸擦身，上下楼走楼梯，自己编排适合自己身体状况的养生体操，养成自己的生活节奏。他始终保持一颗平常心，他说希望自己活得充实、快乐一点，以从容欢快的心态为社区教育的发展多作一份贡献。伴随话语的落音，他把手有力地挥了挥，表情坚定而执著。朴实的话语里流露出这位慈祥老人把"老骥伏枥自奋蹄"作为自己晚年生活的行为准则，充满了对社区教育的一腔热爱之情。这份情感使我们这些后辈们感触颇深。

采访结束后，黄教授把我们送出小区大门，并和我们一一握手道别。看着他离去的背影，我突然想起朱自清的一句诗："但得夕阳无限好，何须惆怅近黄昏。"为自己热爱的事业积极、执著地发光发热，这不正是这位老人最好的写照！

黄云龙主要著作与论文一览

1.《社区教育基础》.上海：华东理工大学出版社，1993
2.《社区教育管理与评价》.上海：上海大学出版社，2000
3.《社区教育文论——我的社区教育观》.香港：今日出版社，2006
4.《社区教育管理理论与实务》(副主编).北京：高等教育出版社，2009
5.《社区教育管理若干基本问题的理性思考》，载《上海师范大学学报(哲学社会科学版)》，1999 年第 5 期
6.《农村城市化与学习型社区建设》，载《国家教育行政学院学报》，2004 年第 1 期
7.《创新，社区教育发展的不竭动力——三论社区教育的文化使命》，载《徐汇社区教育》，2007 年总第 7 期
8.《社区教育的中外比较》，载《上海师范大学学报(哲学·社会科学版)》，1992 年第 1 期
9.《中国社区教育的两个飞跃》，载《教育参考》，1994 年第 4-5 期
10.《用生活教育理论构建社区教育的科学基础》，载《教育研究》，1996 年第 1 期
11.《关于社区教育本质的思考》，载《教育研究》，1999 年第 7 期
12.《社区教育发展中政府行为的调查与研究报告》，载《上海师范大学学报(哲学·社会科学版)》，1999 年第 10 期

13.《社区教育组织的性质及其形态》,载《上海师范大学学报(哲学·社会科学版)》,2000 年第 29 卷第 11 期
14.《我国社区教育的嬗变、发展态势及其实践策略》,载《教育发展研究》,2005 年第 18 期
15.《关于建构发展性社区教育评价模式的设想》,载《教育发展研究》,2006 年第 24 期
16.《陶行知生活教育理论与社区教育》,载《国家教育行政学院学报》,2007 年第 2 期
17.《建构学习型社会若干问题的政策性思考》,载《中国社区教育》,2007年第 4 期
18.《社区教育实验的基本环节》,载《中国社区教育》,2008 年第 2 期
19.《社区教育的文化使命》,载《中国社区教育》,2003 年第 1 期

不懈追求20年

访辽宁省社区教育协会副会长黄利群

黄利群，1942年生，祖籍辽宁省铁岭市。中共党员，辽宁省教育研究院研究员。1964年毕业于辽宁师范学院。恢复高考后，于1979年考上北京师范大学教育系教育史研究生。1982年初，被分配到辽宁省教育科学研究所工作，1984年秋，任该所副所长，还担任过辽宁省教育研究院普教部主任。现任辽宁省社区教育协会副会长。

20年的探索实践使我认识到，一个科研人员只要选准一个有意义的课题，就要以“咬定青山不放松”的精神，孜孜不倦地追求，同时要深入第一线，与基层的实践工作者摸爬滚打在一起，才能有所作为。

——黄利群

访谈实录

情有独钟

我国社区教育的发展始于20世纪80年代中期。1986年，上海市普陀区真如中学在全国率先成立了“真如中学社区教育委员会”。1988年，中共中央发布了《关于改革和加强中小学德育工作的通知》，通知中强调：“城市社区街道可以通过试点逐步建立社区教育委员会一类的社会组织，以组织、协调社会各界支持、关心学校工作，优化社会教育环境。”黄利群同志当时在辽宁省教科院工作，他积极参与社区教育调研，并参加了全国社区教育研讨会，出版了《社区教育概论》一书，推动了辽宁省社区教育的起步。

1990年11月27—29日，在沈阳东北机器制造厂，召开了辽宁省社区教育工作座谈会，会议由我倡导召开并主持，全省各市教委主管社区教育的副主任、相关科研人员以及学校、部队、街道、工厂等单位的代表共120多人参加了会议。这是辽宁省社区教育实践与探索的启动大会。会上，先进单位介绍了经验，我从学校与社会双向服务、共建文明、共育新人的角度，就什么是社区教育、为什么要搞社区教育及如何开展社区教育作了辅导报告。省教委副主任作了会议总结，并对下一步如何行动作了具体安排。会议决定，辽宁省将以科研牵动、典型带动、行政推动的策略开展社区教育，成立了“辽宁省社区教育理论与实践研究课题组”，由省教委副主任任课题组组长，并将此课题纳入辽宁省教育科研“八五”规划，我任副组长兼办公室主任，具体负责课题的实施。会议还确定沈阳市、大连市、辽阳市、鞍山市铁东区、抚顺市露天区(现为东洲区)、铁岭市铁法镇等三市三区为试点单位,先行一步。从此,辽宁省的社区教育拉开了序幕。会后,辽阳市教委副主任张洪彦送我一副对联,上联是:"文官屯,唱武戏,专搞军工生产";下联是:"黄所长,念红经,热心社区教育"。既道出了会议地点,又表扬了我对这次会议的贡献,给了我很大的鼓励。

进入20世纪90年代后,由于我省国企改革的深入,出现大批下岗工人,亟需学习新技术,取得再就业的资格,加之国家发出了"建设社会主义精神文明"、"提高全民素质"的号召,更加有力地推动了社区教育的发展。这期间,我们于1991年4月、1992年1月、1993年6月在鞍山、辽阳、铁岭主持召开了三次社区教育现场经验交流会,推动全省的社区教育工作。还于1991年9月出席在天津教科院召开的"全国部分省市社区教育研讨会"。于1992年10月在辽宁省本溪市召开了"全国部分省市第二次社区教育研讨会",有七省市近百名代表与会。通过上述会议,我们的教育工作者们互相沟通了信息、交流了经验,对一些问题进行了研讨,有力地推动了我省社区教育工作向前发展。

矢志不移

1993年10月,全国未来教育研究会在北京师范大学召开"全国社区教育研讨会",我的老师厉以贤教授作了《社区教育、社区发展、教育体制改革》的学术报告,使与会者受到了一次高层次的理论熏陶。我在会上提交的论文《关于发展我国社区教育的几点思考》被《教育研究》期刊选中,于1994年第1期发表。

会议期间,有一天晚饭后,厉以贤教授对我说:"利群同志,你是北师大毕业的研究生,不要光把眼光盯在辽宁,要放眼全国,这样可以学到各地的经验,用以指导辽宁的工作,也可把辽宁的经验

宣传出去,这对你的发展很有好处。”这番教诲使我深受触动。

与厉教授分别后,我漫步在既熟悉又陌生的母校校园,新盖的教学楼雄伟壮美,我住过的宿舍楼依然古朴而庄重,楼前甬路上铺满了金色的秋叶,学生们在做着各种活动,暮秋中展现出一片生机。我拦住一位同学,在攀谈了一番学习生活后,我随口问他:“你知道什么是社区教育吗?”他思索一下回答说:“不是很清楚,国外这种事很时髦,不过我想,要想搞终身教育,发展社区教育是必要的。”我又问:“你毕业后愿意从事社区教育工作吗?”他立即回答:“如果需要,当然可以。”他的回答令我感慨万分。是啊,社区教育是一项有生命力的事业,它需要几代人的共同努力,才能臻于完善。会议结束后,我回到辽宁,立即申请参加了由上海市牵头的国家社区教育课题组。不仅我一个人参加,而且我省所有试点单位都成了课题组成员。

20 世纪 90 年代初,我省社区教育已取得初步成效。社区教育已扩展到全省 1/4 的地区。1992 年 8 月,由我主编的专著《社区教育概论》出版,并被确定为全省社区教育工作者的培训教材,我撰写的关于社区教育的一些文章在省内外刊物上发表。从实践上讲,我们总结了社区教育的三种模式:地域统筹型、中心辐射型、互惠组合型,并认定地域统筹型因其权威性高、统筹性强、覆盖面广而前景最广阔,最具发展性。

在《社区教育概论》一书中,我提出了社区教育发展的“七抓”思路,即:抓提高认识、抓管理体制、抓规章制度、抓基地建设、抓队伍素质、抓典型引路、抓理论研究。在发展社区教育上提出“五过渡”的建议,即:把仅仅发挥社区教育的德育功能过渡到发挥社区教育的整体功能上来;把社会单向支持学校过渡到学校社会双向服务上来;把开展社区教育只抓基础教育过渡到各级各类教育统筹,面向全体社会成员上来;把开展社区教育仅仅依靠先进单位过渡到提高全社会认识、全民参与上来;把发展社区教育仅仅发挥社区教育委员会的作用过渡到政府统筹上来。为了进一步做好推进工作,提出要坚持“四性”,克服“三种形态”的思考,即:社区教育要坚持方向性、多样性、民族性、群众性;克服目前社区教育发展的失衡状态、自发状态、经验状态。上述认识及经验的取得虽然只是初步的,但为辽宁省社区教育今后的发展奠定了坚实基础。

辽宁加入国家课题组时已近“八五”尾声,因此,我们没有专门承担子课题,而是参与了课题组的各种交流活动和研讨会。凡参加过上述活动的辽宁社区教育工作者都大开眼界,所学到的内容,对辽宁的社区教育工作

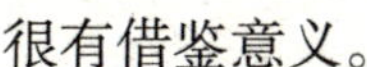

很有借鉴意义。

“八五”后期的两年间，我为课题组所做的主要工作有：

一是承办全国社区教育课题组第四次工作会议。会议地点设在沈阳，因为沈阳的社区教育是走在全省前列的。沈阳市政府在1991年就成立了社区教育工作领导小组，在教育行政部门设立办公室，工作取得很大进展。会议于1994年11月6-9日举行。会议期间，省市领导看望了与会的全体代表，课题组成员进行了热烈的研讨，沈阳市全面介绍了自己的经验，现场参观了几个典型。市教育局还专门举办了一场大型的沈阳市社区教育成果展，会议开得很成功。课题组组长、时任上海市教育局局长的袁采同志在会议总结时，称赞沈阳的社区教育“领导重视认识高，发动面广宣传好，机构健全体制顺，舍得投资队伍强，模式多样辐射宽，工作扎实效果大”。从此，辽沈地区的社区教育进入了全国教育研究者的视野。

二是我于1995年参与了“八五”课题结题报告的撰写。经过几次研究，结题报告分为问题提出与研究过程、理论与实践的新进展、问题与建议三大部分，我撰写了第二部分，即五年间课题组所有成员省市社区教育在理论与实践方面的进展情况。我根据各地报来的材料，结合自己在辽宁的亲身经历，从社区教育意识进一步增强，社区教育领域进一步拓宽，政府对社区教育统筹进一步强化，管理体制、运行机制进一步健全，社区教育理论初步形成系统，社区教育的中国特色呈现等几个方面着手撰写了这部分。这一报告经修改，通过了教育部组织的专家组的鉴定，并获国家教育科学规划优秀成果二等奖。

潜心探索

社区教育是个新鲜事物，加强理论研究和广泛开展实践探究是发展社区教育最为重要的两个方面。在“九五”、“十五”期间，黄利群同志参与了由上海市牵头的“九五”规划国家级课题“社区教育在21世纪现代教育中的地位与作用”、“学习型社区建设与社区发展研究”的研究，并出版了《社区教育概论》、《社区教育研究》两本专著。多次参加全国社区教育研讨会，并组织成立了辽宁省社区教育协会。

“八五”结束后，由于品到了与兄弟省市合作的甜头，“九五”、“十五”这十年间我们继续与兄弟省市同行合作研究，取长补短，相互促进，形成了你追我赶之势。这样既有利于辽宁的社区教育发展，又能推动全国社区教育的发展。1997 年 4 月，继续由上海市牵头的“九五”规划国家级课题“社区教育在 21 世纪现代教育中的地位与作用”在天津市开题。上海方面介绍了课题的设计，课题组成员单位就如何搞好“九五”课题研究进行了激烈的讨论，一致认为“九五”的课题研究要转换视角。“八五”是从支援教育、优化环境、共育新人、学校扩展功能入手来研究社区教育的；“九五”则要从提高全民素质，推动两个文明，推动社区发展，实现 21 世纪宏伟目标的角度去研究社区教育，这样才会明确社区教育在现代教育体系中的地位与作用。因此，“九五”的研究要总结已有经验，寻找新的增长点，开拓新领域，探索新理论，推动新实践。要坚持课题研究的科学性，注意各地发展的层次性，体现围绕中心的整体性，追求互助共赢的实效性，把社区教育办得具有中国特色、现代特征、地方特点。经申报审批，辽宁承担的子课题是“教育现代化进程中社区教育的功能与作用研究”。我向会议汇报了辽宁对这一子课题的研究构想，一是进一步从理顺管理体制、健全规章制度(特别是社区教育评估制度)、加强队伍建设、解决经费筹措渠道、构建社区教育培训网络等方面着手研究；二是把握现代教育特征，研究社区教育在教育现代化进程中的地位与作用。

开题会后，课题组先后在苏州、贵阳、北京等地召开几次专题研讨会，我在会上汇报了辽宁承担的子课题研究的进展情况。此外，我先后参加了全国未来教育研究会与国家教育部关工委在重庆召开的社区教育理论研讨会以及教育部关工委社区教育中心和联合国科教文卫组织秘书处联合在武汉召开的农村社区教育会议，颇受教益。

1999年10月课题组第三次工作会议在辽宁省大连市棒棰岛举行。会议除交流各地的工作进展情况外，主要是为"九五"结题做准备。我在会上作了"现代教育体系中的社区教育"的主报告。我提出教育体系是在一定教育思想指引下，与社会、经济发展相适应，由互相联系、互相制约、统一协调的各级各类教育、设施及管理体制组成的有机整体。它具有整体结构性、有机关联性、动态开放性、有序组织性和目的可控性五大特征。现代教育的发展，要求我们构建终身教育体系。社区教育作为一种教育形态，在现代教育体系中有着不可替代的地位与作用。具体体现在：社区教育是实施素质教育的重要举措，是建设社会主义精神文明的重要载体，是终身教育的实现形式，是提高全民素质的公共平台。上述报告成了"九五"总课题结题报告的雏形。"九五"课题结束时，正是以上述报告为基调，在搜集大量各地案例的基础上，由我执笔完成的。同时，参照上述报告，联系辽宁实际，总结现代教育特点，阐述社区教育的功能，也由我执笔完成了辽宁承担的子课题的结题报告。

"九五"结束时，辽宁社区教育取得了进一步发展。一是开展社区教育的地域不断扩大，辽宁社区教育在全国的影响不断扩大。如沈阳市和平区的"百名教师进社区"，沈河区的"学校放假、社区开学"，大连市甘井子区的"社区办教育超市"等经验在全国产生了一定影响。二是出现了一批优秀研究成果。如《社区教育概论》的出版，一批优秀论文的发表、交流等。三是成立了辽宁省社区教育协会，我当选为副会长兼秘书长。协会成立后，多次举办培训班，开展学术研讨，编写了多本学习教材，对全省的社区教育发展起到了极大的推动作用。

更上层楼

"十五"期间黄利群同志参加了由上海市牵头的国家级规划课题"学习型社区建设与社区发展研究"的研究，承担了"适应入世形势的社区教育培训体系建设研究"的子课题。课题研究促使他加大了与基层的联系，4年间，他深入全省上百所学校、30多个街道社区调查研究、指导工作。2002年底黄利群退休后，依然活跃在辽宁省社区教育第一线，还担任着省社区教育协会副会长兼秘书长的职务。

2002年5月，仍由上海市牵头的国家级“十五”规划课题“学习型社区建设与社区发展研究”于南京市开题。国家规划办副主任金宝成同志参加了会议，并对“十五”规划课题的设计提出中肯意见。辽宁承担的子课题是“适应入世形势的社区教育培训体系建设研究”，提出社区教育研究的六大工作重点：学生家长教育、中老年人健康休闲教育、青少年校外教育、进城务工人员教育、待业转岗人员教育、弱势群体教育；确定五个社区教育工作的支点：家长学校、社区学院、职教中心、学习型组织、远程教育网络体系；着手社区教育的四项基本建设：培训实体建设、教材建设、队伍建设、法规建设。同年10月，课题组在青岛市召开专题研讨会，重点交流各地设计的科研方案。交流单元由我主持，会上小结时我强调三点：一是方案要落实，比如每项研究内容要干几件事，谁去干、什么时间干、什么质量标准、如何评估验收，都要落实到人等，否则方案就是一纸空文。二是各子课题既要搞出特色，又必须紧紧围绕主课题，主课题统领子课题，子课题要体现主课题的要求，两者要有机相连，才能反映整体状况。三是制定方案不能在静态下进行，不能闭门造车，而要到火热的实践中去，到每天都在变化的社区教育第一线去，这样才能制定出符合实际的好方案。随着课题的进展，2003年8月和2004年7月，课题组又分别在广州和沈阳召开两次研讨会，交流各地的进展情况，纠正实践中存在的一些问题。“十五”期间，在与国内兄弟省市同行交流中，我明显感到课题组中老成员有发展、新成员有广度、核心成员有创新、整个课题组有前景，这一状况给我以极大的激励。“十五”期间，我加大了对基层的指导力度，4年间，我深入全省14个市的上百所学校、30多个街道社区调查研究、指导工作，我感到这是我追求社区教育20年中最充实的4年。2002年底我退休了，但依然担任辽宁省社区教育协会副会长兼秘书长的职务。我要充分利用这一条件，继续为辽宁社区教育的发展贡献力量。

2005年6月，课题组在浙江省象山县召开会议。会上，课题组负责人、上海市教育科学研究院党委书记季国强作了《学习型社会与终身教育体系》的学术报告，阐述了终身教育体系的界定、意义及构建设想，明确提出建设学习型社会是构建终身教育体系的切入点。终身教育体系要体现学习过程的终身性、学习机会的开放性、学习者的主体性、学习型组织的普遍性和学习资源的共享性，此报告大大开阔了与会人员的视野。

2005年10月，课题组成员代表在上海参加了“十五”课题结题报告研讨会及由联合国教科文组织亚洲区和上海市浦东新区联合举办的社区教育国际研讨会。教育部职业教育与成人教育司成人继续教育处处长张志坤出席结题研讨会。他在会上指出：从全局上讲，到现在我国社区教育的发动阶段已经结束，即将进入持续深入发展阶段，我们社区教育的实践与研究要深入、创新、出精品。我们的社区教育组织者要为社区教育的发展鼓劲，要深入基层指导，要培养新人。

在国际社区教育研讨会上，我们了解到印度等发展中国家的社区教育仍把扫盲教育作为主要任务。亚洲地区一些国家政府对社区教育支持但不资助，以义工、志愿者为主，或向银行小额贷款解决，这些情况使我们对我国社区教育的优势有了更明确的认识，更加充满了信心，找到了可借鉴的一些做法。会后，课题组本着出精品的精神，进入结题阶段。

“十五”期间，根据我们承担的子课题的要求，我们从创办社区教育培训实体、实现教育资源整合、创建学习型组织、搭建信息网络平台等几个方面入手，逐步构建辽宁的社区教育培训网络。我们根据各类人群的需求开展培训，同时关注弱势群体，倡导教育公平，赋予培训实体资源整合、教育提升、文化辐射、研究指导等四大功能，在提高广大人民群众的文化素养、文明素质、生存技能、生活质量及青少年思想道德、创新实践能力上作出贡献。有两个数据可以说明，到 2005 年底，全省参加社区教育培训的人员已占人口总数的 53%，有 62%的下岗工人通过再就业培训，在社区、劳动部门、民政部门的帮助下实现了再就业。

2004 年 12 月底和 2005 年 1 月初，受辽宁省教育厅委托，组成由我任组长的评估检查组，到我省三个国家级社区教育实验区（沈阳市和平区、大连市甘井子区、沈阳市皇姑区）评估检查，推荐和平区、甘井子区为国家级社区教育示范区，并于 2008 年初被教育部正式命名。这也是我省“十五”期间社区教育进展的重要成果之一。

2004 年，我将 1990 年以来撰写的关于社区教育的论文 20 余篇，汇集成册，以《社区教育研究》为书名由辽宁民族出版社正式出版。

宏图再展

2006 年以后，黄利群同志的社区教育工作就与环渤海社区教育协作组织分不开了。2006 年 4 月，环渤海社区教育协作组织成立大会在天津召开，有北京、天津、山东、河北、山西、辽宁六省市参加。此后，每年组织的学术研讨会为环渤海地区社区教育工作者提供了思想交流与碰撞的平台。

进入21世纪之后，社区教育发展的目标和定位发生了重大转移，社区教育成为构建终身教育体系的重要组成部分。在这种背景下，如何发展辽宁社区教育成为我最为关注的问题。历时一年的调研与思考，一个辽宁社区教育发展的新思路浮现出来……

“十五”结束后，由于上海市没再继续牵头申报国家级课题，课题组也就自行解散了。在这种形势下，为能与兄弟省市继续协作，促进社区教育的持续发展，效仿长三角社区教育协作体的做法，我同天津教科院联手，发起组织成立了环渤海社区教育协作组织，有北京、天津、山东、河北、山西、辽宁六省市参加。环渤海社区教育协作组织成立大会于2006年4月在天津召开，辽宁有40余人与会，我在会上被选为该协作组织的顾问。会议结束后，我带领辽宁部分代表访问了革命圣地西柏坡，看到毛泽东、刘少奇、周恩来等老一辈无产阶级革命家住过的土屋，参观了七届二中全会简易的会场，感慨万千，成诗一首：“漫步西柏坡，学史收获多。土屋出名举，革命大转折。开罢七二会，走来新中国。牢记两务必，事业永蓬勃。”正是怀着让辽宁社区教育蓬勃发展的信念，我又开始了“十一五”期间我省社区教育该如何发展的思索。

2006年6月，由张志坤、陈乃林等同志主持的国家级社区教育课题“推进我国社区教育发展的实践研究”结题会在辽宁丹东市举行，会议邀请我参加。会议重点研讨了结题报告。从报告初稿看，他们研究范围之广阔、问题研究之深入及课题组成员态度之认真严肃，确实令人敬佩。这次会议，给我提供了一次与国内社区教育知名专家零距离接触的机会，使我受益匪浅，也更加坚定了我工作的信心。

2006年11月，环渤海社区教育协作组织首次学术研讨会在辽宁省鞍山市铁东区召开。张志坤同志到会讲话，厉以贤教授作了学术报告。会上重点交流了鞍山市铁东区充分发挥群团组织的作用，吸引广大群众参加社区教育的经验。铁东区有官方协会组织10多个，民间团体100多个，在他们的组织协调下，铁东区的社区教育搞得红红火火。铁东区的经验弥补了行政管理的不足，为进一步完善社区教育管理体制提供了新鲜经验。在4月份的天津会议上，我曾问张志坤同志：“现在还扩大国家级社区教育实验区吗？”他回答说：“正准备扩大一批。”于是我向他挂了“号”。这次趁他来辽宁开会之机，我邀请他考察了沈阳市皇姑区和鞍山市铁东区。他看后认为这两个区都具备了实验区应具备的条件。于是经两个区的政府申请、省教育厅复核上报，这两个区就被确立为国家级社区教育实验区，同时批准的还有大连市金州区。至此，我省国家级社区教育实验区已达6个。

忙完这些会议后，经过一年多的调查研究，我初步完成了辽宁省今后社区教育发展的构想。我把主题确定为：发展社区教育，构建终身教育体系。为此确定了四大工作内容：一是调动全民学习意识，为构建终身教育体系奠定思想基础；二是完善社区教育培训体系（包括机构、队伍、课程等），为构建终身教育体系奠定物质基础；三是创建各种类型的学习组织，为构建终身教育体系奠定社会基础；四是完善规章制度，为构建终身教育体系奠定法制基础。这些观点得到辽宁广大社区教育工作者的广泛认同，并于2008年11月在沈阳召开的环渤海社区教育协作组织第三次学术研讨会上进行交流。现在各地已在制定自己的发展规划和工作计划，选准切入点，力争在构建我省终身教育体系上作出贡献。与此同时，辽宁省教育厅在全省确立了20个社区教育示范区，在原有20个实验区的基础上又增补7个实验区，确立40个示范街道、42个社区教育示范项目，大大助推了我省终身教育体系的建设。

2009年，沈阳市大东区莱茵河畔社区老年人合唱团登上了中央电视台"春晚"的舞台。他们与著名歌唱家一起，引吭高歌"神州共举杯"，博得满堂喝彩。我们在高兴之余，也深深知道，正是有了社区教育，才成立、成长起了这个合唱团。由此我相信，辽宁的社区教育将来也一定会登上中国社区教育这个大舞台。

采访后记／孙艳雷

采访黄老师是在己丑新春。之前曾在辽宁省教科院网站上看过他的照片，所以第一次见面时也不觉得陌生，头戴一顶怀旧的老式平顶帽，和蔼可亲、醇厚豁达的笑容就是他的标志性特征，谁见了都会觉得这个东北人肯定特热心。并无太多寒暄，我们便转入了此次采访话题。一谈起社区教育，黄老师便滔滔不绝，不知不觉中就将我带入了一幅社区教育发展的历史画卷之中。我一边倾听着他的故事，一边寻找着教育学者、政府决策咨询人、活跃在社区教育第一线的工作者、社区教育民间组织领导者多种身份在他身上留下的痕迹。我知道黄老师是个地地道道的学者，他每一年都会发表很多文章，已经出版多部著作，在社区教育、教育评价等领域颇有建树；但他又不只是一个学者，他的学者角色并没有使他满足于书斋式生活，他是那么的活跃：积极影响政府教育决策，参加社区教育学术论坛活动，到社区教育基地调研，成立社区教育民间组织等等。站得高才能看得远，学问也只有通过实践才能锤炼成金，他行走在学术与实践之间，用自己的实践表达了一位社区教育学者热忱的人间情怀。

采访临近结束时，黄老师用他那铿锵有力的东北话说道："一个科研人员只要选准一个有意义的课题，就要以'咬定青山不放松'的精神，孜孜不倦地追求，同时要深入第一线，与基层的实践工作者摸爬滚打在一起，才能有所作为。"朴实无华的一段话确是对黄老师社区教育 20 年不懈追求的经验总括，也是他对我们后来人的一种勉励。社区教育要长远发展，我们必须继承老一辈们踏实做学问、认真做事情的精神。

相关链接

黄利群主要著作与论文一览

1.《留法勤工俭学简史》.北京：教育科学出版社，1982
2.《中国近代留美教育史略》.沈阳：辽宁大学出版社，1990
3.《中国革命根据地教育史》.董纯才主编，黄利群主持第三卷——解放战争时期卷的编写.北京：教育科学出版社，1991，第一卷；1992，第二卷；1993，第三卷
4.《中国人留学苏(俄)百年史》.北京：中国文史出版社，2002
5.《教育评价词典》.黄利群任编委会副主任、方法技术卷主编.北京：北京师范大学出版社，1998
6.《普教评价探索之路》.沈阳：辽宁民族出版社，2005
7.《社区教育概论》.沈阳：沈阳出版社，1992
8.《社区教育研究》.沈阳：辽宁民族出版社，2004
9.《关于发展我国社区教育的几点思考》，载《教育研究》，1994 年第 1 期
10.《深刻的理论探索，宝贵的经验总结——评〈社区教育发展研究〉》，载《天津市教科院学报》，2007 年第 1 期
11.《社会化是现代教育发展的大趋势》，载《普教研究》，1994 年第 3 期
12.《关于构建社区教育模式的几个问题》，载《普教研究》，1996 年第 6 期

成教行者

访中国成人教育协会常务副会长、秘书长谢国东

谢国东，男，1947 年生。1982 年毕业于北京师范大学，曾任中央教育科学研究所副所长、成人教育研究中心主任、中央教育科学研究所学术委员会委员，全国教育科研“十五”、“十一五”规划成人教育学科专家组副组长。2002 年起担任中国成人教育协会秘书长，2007 年起担任中国成人教育协会常务副会长兼秘书长。

20 世纪 80 年代以来，谢国东一直从事成人教育的理论研究工作，关注终身教育的思想传播和实践，关注农村扫盲和农村成人教育，为我国成人教育事业发展作出了突出贡献。

皑皑白雪折射的晶亮光线，透过窗棂洒在办公桌前，我们对谢会长的专访就在他的办公室进行。谢会长高高瘦瘦，步履轻盈，浑身散发着儒雅气质；而他那温暖、睿智和坦诚的眼神告诉我们，这里只有纯粹的学术。简洁的办公室里，排放得整整齐齐的书籍几乎挤满了整个空间，连空气里都弥漫着书的芳香。简单的寒暄之后，我们按下了录音笔，开始了此次对谢会长的采访。

访谈实录

十年磨一剑

笔者：谢会长，请问您为什么会选择从事成人教育、社区教育研究？您是从什么时候开始关注社区教育的？

谢国东：1982 年 2 月从北京师范大学毕业后，我被分配到中央教育科学研究所工作。或许是经历了"文化大革命"的十年磨炼，和平民百姓一起生活劳动，有着许多难以忘怀的情结，所以在中央教育科学研究所 20 多个研究部门中我选择了成人教育，并开始了我长达 30 多年的成人教育、终身教育（学习）研究工作。关注社区教育，一方面它是我从事成人教育、终身教育与学习研究工作的一个组成部分；另一方面，它是建设和谐社会、学习型社会的重要环节，是今后一个时期成人教育事业发展的重点和亮点。

我最早涉足社区教育是在 1995 年应四川省教育学会会长纪大海同志的邀请，参与了《21 世纪人才教育丛书》的编著工作。那时，成人教育蓬勃发展，终身教育研究方兴未艾。特别值得一提的是，1993 年 2 月，中共中央、国务院颁发的《中国教育改革和发展纲要》第一次提出："成人教育是传统学校教育向终身教育发展的一种新型教育制度。"1995 年 3 月，第八届全国人民代表大会第三次会议通过了《中华人民共和国教育法》，其中第二章第十九条规定:“国家实行职业教育制度和成人教育制度”,明确“国家鼓励发展多种形式的成人教育,使公民接受适当形式的政治、经济、文化、科学、技术、业务教育和终身教育”,在法律法规上确立了成人教育制度的地位,有力地保障和推动了成人教育事业的发展。同时,终身教育思想也得到了进一步的普及,以终身教育思想指导教育的改革,努力迈向学习社会。正是在这样的背景下,我和赖立同志选择“构建学习社会”为题目,开始了研究和编写任务。我们的分工是:赖立承担上编“走向终身学习”,主要从理论的层面,全面阐述终身教育思想发展、终身学习与人的发展、成人的学习(特点、学习能力的开发、学习习惯的培养等)以及未来成人学习的方法、环境、教师等;我承担下编“构建学习社会”,从实践层面上阐述如何将终身教育思想和终身学习理念变为现实,分析了经济社会的发展和科技进步对人类社会的挑战,介绍了世界发达国家在迎接挑战、把握机遇方面所采取的政策和措施,阐述了我们在构建学习社会过程中所需要做出的努力,以及国家实现这一目标应该采取的保障措施等。

尽管现在看来,当时那些认识显得还不够成熟和完善,论述也不够全面和深刻,但在十几年前就提出构建学习社会,并将发展社区教育作为建设学习社会的必要条件来研究和探讨,应该说具有一定的创新性和启发性。1997 年 12 月,《构建学习社会》一书正式由四川教育出版社出版,在社会上产生了一定的影响。

笔者:您刚才提到社区教育是您几十年成人教育研究工作的一个组成部分,您能具体谈谈社区与教育之间、社区教育与成人教育之间的关系吗?

谢国东:关于社区与教育,首先,我认为将社区和教育联系起来是顺理成章的事情。在我看来,社区是一个社会的基本单位,是若干群体(家庭、民族)或社会组织(机关、团体)聚集在某一地域里,形成的生活情感上相互关联的社会大集体。建立以社区为中心的发展体系,由社区而及整个社会的发展与进步,是当今世界许多国家普遍采用的模式。因此,构建以全民为教育对象、以终身为教育过程的学习社会,不能不以“社区”为基点,由小及大,由上而下,从而实现整个社会的学习化。

至于社区和教育两者的关系,我认为它们之间是互为条件、互为因果、

相互依存的。其一，教育作为一种社会现象是社区生活的有机组成部分。年长一辈把自己从生产实践中获得的劳动经验和生活技能作为规范传授给后代并世代延续，这就是教育。随着生产力的发展，形成新的社会关系，教育从生产和生活中分化出来，成为独立的社会现象。它和政治、经济、法律、文化等社会层面构成社会的整体，成为社会不可缺少的组成部分，作为社区教育，当然也是学习社会的一个重要组成部分。其二，教育是迈向学习社会的基本途径。社会经济的发展并不等于社会的发展，物质丰富也不等于人民生活水平的提高。学习的社会需要以发达的社区教育为条件。社会的发展需要大批有技术、有文化、懂业务、有一技之长的劳动者，需要大批适应现代科学文化发展和新技术革命的各类专业技术型人才和具有开拓能力的经营管理领导型人才，这些人才的培养和造就，有赖于通过教育来实现。而社会政治的民主、文化的繁荣、思想的进步、道德的完善、修养的提高、人际关系的协调、生活方式的科学与健全、公民的价值标准、言行规范文化素质等等，均需社区教育功能的运作和影响。因此说社区教育的发展是学习社会构建的必要条件和基本途径。其三，社区是教育发展的必备条件，教育依托于社区，受社区发展的制约，社区建设的好坏直接影响教育的发展。从教育的本质与目的来看，教育不能离开社区，因为没有社区的支持，教育是空泛的；从社区的生存和发展来看，社区也不能没有教育，因为没有教育导进的社区是盲目的。所以，应该促进社区与教育的结合，教育应配合社区的动态目标和远景规划的需求与发展，因时因地开展；社区应为教育的发展、教育计划的实施、教育活动的开展提供必要的条件，为教育提供场所、资金和教育人员。两者的有机结合，推进社区经济社会的发展、促进人的和谐全面发展、提高社区居民的生活质量，这就是社区教育的最终目标。

社区教育与成人教育是两类按不同标准划分的概念，社区教育强调的是教育的区域，成人教育强调的是教育的对象，但在学习化社会中两者达到了高度的统一。联合国教科文组织在《学会生存——教育世界的今天和明天》报告中明确提出："所谓学习化社会，其实质在于教育的社会化、社会的教育化，它强调人在一生的不同阶段、不同环境下都有获得知识、更新知识、应用知识的机会。强调现代传播媒体、劳动世界、文化机构乃至休闲娱乐都有教育的功能。" 学习社会应该是社会的每个成员在其一生中能够接受任何形式的教育，包括"学知"、"学做"、"学会生活"、"学会发展"的内容，这里包括各类学校教育，也包括各种形式的成人教育。而社区成人教育只是强调了成人教育的社区性，即为社区的成年人提供有系统、有组织、有计划的教育活动，目的在于使社区居民获得知识技能和树立正确的人生价值观，促进社区的社会进步和经济发展。从这一概念出发，我们可以将社区成人教育分为两类：其一是为满足社区居民需求而举办的成人教育活动，如新知识、新技术培训，科技人员的继续教育，在职人员的岗位培训以及社区成年人所需的文化修养、健身保健知识的教育等；其二是为社区和谐发展而举办的成人教育活动，如爱国主义、集体主义教育，法律常识、社会公德、卫生知识、人口知识的培训等。由于目的不同，两类成人教育的实施过程也有所不同。总之，社区成人教育的对象具有广泛的群众性，内容具有多样性，教育形式具有灵活性，一切取决于社区居民的需求和社区的发展。

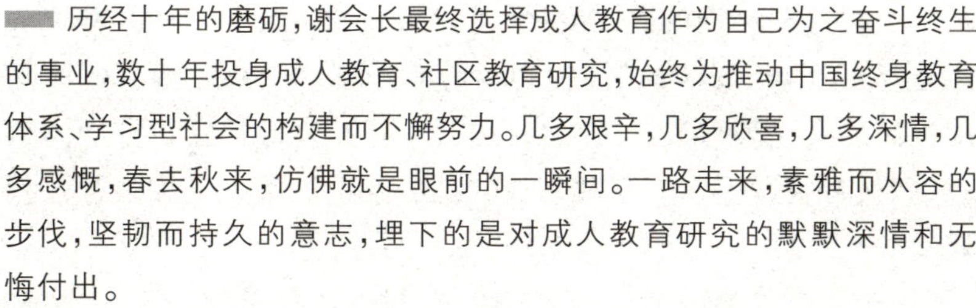

历经十年的磨砺，谢会长最终选择成人教育作为自己为之奋斗终生的事业，数十年投身成人教育、社区教育研究，始终为推动中国终身教育体系、学习型社会的构建而不懈努力。几多艰辛，几多欣喜，几多深情，几多感慨，春去秋来，仿佛就是眼前的一瞬间。一路走来，素雅而从容的步伐，坚韧而持久的意志，埋下的是对成人教育研究的默默深情和无悔付出。

历久而弥新

笔者:研究社区教育这么长时间以来,您对社区教育的认识、看法有变化吗?

谢国东:应该说是有了一些新的、更为深入的认识。在社区教育蓬勃发展的过程中,作为教育部社区教育专家组成员,我积极参与了教育部及有关部门组织的各项社区教育活动,如参加由国家标准化管理委员会组织的社区服务指南中"社区教育服务的要求和主要内容"的讨论;参加教育部职业教育与成人教育司组织的"社区教育评估标准"的讨论;连续六次参加上海、江苏、浙江三省市轮流举办的"长三角地区社区教育研讨会";深入社区进行调研,在研究、学习、调研的过程中,对社区教育的本质、性质、定位、内容等有了一些新的认识。我感到有以下几点是需要强调的:(1)社区教育的定位,它是我国终身教育体系的重要组成部分,是建设学习型社会的基础性工作;(2)社区教育的目的是满足社区居民终身学习需求,促进人的全面发展;(3)社区教育的基本理念是维护社区成员的基本学习权利,为社区内所有愿意接受教育和培训的人,提供学习和培训的机会;(4)社区教育的对象是社区全体居民,不受年龄、性别和学历的限制;(5)社区教育的原则是充分利用社区的文化教育设施,整合社区、学习、家庭等社会各方面的教育资源,使社区教育资源得以充分共享;(6)社区教育的重点是加强社区教育的能力建设。

笔者:您长期奔走于全国各地指导社区教育,能介绍一下从国家到地方推进终身教育、社区教育发展的概况吗?

谢国东:2002 年党的十六大召开,发出了"全面建设小康社会","形成全民学习、终身学习的学习型社会,促进人的全面发展"的号召。2004 年党的十六届四中全会又提出"构建社会主义和谐社会"的要求,使社区教育的

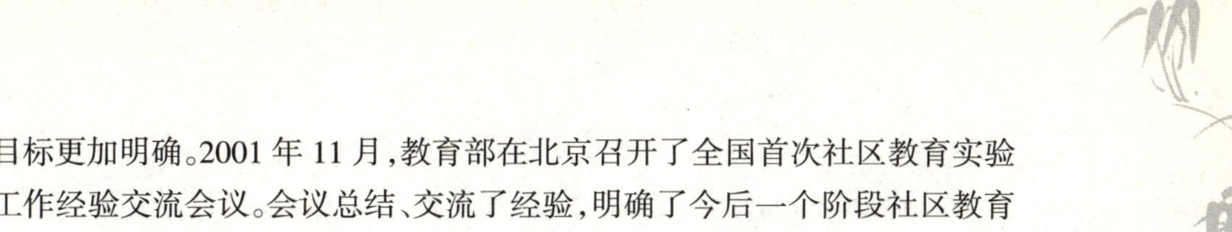

目标更加明确。2001 年 11 月,教育部在北京召开了全国首次社区教育实验工作经验交流会议。会议总结、交流了经验,明确了今后一个阶段社区教育实验工作的主要任务,扩大了 28 个国家级社区教育实验区。为了全面贯彻落实党的十六大精神,加快构建终身教育体系,促进学习型社会的形成,进一步推进全国社区教育工作,教育部 2004 年印发了《关于推进社区教育工作的若干意见》。从 2001—2007 年,教育部先后分四批确立了 114 个国家级社区教育实验区,覆盖了除西藏以外的各省、自治区、直辖市,约占全国城区的 14%,设立了 34 个社区教育示范区。据 2007 年对全国社区教育实验区的统计,社区居民参与学习的比率达到 60%以上,居民全员培训率达 50%,参与学习的比率和满意度有了明显提高。

据我了解,各地都及时组织学习和贯彻落实教育部有关推进终身教育、社区教育发展的精神,许多省市还提出了具体的实施意见,在学习型社会建设的宏伟蓝图下,出台了相关政策,推动终身教育、社区教育发展。如中共浙江省委办公厅、省人民政府办公厅转发了省委宣传部、省教育厅等六部门共同制定的《关于开展构建学习型社会推进学习型社区建设工作的若干意见》,就推进全省的社区教育工作进行了部署;福建省人大颁布了《福建省终身教育促进条例》,社区教育是其中的重要内容;陕西省下发了《关于开展社区教育实验工作的意见》,提出了社区教育的工作目标,还下发了《关于开展对省市级社区教育实验区进行评估工作的通知》,对省级社区教育实验区进行评估;宁波市政府下发了《关于加快构建服务型教育体系增强服务地方经济社会能力的若干意见》,要求大力开展成人培训和社区教育,推进学习型社会建设;吉林、山西、浙江等省召开了社区教育实验工作现场会。各地社区教育的蓬勃发展,形成了良好的运行机制,并逐步走上可持续的健康发展之路。

笔者:站在社区教育研究领域的最前沿,您觉得目前特别需要加强的应是哪一方面的研究?

谢国东:在社区教育研究领域目前尚没有得到重视的是社区教育发展中的"能力建设"问题,这一方面的研究应该加强。

"能力建设"是近年来一些国际组织,如世界银行、联合国教科文组织等频繁使用的一个概念，主要着眼点在于提高管理部门的决策水平和管理水平，提高投入产出的效益，较为准确的说法是：组织或机构的能力建设。人的能力是指人的综合素质在现实行动中表现出来的实际本领和能量，或者说是“具有一定素质的主体的人”在“客观的人的活动的现实中展开”的本领。能力建设实质上是对人的能力的培养和对人的能力的充分正确的发挥所必需的社会条件的创造。这种人的能力包括多个方面，如开拓能力、创新能力、组织能力、学习能力等等。这里强调的是社区教育实施过程中机构的能力。

笔者：这么多年的积淀，加上您近年来的研究，您觉得能力建设应该如何进行？

谢国东：通过近年来的研究，我认为能力建设主要包括以下几个方面：

首先是社区教育观念的更新，这是社区教育能力建设的基础。有两点是必须强调的：一是社区教育目的的转变。过去我们开展的各类教育活动大多带有十分明显的组织色彩，包括成人的基础扫盲教育及干部教育、职工教育和岗位培训等。尽管在那个年代为国家和社会的经济发展作出了重大贡献，但忽视了学习者个人多种多样的学习需求。随着社会经济的发展，教育的观念有了一个根本性的转变，即教育的根本任务是为学习者提供服务。一方面，它的指向是社区的每一位学习者，包括那些国有的、非国有的企事业单位的在职人员，也包括下岗（转岗）人员和离退休人员，还有那些在校学习的学生；另一方面，社区教育的目的既可以是为组织的利益服务，如为社区企事业单位的发展培训人才，也可以为每一个体的利益提供帮助，为个体自身的发展，自身的兴趣、爱好以及休闲娱乐等精神上的需要服务。总之，社区教育这一根本性转变，更能体现学习型社会教育的本质。而这种服务的根本目的或最终目的是使每个人的才智得到不断的开发，个人的价值得到最好的体现，最终实现人的全面和谐发展。二是社区教育中学习观念的转变。传统教育只承认在学校的学习才是真正的学习，而对在学校外的学习和教育则认为是非正规的。社区教育应树立新的开放的学习观，即承认一切学习的价值和作用，它并不贬低学校学习的作用和意义，学校学习仍然是人们的一种基本学习途径，是一种获取知识的有效手段，但它并不是人类学习的唯一手段。恰恰相反，在现今及未来的社会中，每一个人都必须随时随地学习，必须通过各种形式和各种途径进行学习。所以，一切正规的、非正规的和非正式的学习都应给予承认与肯定。社区教育应树立自主的学习观念，强调所有的学习活动都应建立在学习者自主需要的基础上进行，而外在的学习影响和要求都必须启发学习者内在的学习需求。强调学习活动是在不断的探索中进行，不要把学习者当成一个容器进行灌输，而应充分调动学习者的热情和创造才能，使学习者在学习探索中获得乐趣。强调自主学习在个人发展中的重要作用，是个人生活的一个重要方面。所以自主学习是至关重要的。

其次，社区教育管理机构领导者的素质及能力提升。面对社区教育中工作性质、工作环境及组织形式等一系列重大变化，新的问题、新的机遇层出不穷，这就对社区教育管理机构的领导者的素质提出了新的要求。美国劳工部在《要求学校做什么样的工作》报告中提出了美国未来工作者的五种能力：确定、组织和分配资源的能力；与他人协同工作的能力；获取和使用信息的能力；理解和运作系统的能力；运用多种技术的能力。这些能力对管理社区教育的政府主管部门的领导者来说是至关重要的。他们因此必须不断地学习，不断提高自己的能力，才能真正地领导社区教育，推进社区教育，实现社区教育的目标。

第三，提高社区教育工作者队伍的专业能力和水平。社区工作者是实施社区教育的主体，从发达国家近百年的发展实际来看，社区工作已经变成一个开放的社会管理或服务的领域。在西方发达国家，社会工作者是指受雇于公、私社会福利机构的一批人，和我们所说的社区教育工作者的性质不同。但是，他们对社会工作者的要求我们是可以借鉴与参考的。一般要符合以下要求：具有社会工作者的执业执照；具有社会工作者的专业教育背景；受社会工作伦理的制约；是社会工作专业组织的成员；以社会工作为一种执业生涯。美国的社会工作者协会的会员必须是社会工作专业的硕士，到 1970 年才放宽到学士学位。英国的社会工作者资格必须经过两年的“社会工作文凭”的课程训练，能够提供社会工作文凭的学校必须经过英国“中央社会工作教育与训练委员会”的审核批准。我国的社会工作专业的发展水平还很低，目前的状况是从事社区工作的人员涉及面广，长期处于非专业化状态，具体表现为社区工作者的文化水平和综合素质偏低、社区干部

的待遇低于社会平均水平、工作条件差、队伍建设严重滞后等。在全国600多个城市近1000多个市辖区内，10.8万个社区居委会中，尚没有统一的身份，文化层次也较低，年龄结构和知识结构老化陈旧。《城市街居通讯》1999年第3期公布的一个调查数据显示：134个居委会中，居委会干部485名，离退休人员占总数的90%，初中、小学文化程度占75.9%，高中文化程度的仅占24%。为了改变当时的状况，2000年中央办公厅和国务院共同发文，明确"社区建设需要大批的专业工作者，要采取向社会公开招聘、民主选举、竞争上岗等办法，选聘社区居委会干部，努力建设一支专业化、高素质的社区工作者队伍"。2004年11月，教育部在《推进社区教育工作的意见》中，明确提出"各地教育行政部门要加强社区教育队伍的建设，建立一支以专职人员为骨干，兼职人员和志愿者为主体的适应社区教育需要的管理队伍和师资队伍。专职人员主要在现有的教育行政管理人员和教师队伍中统筹安排解决，街道要有专人分管社区教育工作。兼职人员要根据社区教育的实际需要确定。要充分发挥社区内教师、专家、各行各业的工作人员、在校大中专学生的积极性，建立表彰激励机制，使之成为开展社区教育活动的重要力量"。社区教育是学校教育、家庭教育、社会教育三位一体的现代化教育，是我国终身教育思想实施的载体。社区教育的实质是教育社会化和社会教育化的统一，这种属性决定了社区教育具有系统的开放性、内容的多样性、形式的灵活性和对象的终身性等特点。因此，对一般社区工作者的要求，必须具备以下几个特征：(1)在社区基层组织或机构中从业；(2)从事的主要是社区公共管理及社会福利服务工作；(3)掌握一定的社区工作专业知识和方法。一般社区工作者的工作定位主要是服务者、社区权益维护者、组织者、行政者、调节者、教育者、研究者等几个方面。社区教育工作者除要求具备一般社区工作者必需的伦理道德素质外，主要还应掌握以下知识：(1)社会学、社区理论知识。社会学是关于社会结构及其发展规律的研究，尤其是社会学中关于社区的理论与方法，对社区工作具有重要的指导意义和应用价值。同时，社区工作所要解决的问题和实现的目标，也是社会发展的重要组成部分。掌握社会学，特别是掌握现代社区理论与知识是一个合格的现代社区工作者必需的理论素养；(2)心理学的理论知识。社会工作主要解决的是人所面对的社会问题，既有物质层面也有精神层面的心理问题。在我国，市场经济的确立和社会转型的巨大变革，个人和社会群体所出现的种种心理问题已经成为一个不可忽视的社会问题。社会心理学的知识对社会学理论的形成和发展有着深刻的影响，是现代社区工作最重要的知识基础之一。比如运用精神分析学、社会心理学、群体动力学、生命周期理论、认知理论心理学的知识与社区居民广泛、深入地互动，帮助居民克服不良心理，形成社区凝聚力，增加社会适应能力。社区工作者要掌握现代心理学知识，特别是社会心理学的知识。(3)社区公共事务管理和社区项目管理知识。现代管理日趋科学化、法制化、民主化、系统化、信息化，现代管理科学也在飞速发展。社区工作者必须要掌握现代管理科学的理论与知识，学会应用民主、科学的方式组织、协调、管理好社区，学会用计算机、网络技术等现代管理手段，提高管理效率并能进行科学评估。(4)法律基础知识。社区工作和社区自治的开展，都必须以法律为基础，政府依法行政，社区依法自治，是政府和社区关系的基本准则。社区工作者解决各种各样的问题，必须依照法律解决矛盾、化解冲突。因此，一个社区工作者只有具备较强的法律意识与法律修养，才能较好地履行社会职责。(5)社会保障理论知识。与发达国家不同的是，新时期我国社区工作者还承担着社会保障的实施任务。由于不同于西方发达国家的保障体系，目前我国的社会保障主要是以政府保障的形式为主，如养老、失业、医疗等还没有完全步入商业化运作阶段，社区担有作为基层政府落实社会保障的基本职能。因此，社区工作者只有掌握社会保障的基本知识，才能完成该项工作。(6)教育学基本原理。社区教育的内容包含公民道德教育、职业培训、法制教育、科普教育、家庭教育、健康教育、环境教育、国防教育等多方面的内容。社区教育的对象为社区全体成员，包含儿童、青少年、成人、老年人等，不同年龄的社区成员又区别于不同的社会群体，学生、家庭妇女、在职职工、失业人员、残障人员、外来务工人员等。社区教育的方式有多种形式，如社区活动的教育化，是指把学校等教育机构作为社区教育的中心为社区教育服务。教育机构的社区化，指的

是学校、博物馆、图书馆等社会教育机构开展以社区发展为宗旨的教育活动。因此，社区教育作为一种开发性的复杂教育形式，对社区教育工作者的能力要求比普通单一教育形式更高、更具挑战性，对教育学的基本理论知识掌握、应用技能等方面要求也更严格、更丰富。总之，新时期对社区教育工作者的各个方面提出了新的要求，除一般的素质、能力要求外，目前迫切需要的是知识素质的教育和培训，并把能力建设提到日程上来，这是当务之急。

第四，社区教育资源的协调整合、互动利用的能力。机构的能力建设还体现在教育资源的整合、互动和利用方面，调动社区内各类教育资源为社区内公民享受教育服务。社区内有哪些资源可以利用呢？基于上面我们所强调的学习观念的转变，学习可以是正规的、非正规的、正式的和非正式的，甚至偶发的，学习是开放的、自主的、创新的，是为社区全体市民服务的。

第五，社区教育学习资源建设。之所以用学习资源建设而不是教学资源建设，是因为学习资源建设要比教学资源建设更为宽泛，社区教育主要体现教育对象的主体性，强调学习者学习的主动性和创新性。因此，对于社区教育的组织者和管理者，要为他们提供更多的学习资源，如社区里的图书馆、博物馆、文化活动中心、健身活动中心以及社区里的各类机构、组织等，加强这方面的建设十分重要。社区教育教学资源建设是学习资源建设的重要组成部分。为此，各地都做了许多工作，应该说建立了良好的基础。如 2007 年，上海市的社区学院开设了 3 840 门课程，其中院校自建社区教育教学资源近千种。此外，上海教育资源库提供了约 2 700 种视频类社区教育资源。现在的问题是：第一，需要提高社区教育教学资源的水平，提高层次，避免低水平重复建设；第二，加大对教学资源建设资金的投入，作为一项公益事业，需要政府强有力的推动。政府加大资金投入，是社区教育教学资源建设的基本保障。当然，还要鼓励社会力量的参与，建立激励机制，逐步形成“政府主导、社会共建、全民共享”的资源建设模式；第三，提高社区教育教学资源内容的平衡性和适用性，文化知识、业余生活、生产生活技能等培训应该有所平衡，以满足社区居民的学习需要；第四，要充分利用现代信息化学习平台，利用已有的“天网”、“地网”，将优质的教学资源直接传送到社区居民的手中。社区学习资源建设是一项艰苦的系统工程，也是不断

丰富完善的过程,需要给予更多的重视。

第六,以调动社区教育硬件设备(如教育网络的形成)的投入等。能力建设还体现在社区教育物的方面,场地、校舍、设备等都是能力建设的必要条件。在未来的信息时代,以计算机网络为基础的信息网络将成为人们学习的基本条件。因此,必须大力发展社区教育的信息基础设施,为社区教育提供良好的环境和条件,这对社区教育十分重要。

我认为,在社区教育的发展中,其能力建设尤为重要。这是一个新的课题,我们将进一步努力加强这方面的研究与探索,以指导社区教育健康有序地发展。

厚积复前行

笔者:我国成人教育事业几经波折,成人教育研究方兴未艾。您是这一领域里最引人注目的专家之一。多年的积淀,成就了您在成人教育、社区教育研究方面的丰硕成果,研究的不断深入和更新孕育出您的独到见解以及高瞻远瞩。您能谈谈您近期的研究计划吗?

谢国东:目前我正在着手开展的研究工作主要有三项:一是协助中国成人教育协会朱新均会长完成“学习型社会建设研究”项目,现在各子课题的研究任务基本完成,专家组将在近期召开会议,修改研究报告,5 月将结题。二是承担联合国—西班牙千年发展目标促进基金会设立的“中国青年农民工项目——青年农民工教育就业服务专题”研究任务,这一项目将持续 3 年。三是开展“学分银行”和“终身学习证书制度”的研究,为突破建立终身教育体系的瓶颈、建立学习型社会作些探索。还有一些研究项目就不再多说了。总之任务繁重,责任重大。

笔者：中国成人教育协会是一个在国内和国际都有很大影响力的群众性学术团体。作为成人教育协会的常务副会长兼秘书长，您为协会发展和基层成人教育事业做了大量的工作，能具体谈谈目前的工作以及下一阶段的工作计划吗？

谢国东：中国成人教育协会是经中华人民共和国教育部批准、中华人民共和国民政部注册的国家一级协会，是全国各类成人教育团体和成人教育工作者自愿组成的群众性、学术性社会团体。今天，在党的"十六大"、"十七大"提出的"全面建设小康社会"、"形成全民学习，终身学习的学习型社会，促进人的全面发展"，强调"国民教育体系进一步完善，终身教育体系基本形成"、"努力使全体人民学有所教"等一系列奋斗目标，都和成人教育有着直接而紧密的联系，应该说这是成人教育面临的机遇和挑战，中国成人教育协会肩负着历史重任。为此，中国成人教育协会第四届理事会做出重要决定，将"为建设终身教育体系和学习型社会服务"作为我们的中心任务，并为此努力奋斗。围绕这一中心，现在协会主要开展的工作有：第一，由朱新均会长牵头，组织开展"学习型社会建设研究"，这是教育部社会科学司委托的全国教育科研"十一五"规划教育部重点课题，旨在通过研究为推进学习型社会建设提出政策建议；第二，举办"全民终身学习活动周"，此项活动已经连续举办了5届，由起初2005年的10个城市发展到现今26个城市参与，数千万人积极投身到学习活动中来。由于鲜明的主题、精心的组织、广泛的群众参与、丰富多彩的活动内容和政府有关部门的大力支持，全民终身学习活动获得了较大成功，受到民众的一致好评，并产生了良好的社会影响。这是协会的品牌活动，我们要不断改进和提高，继续努力办好。2009年9月，教育部办公厅下发了《教育部办公厅关于举办2009年全民终身学习活动周的通知》（教职成厅函〔2009〕35号），可以相信，2010年将会有更多的城市参与到"全民终身学习活动"中来。当然，就协会工作的本身，还有许多其他的工作，如组织编写《中国成人教育改革发展三十年》、《新中国60年成人教育大事记》，承担研究课题，组织各类成人教育活动，开展国际合作，加强协会自身建设等。要做的事情越来越多，任务也越来越重。虽然很辛苦，但我乐在其中，因为我坚信成人教育的必要性，坚信成人教育在新的历史时期将更好地发挥其服务社会发展的作用，展现出更加辉煌的前景。我将以高度的使命感和责任心，兢兢业业、一丝不苟地将协会的工作做好，历史会证明我的选择和努力是正确的。

采访后记 / 余锦霞

采访中，端坐在我们面前的谢国东会长，儒雅和气、平易近人，而最令人印象深刻的是他那贯彻始终的坚韧神情和淡淡微笑，绽放着不凡的魅力。他的话语有一股穿透力，能够透过事物表面直达本质，如果没有厚重的底蕴是做不到的。

谢会长用坚定、热情的语气说，自己还要以高度的使命感和责任心继续工作。我们充分地感受到，他是一位在思考中不停前进的学者，一个生命不息、奋斗不止的行者。这就不难理解他为何能几十年如一日专致修学而淡泊名利，并在成人教育、社区教育领域享有如此高的声誉。“路漫漫其修远兮，吾将上下而求索”。怀着对成人教育、社区教育研究的热情与挚爱，勤勤恳恳地投身于这神圣的事业中已整整30个年头的谢国东，依旧踌躇满志，不断求索。他的坚韧和执著源于对成人教育事业的热爱，源于一种心灵的力量。是的，他的前行求索之路没有终点，还在继续……

相关链接

谢国东主要著作与论文一览

1. 《学会生存——教育世界的今天和明天》.联合国教科文组织教育发展委员会编著，华东师范大学外国教育研究室译.上海：上海译文出版社，1979
2. 《21世纪初中国社区教育发展丛书(1)》(合著).成都：巴蜀书社，2004
3. 《构建学习社会》(谢国东、赖立合著).成都：四川教育出版社，1997
4. 《中国成人教育改革发展30年》，中国成人教育协会组编.北京：高等教育出版社，2008
5. 联合国—西班牙千年发展目标基金项目“保护和促进中国弱势流动人口的权利”——“青年农民工教育就业服务专题”

6. 全国教育科研规划“八五”国家级重点课题“中国扫盲教育研究”
7. “八五”国家级重点课题子课题“终身教育思想对我国成人教育改革发展的影响”
8. “九五”教育部重点课题“扫盲后继续教育研究”
9. “九五”国家级重点课题“面向21世纪中国成人教育学科建设研究”子课题“中国成人教育学科建设研究”
10. 《面向21世纪中国成人教育学科建设研究》(合著).北京:高等教育出版社,2002
11. 《中国成人教育改革发展30年》,中国成人教育协会组编.北京:高等教育出版社,2008
12. 《〈贝伦行动框架〉与中国成人教育》,载《终身教育》,2010年第8卷第1期,第67-69页
13. 《“全民终身学习活动周”的现实意义》,载《高等函授学报(哲学社会科学版)》,2007年第20卷第5期,第8-9页
14. 《成人教育:WTO带来的机遇与挑战》,载《现代企业教育》,2001年第12期,第10-11页
15. 《谈我国老年教育事业的现状与发展》,载《中国成人教育》,1993年第2期,第36-38页

春满社教园 巾帼写春秋

访中央教育科学研究所副研究员赖立

赖立，女，1954年生于湖南长沙。1978年恢复高考后进入昆明师范学院(现云南师范大学)学习。1982年毕业就职于中央教育科学研究所，长期从事成人教育专业研究，研究领域涵盖扫盲教育、农村成人教育、企业教育、妇女教育、社区教育及成人学习、终身学习等。

现为教育部职业教育与成人教育司社区教育专家组成员、教育部基础教育司全国扫盲教育专家组成员、中国成人教育协会常务理事、学术委员会副主任、学术部主任等。

在中国成人教育协会谢国东副会长的帮助下，我联系上了中央教科所副研究员赖立。赖老师是本次采访中为数不多的女性学者，更是中国成人教育领域屈指可数的女性成人教育、社区教育专家。与赖老师沟通后，她便欣然接受了我们的采访请求，但反复强调了一点："我其实也没作多大的贡献，许多人做得更多也更好。"朴实、低调的学者作风，是我在此次采访之前对赖老师的最深刻体会。正是访谈前的多次互动，使得此次访谈堪称一次前辈与后辈的亲切交谈。

访谈实录

成人教育研究三十年

笔者：赖老师，您从事成人教育研究已近30年，能否为我们介绍一下您的研究历程？

赖立：我在中央教育科学研究所从事成人教育研究工作，研究生涯已近30年。20世纪80年代初，我国成人教育研究刚刚起步，成人教育学科还没有独立，在成人教育界诸多前辈的指导下，在源于实践的不断学习中，我与这个学科一起成长，积累经验、积累知识、积累成果。

回顾自己从事成人教育研究的学术经历，大体可分为三个阶段。

20世纪80年代可以算是学习、积累阶段。由于刚入门，我接触、涉猎了有关教育的诸多领域，主要是参与了《中国教育年鉴》、《中国改革大全·教育改革卷》、《当代中国改革政策大典》、《中国教育大辞书》(与我国香港合作出版)等工具书的编著工作。印象最深的是参与大型工具书《中国教育大事典》的编写，我收集、研究了大量有关文献参考资料，并承担"高等教育自学考试"和"岗位职务培训"两部分的编写任务。在向历史学习的过程中，我系统地梳理、检视了我国教育研究的丰硕成果，为探究现实教育问题，获得了有关问题的历史解读；另一种学习是向实践学习，认真深入做调查研究。

我做职工教育研究起步是在哈尔滨量具刃具厂“青工双补”的课堂，而与扫盲教育结缘是在湖南省桃江县农户家的油灯下。走出书斋，在实践中寻找研究的问题，获得真知灼见，研究就有了根，说话就有了底气。这个阶段，我发表了一些论文，散见于各类报刊，虽有一定的思考和见解，但一般都是有感而发，还没有真正达到做学问、搞研究的境界。

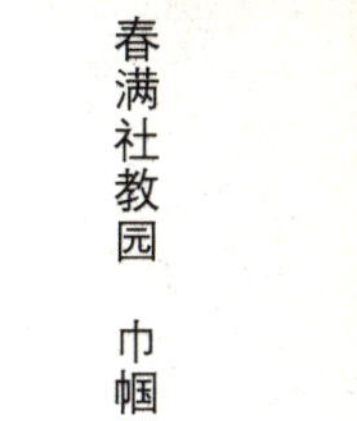

20 世纪 90 年代进入探索和聚焦期。这期间我有机会参与承担更多的课题研究，比如“黄河三角洲地区教育发展战略研究”、“建设有中国特色的社会主义教育的研究”、“中日企业教育比较研究”。特别是参与由余博研究员主持的教育科学规划“八五”国家级重点课题“中国扫盲教育研究”。虽然研究的是最低层次的教育，但被列为国家级重点课题，研究成果获得首届国家宏观教育研究优秀成果二等奖。在做课题的过程中，最重要的是学会了团队合作、集体攻关，学到科学的研究方法，研究成果中增加了学术的品质和科研的味道，这是一个很大的变化，是质的提升。这期间我的专业研究方向逐渐清晰，聚焦为“三个重点”，即扫盲教育、农村成人教育和妇女教育；“一个核心”，就是成人学习。

进入 21 世纪开始独立作战“放单飞”阶段，其机缘就是独立主持全国教育科学“十一五”规划教育部重点课题“学习型社区成人学习动力研究”。课题立项时，正值我国社区教育实验工作如火如荼地开展，社区教育研究逐渐形成了热点，在全国教育科学规划“十五”立项的相关课题多达 26 项。因此，在确定研究主题、设计方案、选择方法和技术路线时，自己注意另辟蹊径，从社区居民这个特定的学习主体出发，探讨社区教育发展的内驱力。在重点选择北京、上海、天津、南京、厦门 5 个城市中的 8 个国家级实验区进行问卷调查的基础上，从社区发展、社区文化切入，深入

考察社区成人学习者的学习理念、学习需求、学习过程、学习机会及影响，提高社区居民终身学习参与率。同时对社区发展的精神动力作出深入理解和解释，以期促进社区教育实验工作的开展和学习型社区的创建。该课题成果有较强的应用性和可操作性，广泛吸收相关研究成果编制的调查问卷，为一些社区进行现状调查和需求调查所采用。所形成的实证性调查素材和数据，既有效地支撑和验证了相关理论的合理性，同时也为社区教育实证研究提供了依据，在制订规划和服务标准、设置课程和活动项目、开发教材等方面发挥了一定的效用。

妇女教育是成人教育的重要组成部分

笔者：您长期研究妇女教育，能否请您谈谈为何您对妇女教育有特别的关注？

赖立：我对妇女教育的关注始于1995年参与韦钰主编的《中国妇女教育》的编写工作。该书的编写是为迎接联合国第四次世界妇女大会在北京召开，对我国妇女教育进行全面总结和展示。妇女问题是国际社会广泛、持续关注的重大问题。因为它关系到人类自身的繁衍、生存和发展，关系经济发展、社会进步和人类文明，也关系到妇女自身的解放和发展。1995年在北京召开的联合国第四次世界妇女大会具有里程碑式的意义，它把国际关注的妇女问题集中化，成为促进妇女教育研究发展最直接的推动力。另一个因素来自国家改革开放的契机和教育科学研究发展的拉动，改革开放引发了种种妇女问题和矛盾，促使女性成为研究对象和主体，妇女教育研究突破女性学校教育樊篱，必不可少地与社会变革、社会转型紧密结合在一起。于是，围绕"平等和发展"，妇女及妇女教育在国家现代化建设中的特殊地位突显出来。"教育是迈向平等的阶梯"，"妇女教育是打开发展之锁的钥匙之一"，妇女教育或妇女受教育程度不但是衡量妇女地位的重要标志，也是直接影响妇女能否直接参与社会、发挥社会职能的前提条件。

改革开放以来，妇女教育是一条螺旋向上的曲线。虽然教育在不断普及，文盲在不断减少，但性别的鸿沟依然存在，不得不令人深思。教育机会不均衡，造成城市职业女性整体素质不高，在优胜劣汰的市场竞争中受到

生存问题——精减人员、下岗、失业的冲击。连锁反应就是在招工、招生、毕业分配中同时出现的排斥女性的现象。这也导致女性社会角色压力增大，在职业角色和性别角色的冲突中，“事业成功”与“贤妻良母”的双重标准，使城市职业女性陷入进退维谷的困境。女性教育机会均等是一个敏感而又薄弱的问题，妇女教育普及难度很大，理想与现实之间需要付出更艰辛的努力。

笔者：您认为可以采用哪些策略来促进妇女教育更好地发展？

赖立：我国广大城市教育的普及程度较高，基本普及了九年义务教育，一方面为城市妇女取得生产能力、生活保障、自我发展提供了可能；另一方面也为她们接受多种形式的职业培训、高等教育、继续教育以及终身学习打下了基础。

目前，全国有 1 所女子大学、3 所女子职业大学和 1 600 多所女子中等职业学校。这些院校以及各地妇女活动中心在促进妇女职业教育方面发挥了积极作用。但是，这样的规模与我国庞大的职业妇女队伍相比，只是杯水车薪。在城市妇女中蕴藏着极大的学习需求和学习优势，呈现以下特点：(1)学历教育向高层次转移，人们普遍要求接受高等教育；(2)要求知识更新，接受继续教育、终身教育趋势明显；(3)适应生活、工作的快节奏，要求社会各类教育更加灵活开放，提供更加方便的形式，学习不受时空的限制；(4)转岗培训、再就业培训、流动人口培训成为城市妇女教育的新热点；(5)迎接“银色浪潮”，老年教育方兴未艾。

为适应这些需求，我们应有效地解决城市不同阶层妇女在社会转型期面临的现实问题，为她们创造参与各类教育的条件，针对各个不同层次妇女的不同需求和性别特点，提供实际有效的教育、培训服务。多项研究表明：知识和技能在推动劳动力流动、帮助个体改变命运中的作用是非常显著的。因此，加强妇女职业培训应是社会转型期城市妇女教育的一项重要任务。

笔者：您认为女性教育在成人教育中具有怎样的地位和意义？

赖立：我认为女性教育主要可分为农村妇女教育与城市妇女职业教育。改革开放以来，农村妇女教育始终是一个颇为沉重的话题，也始终是成人教育研究的重点和难点，受到广泛的关注。女性文盲的存在是一个严重的社会问题，它不仅直接影响女性自身的彻底解放，而且严重制约社会和人类文明的进步。国家十分重视扫盲教育，加强对扫盲教育的科学研究，在“八五”国家重点科研课题“中国扫盲教育研究”中获得了立项，我有幸参与了这一课题的研究，重点研究“我国农村女性文盲的分布、成因和教育对策”。在对全国 10 个省的文盲现状进行抽样调查的基础上开展研究，主要以农村女性文盲为研究对象，试图客观地描述中国农村女性文盲分布的现状，探讨影响农村女性文盲群体形成的多元因素，寻找非智力因素上的薄弱环节，以期有效地改善女性的教育环境，推进妇女扫盲教育的进程。

该项研究从女性学习的环境障碍和女性学习的心理障碍角度，揭示影响农村女性文盲形成的多种因素。其结论为：文盲众多是推迟发展的主要特征和必然结果；“重男轻女”的社会偏见剥夺了女性受教育的权利。两个基本认识揭示了女性文盲形成的社会根源，说明女性文盲现象是社会综合征，彻底医治和根除有赖于全社会的努力。女性文盲群体绝不应被教育所遗忘，教育对此负有责任，教育对此应有积极的政策。首先，治贫与治愚并举，大力推进农村妇女扫盲教育；其次，治标与治本结合，坚持“一堵二扫三提高”的扫盲战略措施；第三，数量与质量兼顾，扎扎实实完成扫盲的历史任务。

另一项研究成果“消除贫困与农村妇女扫盲——兼论扫盲教育的价值”是探讨消除贫困与农村妇女扫盲的关系。贫困问题是全球关注的一个焦点，也是发展中国家共同面临的挑战之一。我国是一个发展中大国，地区间发展极不平衡，巩固扶贫成果、消除贫困是一个长期而艰巨的任务。要消除贫困，根本的出路在于发展。在发展过程中，工作的重点和难点聚焦于农村贫困妇女，面临三大挑战：贫困女性化、低文化人群女性化、农业女性化。改革开放以来，社会进步的加速归根于人的思想解放和能量释放，而社会发展滞后、阻力重重也根源于人的素质低下和自身发展不足。贫困严重制约社会的进步和人类的发展。消除贫困，教育蕴藏了巨大的潜能。农村妇女扫盲教育在消除贫困中的作用及其价值，不仅在于为农村妇女创造经济发展的机会，扫盲作为智力扶贫，其重要的任务之一就是要有效解除农村妇女的精神枷锁，帮助她们建立自尊、自强、自立的自主意识，激励她们内在的学习动力和社会参与力，使她们真正走出不利的境地。

我认为对城市妇女职业教育培训要实现多样化、社会化。多样化就是

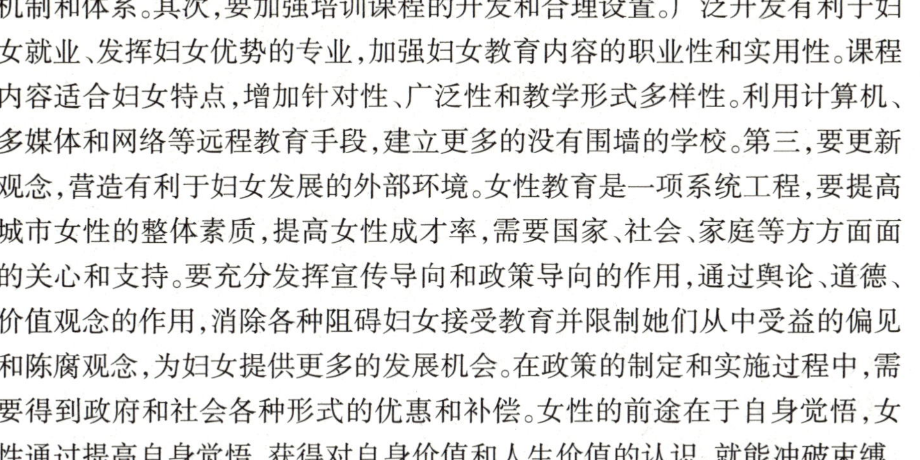

尽可能扩大教育机会,尤其是扩大妇女受教育培训的机会,尽量减少学习的限制和障碍,发展多层次、多类型、多形式的教育培训,逐步完善培训的机制和体系。其次,要加强培训课程的开发和合理设置。广泛开发有利于妇女就业、发挥妇女优势的专业,加强妇女教育内容的职业性和实用性。课程内容适合妇女特点,增加针对性、广泛性和教学形式多样性。利用计算机、多媒体和网络等远程教育手段,建立更多的没有围墙的学校。第三,要更新观念,营造有利于妇女发展的外部环境。女性教育是一项系统工程,要提高城市女性的整体素质,提高女性成才率,需要国家、社会、家庭等方方面面的关心和支持。要充分发挥宣传导向和政策导向的作用,通过舆论、道德、价值观念的作用,消除各种阻碍妇女接受教育并限制她们从中受益的偏见和陈腐观念,为妇女提供更多的发展机会。在政策的制定和实施过程中,需要得到政府和社会各种形式的优惠和补偿。女性的前途在于自身觉悟,女性通过提高自身觉悟,获得对自身价值和人生价值的认识,就能冲破束缚,充分实现自我、发展自我,为社会作出积极贡献。

成人学习研究将成为社区教育研究的重点

笔者:您认为当前社区教育研究主要集中在哪些方面?

赖立:“九五”规划以来,我国社区教育理论研究已经起步,出版了一批具有学术质量的作品。厉以贤等编著的《社区教育的理论与实践》与《社区教育原理》、叶忠海的《社区教育学基础》与《21世纪中国社区教育发展》、黄云龙的《社区教育的管理与评价》、马叔平等的《论社区教育发展模式》、沈金荣的《社区教育的发展和展望》、桑宁霞的《社区教育概论》、景民的《农村社区教育概论》等都从基本理论、战略规划、宏观管理等方面,概括了当前我国社区教育的新理论、新观点、新经验,并使之条理化、系统化。特别是对“社区教育”概念的构架和定位、社区教育的本质与功能的解读、社区教育特点与趋势的概括等,显示了理论创新的价值。

“九五”规划课题“面向21世纪中国社区中的终身学习的调查与研究”,“十五”规划课题“21世纪初中国社区教育发展研究”、“学习型社区建设与社区教育发展研究”、“推进我国社区教育发展实验研究”、“学习型社会与社区教育发展研究”等,从宏观层面全面总结了我国社区教育发展历史经验,推进社区教育理论的进一步深化。同时,对指导我国社区教育的实验和示范工作向更高水平、更深层次发展,促进我国社区教育在更大区域普及起到强有力的推动作用。

笔者:您认为当前我国社区教育研究存在哪些不足之处?

赖立:相比之下,社区教育教学领域的研究、学习者的研究略显滞后。随着社会转型和城市现代化提速,社区成员的学习需求与日俱增,如何满足多样化的学习需求,如何整合社区成人学习过程中内外各种因素,如何组织教学、设计课程、开发教材、建立灵活多样的学习模式都面临诸多困惑和挑战。因此,尤为迫切地需要深入实际,在社区教育情境中进行问题研究,在理论与实践的结合上回答社区成人学习的“应然”与“实然”,明确社区教育应该做什么、应该如何做、如何更有效,不断提高社区教育的针对性和实效性,更好地为社区成人学习者服务。

当前,成人学习心理研究是我国成人教育(社区教育)研究的一块短板。国外对成人学习开展系统研究始于20世纪60年代,相继形成了不同的流派和理论观点。我国台湾重视成人学习心理的实证研究并有丰厚的积累;大陆地区则是进入20世纪80年代后才逐渐加以认识的,近年来成人学习研究力求深入教育心理层面,比如叶忠海主编的《职工教育心理学教程》、高志敏的《成人教育心理学》以及《青年学习心理学》、《成人学习理论》、《老年心理与教育》等主要从基本理论和知识概念方面进行阐述和论证。这些有代表性的文献中不乏古今中外成人学习的理论精华,对于学科建设都是具有一定指导意义和价值的。但由于成人学习者的复杂性和研究方法上的局限性,目前鲜有量化分析的研究成果。国内多元统计方法的发展及计算机技术介入研究,提高了研究的科学性,但涉及成人学习者,针对群体学习心理的实证分析为数不多。有关研究表明,成人学习者具有独特的身心发展特点和学习特性,有丰富且个性化的学习经验。他们对参与社区教育的看法是什么,成人为什么学习,他们想不想、愿不愿、能不能、会不会学习,这些问题都有待进行多维度的综合实证研究分析才能找到答案。因此,从研究成人学习者独特的经历和体验入手,了解、掌握他们学习的意识、学习的观念、学习的态度、学习的准备、学习的基础以及学习的行为,对成人学习心理进行科学研究，有助于深化认识，克服社区教育工作的盲目性、随意性，提高社区教育的质量和专业化水平。

笔者：能否请您介绍一下您在成人学习领域的相关研究？

赖立：我重点研究了社区成人学习动力问题。我认为，社区成人学习动力问题是社区教育研究的一个基本理论问题，也是实践中的热点、难点问题。基于以上分析，我把研究的视角聚焦在社区教育发展的内在驱动力——社区成员的学习需求和学习动力上，独立主持了全国教育科学“十五”规划教育部重点课题“学习型社区成人学习动力研究”。

我认为，对学习者的研究是最基础和最重要的。从社区居民这个特定的学习主体出发，运用问卷法，对社区成人学习者进行现状调查，了解他们的学习意识、学习观念、学习态度、学习准备和学习基础，力求全面认识和把握社区居民现实与潜在的学习力，以及社区居民学习的需要、目标、动机、态度和心理特征。探讨社区成人学习的优势和资源以及社区教育参与中存在的障碍和问题，结合对终身学习参与结果的分析、对学习需求的反馈、对培训成效的评估，探索适应多样化需求的社区成人学习模式，为规划社区教育、推进学习型社区的建设提供政策依据，对社区成人教育课程和教材开发提出积极建议。结果显示，社区居民学习需求正在悄然发生变化，从阶段性转向终身性，从单一性转向多元性，从生存性转向发展性。

通过研究，我得出了一些重要的发现。其一，学习是社区居民发展的需要。社区成人学习者在工作、家庭生活和学习中同时扮演着多重角色，具有独特的心理和学习特点。大中城市社区居民中蕴藏着巨大的学习动力和潜力。他们有一定的经济能力和学习准备，有学习潜能和优势，有接受较高层次、较高水平、多样化教育的需求。其二，社区教育的主体是成人。成人学习的特点以成熟、经验为基础，这种经验影响成人对社区教育问题的理解

和行为转换,影响他们学习需求、学习兴趣、学习动机的形成及学习目标、学习内容的选择。其三,内驱力是产生学习动机的直接动力。成人学习动机的激发,主要可以概括为两个方面:一是内在动因,主要指个体自我兴趣、爱好及个性心理倾向;二是外在诱因,主要指来自有机体外部所有能引起有机体动机的各种刺激或情境。人的行为及动机常常是由内在动因和外在诱因相互作用决定的。其四,广大社区居民中蕴藏着接受教育培训的巨大需求。社区居民的教育参与的主要动机往往不是单一的,常常是几种动机综合在一起,体现社区居民参与教育时教育需求的多样性。社区居民参与社区教育受个体发展任务和社会角色的影响。其五,社区教育是面向每一个人的,不论学习者条件如何,只要愿意学习就为其提供学习机会、条件和途径,这是社区教育的核心理念。

成人学习走向终身化,要求教育的空间和时间得到充分的扩展和延伸。因此,成人学习的模式应是开放的、多样化的,对学习者是无障碍的。爱尔兰作家乔依斯指出:“由于没有一个模式是为了完成所有类型的学习,或者是为适应所有的学习风格而设计的,因此我们不应该把我们的种种方法局限于任何单一的模式上。”[①]事实上,任何一种学习模式都有其优势和劣势,每一种模式又都有其相应的对象和范围,任何一种模式都不可能承载全部学习目标,要满足多元需求,就需要多种模式。我们倡导学会学习,就是要整合不同的学习方式,将学习策略、学习方法、学习媒介以及传递方式有机组合,以实现学习效果的最大化。

社区教育热点问题剖析与展望

笔者:作为一位资深的成人教育研究者,您认为当前我国社区教育的发展路径是怎样的?

赖立:我国的社区教育还处于实验探索阶段,全社会对社区教育的认知度、认同度不够,社区居民的教育参与率和社区教育培训率偏低,社区教育规模偏小,发展很不平衡,基础建设和教育培训能力亟待加强,推进社区

① 乔依斯.当代西方教学模式.太原:山西教育出版社,1991

教育的保障条件和机制亟待完善。从社区居民教育需求与教育参与的角度分析，存在的问题主要是：社区居民参与期望与参与现状之间存在较大的矛盾；社区教育的资源、环境开放度不够，需求与供给不对等；社区居民的参与缺乏主动性；社区教育覆盖面不广泛，不同需求层次存在不协调。而影响社区居民参与学习活动的主要障碍来自情境障碍、心理障碍、机构障碍和信息障碍。

根据多年的研究经验，我认为，首先要重视对各类社区居民学习需求的调查，了解和把握社区居民的需求状态及其分布，使社区教育培训及终身学习活动能适合社区居民多样化的学习需求。其次，因地制宜，以学习者为中心，着力开发灵活多样的课程项目，实施菜单式培训，广泛吸引社区居民参与各种类型的社区学习活动。再次，强调整个社会的参与，即社会各个部门、单位、组织及社会方方面面均应为人的终身学习提供服务，充分发掘社会各方面的资源，将其转化为教育资源、教育手段，形成终身学习的网络。终身学习、多元化学习要求的内涵是“全”，但它是通过网络功能，通过技术和组织的网络来实现的。

笔者：您认为社区教育应更多地关注哪些群体？

赖立：如果我们从地缘的关系上认定社区是一种共享，那么，社区教育服务的方向应该是全民性的。然而，我国目前社区教育的覆盖存在着缺陷，参与社区教育的广度相对比较低，参与者大多数是离退休人员，社区单位参与和在职人员的参与率不高，参与主体分布不均衡。老年人、青少年、下岗失业人员等弱势群体参与率较高，在一定程度上成为社区教育的主力军，而中青年这一层面却被忽略了。中青年人中有很多人几乎不了解自己生活的社区，不知道什么是社区教育，对社区缺少归属感和利益认同，对社区教育、培训缺少兴趣和动力。中青年、在职人员是社区的主体，吸引他们的广泛参与对提升社区教育质量具有决定性的作用。

社区弱势群体的学习内驱力相对比较低，需要在组织策略、培训内容、活动方式等方面更多地体现教育关怀。要深入调查和分析弱势群体的状况及其分布，掌握弱势群体对社区教育的需求，有针对性地提供各种补偿性、提高性的教育培训。重点关注社会底层群体，满足他们亟需的、非正规教育培训和学习需求，为实施教育公平提供平台。通过心理调适，消解他们的心

理压力，帮助他们重拾信心，激活他们的学习动机，有针对性地提供社区课程和学习资源，使他们学会某种谋生技能，增强就业竞争力和转岗能力，从而促进社区的稳定。

笔者：您认为可以通过哪些方式更好地推动社区教育发展？

赖立：第一，我认为建立终身学习卡制度，激励社区成员自主学习是一种较好的方式。社区教育的效果最终要通过社区全体成员来落实，所以激发他们强烈的学习欲望是关键。对社区居民内在学习需求的激励，可采取目标激励、示范榜样激励、政策激励、学习竞赛与评比激励等多种手段，唤醒学习意识，树立学习目标，才能实现学习者自觉自愿主动参与。第二，我认为可以通过整合社区教育资源，为社区居民提供充分的学习机会。由于每个社区自然条件、人文环境、经济发展水平和人员构成等存在着较大的差异，社区教育的资源、基础、发展不尽相同，各个社区应从实际出发，依据自身的特点，整体性重构社区内的各类教育，形成有助于人的可持续学习和发展的学习制度。第三，要形成资源整合系统，提高社区学习资源的使用效率，最大限度地发挥作用，构建全面覆盖社区的终身学习服务平台。第四，重视社区教育课程开发，满足社区成员多样化发展需求。第五，要加强社区教育工作者队伍专业化建设。通过广泛调研，制定相关政策，在高等院校、师范院校、成人高等院校可设社区教育专业，系统开展专业性、针对性的培训，通过待遇上的提升，提高社区教育工作者的社会地位；通过业务培训，提高社区教育工作者的工作水平和研究水平，努力打造一支数量充足、素质高、专业化的社区教育专职队伍，同时充分发挥社区内“有才者、有心者、有闲者、有力者、有需者”的作用，积极发展壮大兼职和志愿者队伍。

笔者：您认为社区教育的开展与学习型社会的创建之间存在怎样的内在联系？

赖立：社区是学习型社会的基础。社区教育的提出和实施，回应了经济社会可持续发展和人的可持续发展的要求，是建设全民学习、终身学习的学习型社会，满足人们终身学习需求的必然结果。2000 年，教育部确定将包括北京在内的 8 个大中城市的城区作为社区教育实验区，启动了社区教育的改革实验。改革实验的重要方面之一就是社区教育以成人教育为重点，

成人教育深入社区，正在从补偿性教育转变为发展性教育，沟通教育与社区的联系，以满足社区成员多样化的学习需求。2000—2007年，全国已建立了社区教育实验区114个，社区教育示范区34个，省、市、自治区级实验区400个左右，基本覆盖各省、市、自治区和计划单列市。在东部发达地区，社区教育已初步在城乡普及。社区教育以社区内全体人员为教育对象，以生存教育、工作教育和技能、岗位、能力培训以及社会文化生活教育为主要教育内容，以网络教育、远程教育为支撑，以各种形式的培训、实践、活动课程为主要教育方式，为社会全体成员学习、培训、提高素质与技能提供了更多的机会和可能，不断满足社区内各类人员多样化的学习需求，丰富了社区成员的精神文化生活。社区教育作为学习型社会建设的重要内容和有效手段，对于提高社区居民素质，传承社区文化、促进社区文明进步、创建学习型社区具有基础性和先导性的作用，日益受到各级政府的普遍重视，并得到广泛发展。

采访后记／徐喆

赖老师是全国范围内为数不多的专职从事成人教育、社区教育研究的女性学者。她内敛而温婉，低调而谦和，炯炯的目光，闪烁着智慧的光芒；浅浅的微笑，洋溢着学者的光辉。几十年如一日，她始终坚守在成人教育、社区教育这片贫瘠的土地上，见证了中国成人教育几十年的发展历程，也尝尽了成人教育中的酸甜苦辣。赖老师是这样说的："一路走来，曲折中包含的已不仅仅是个人的成败得失，也不单纯是专业的兴趣爱好，科研的追求、学术的生命已悄然融入其中，并化作一种难以割舍的情结和一份沉甸甸的责任。"

"情结与责任"是赖老师对社区教育近30年坚守的最好总结与最诚挚表述。一位教育研究者将研究浸润于生活之中，将研究内化为生活的一部分，这体现的不仅仅是热爱，更体现了学者的强烈使命感和执著追求。构建"有中国特色的成人教育学科体系"是中国几代成人教育科研工作者的夙愿。赖老师期望与所有的成人教育研究者、工作者携手共进，为我国成人教育、社区教育的美好明天不懈奋斗！

赖立主要著作与论文一览

1.《中国妇女教育》(合著).杭州:浙江教育出版社,1995
2.《构建学习社会》(谢国东、赖立著).成都:四川教育出版社,1997
3.《面向21世纪中国成人教育学科建设研究》(谢国东、赖立、刘坚主编).北京:高等教育出版社,2002
4.《中华人民共和国教育专题史丛书:成人教育史》(董明传、毕诚等著,执笔附件:成人教育研究概述).海口:海南出版社,2002
5.《妇女教育专论》(合著).北京:中国妇女出版社,2003
6.《共同关注扫盲——扫盲和扫盲后继续教育资源信息包》(谢国东、赖立主编).中国成人教育协会,2007
7.《中国成人教育改革发展三十年》(合著).北京:高等教育出版社,2008
8.《和谐社会的构建与成人教育的使命》(谢国东、赖立著).北京:中国人民大学出版社,2008
9.《社会转型期城市成人女性教育问题的思考》,载《教育研究》,1999年
10.《论终身学习中成人教师的角色转变》,载《北京成人教育》,2000年第1期
11.《21世纪中国成人教育发展论坛综述》,载《教育研究》,2001年第9期
12.《加强职业培训　开发城市妇女人力资源》,载《职教通讯》,2004年第3期
13.《关注需求、引导需求、服务需求——大中城市社区居民教育需求与教育参与调研报告》,载《成人教育》,2006年第7期
14.《迈向全民学习、终身学习——城市社区居民教育需求调查与评价》,载《学习化社会中的成人教育——2006年国际成人教育研讨会论文集》,2006年
15.《推进成人教育学科发展的关键:理论创新与学术建设》,载《河北大学成人教育学院学报》,2007年第9卷第1期,第5-8页
16.《改革开放以来我国妇女教育研究述评》,载《教育史研究》,2008年第3期
17.《改革开放以来我国妇女教育研究回眸与展望》,载《河北大学成人教育学院学报》,2008年第2期

后记

每一位社区教育工作者都有一个愿望，或者有一种冲动，都想明白这样一些道理：什么是社区教育？它从何处来？将往何处去？为此我们应该做点什么？我们怎样才能做得更好？

我们尊重、阅读并研究历史，因为历史提供给我们许许多多经验与智慧，而不是关于未来的直接答案。善于从历史中总结和借鉴，可以让我们在展望和把握未来的时候，有更高的视点和更宽的视野。创造者用自己的智慧和经历创造历史，研究者用自己的理性与激情反思历史。

社区教育的生命在于创新，社区教育研究的生命也自然在于创新。我们把叙事研究与个案研究应用于社区教育的创新研究中，以人物访谈的方式现场采访并记录社区教育名家的所见、所闻、所思与所为，中国社区教育30年发展历程与经验便跃然纸上；前辈硕彦的坚毅品格、奉献精神、革新勇气、质朴情感和闪光智慧，深深打动着研究者的心灵，也必定能打动广大读者的心灵。此书虽经穷思极想，历时三载而成，但错讹疏漏在所难免，倘能彰显名家风采，激发同道热情，启迪新人智慧，则将万分欣慰。

《中国社区教育30年　名家访谈》的受访者无疑是中国社区教育界杰出人物中的代表，他(她)们博闻、谦逊、乐于提携后进的巍巍学者风范已在访谈中得到充分体现，感谢他(她)们在繁忙的工作之余接受采访，更感谢他(她)们为中国社区教育的发展所作出的重大贡献。

本书由浙江省杭州市成人教育研究室编写，主编为汪国新，参与者为张灵仙、林晓、曲连冰、李品、余锦霞、孙艳雷、徐喆。

本书的编写自始至终得到了教育部职业教育与成人教育司成人继续教育处、中国成人教育协会及其社区教育专业委员会的大力帮助，以及浙江省教育厅鲍学军副厅长、胡惠华副处长、杭州市教育局肖锋副局长、《中国社区教育》杂志朱卞主编的鼓励与支持，中国成人教育协会朱新均会长欣然为本书作序。在此我们一并表示由衷的感谢！

编著者

二〇一〇年六月